# 유라시아와
# 한반도
# 2030

# 유라시아와 한반도 2030

## 리더십과 지정학 그리고 자원과 물류

2015
세종도서 학술부문

**김석환** 지음

HU:iNE

## ◎ 서문을 대신해 – 세기사的 변화와 유라시아

모든 것이 비슷하다. 길게 보면 유라시아의 흥망은 리더십과 지정학 그리고 자원과 물류의 결합에 달려있었다. 그리고 그 흥망성쇠의 역사 속에서 유라시아는 항상 우리의 관심을 끌었다. 우리 역사 속에서 유라시아는 몽골과 중국 북방왕조들의 흥망성쇠, 고구려와 발해의 부침, 통일 신라와 중앙아시아 국가들과의 교류 그리고 근대 이후 러시아와의 조우 등으로 다가왔다. 특히 러시아는 나선정벌의 나라, 조선조 말 기근에 시달리던 백성들의 이주의 땅, 일제 치하 독립운동의 근거지, 사할린 강제 징용의 땅, 한소 수교 이후 자원과 시장 그리고 북한에 대한 영향력의 땅, 유라시아 협력의 핵심 파트너로 자리했다. 이 책은 러시아와 유라시아에 대한 나의 지난 경험과 판단의 결과물이다. 소련의 해체기인 지난 1989년 이후 러시아와 유럽, 중앙아시아, 미국 등지를 다니면서 만났던 많은 지도자들과 전략가들, 학자들, 그리고 정책에 참여했던 경험을 바탕으로 이 지역에서 이루어지고 있는 변화의 큰 흐름을 분석한 것이다.

유라시아는 지금 변화의 와중에 있다. 소련의 해체 후 유라시아 지역 공간 내에 많은 국가들이 새롭게 독립 국가로 이름을 내걸었고 국민 국가 건설을 추진한 지 4반세기가 흘렀다. 그 와중에 새로운 협력과 갈등의 기류가 형성되고 있다. 최근의 우크라이나 사태는 유라시아 내에 잠재되어 있던 대립과 갈등의 날카로운 모습을 상기시킨다. 그러나 크게 보면 비록 일시적 부침이 있기는 하겠지만 21세기 유라시아는 과거 어느 세기에도 보지 못했던 협력과 통합(integration)의 길을 갈 것이다. 경제적·정치적 상호의존이 더욱 심화될 것이다. 유라시아의 공간에는 중국과 러시아, 인도 등 유라시아와 전 지구의 지정학적 상호의존성의 변화를 선도할 거대 국가들이 브릭스의 이름으로 묶여있고 여기에 동아시아 경제의 밸류 체인(value chain)으로 엮인 '중국-한국-일본' 관계가 있기 때문이다. 이 뿐이 아니다. 특히 동유라시아 지역에서는 점점 '에너지와 시장', '기술과 자본'의 교류가 강화되는 '러시아와 일본', '러시아와 한국', '러시아와 중국'의 관계가 심화되고 있다. 이런 상황에서 한반도의 분단은 삼국통일 후 한민족 역사상 가장 오랫동안 지속되는 상황을 맞이하고 있다. 북한의 선택과 주변국들의 변화에 대한 노력이 동유라시아 및 유라시아 전체의 역동성에 엄청난 결과의 차이를 가져오게 될 것이다.

이런 점에서 2014년의 우크라이나 사태는 우리에게 많은 시사점을 준다. 우크라이나 사태는 경제의 충돌이 정치의 충돌로 이어지고 이것이 외교안보 갈등으로 비화할 때 국민 통합이 얼마나 중요한 지를 재인식케 했다. '유럽이냐? 러시아냐?'와 같은 어설픈 배제론 혹은 양자 선택론이 아니라 이를 복합적으로 중화시킬 외교력이 얼마나 중요한 지를 재인식케 했다. 우크라이나 사태는 '미국이냐? 중국이냐?'와 같은 어설픈 양자 선택론을 부각시키며 대립과 분열을 강조해서는 안된다는 점을 한국의 지도자들과 전략가들에게 분명히 경고하고 있다. 이번 사태는 또한 우리에게 한반도 전략을 구상할 때 유라시아 전체를 놓고 통합적으로 사고할 필요성을 강조하고 있다. 이번 우크라이나 사태의 와중에 그 존재감이 커진 독일과 중국은 문제의 발생 뿐만 아니라 해법 도출의 과정에서도 통합적 지정학 구상이 얼마나 중요한 지를 일깨우고 있다. 이는 향후 한반도 및 동유라시아의 미래와 연관해서도 매우 중요하다. 중국과 독일은 유라시아 대륙의 동쪽과 서쪽에서 균형추의 역할을 담당하고 있다. 이번 사태가 발생한 후 외교적 해법의 도출 과정에서 작용한 독일과 중국의 역할은 위기 시 중재자이자 버팀목이 되는 우방의 존재에 대한 중요성을 다시한번 상기시키고 있다. 이번 우크라이나 사태 후 보여준 독일 메르켈 총리와 푸틴 러시아 대통령간의 개인적 친분을 이용한 외교와, 독일의 대러 경제 상호의존도의 비중 등은 사태 악화를 막는 중요한 메카니즘(機制)으로 작동했었다. '러시아-독일'관계의 뿌리 깊은 역사는 '전쟁과 협력의 이중주'가 어떤 지휘자에 의해 연주되느냐에 따라 해석과 감동이 완전히 달라질 수 있는 지를 여실히 보여주었다.

필자는 크림 반도 사태를 놓고 벌어진 전문가들 간의 여러 형태의 토론에서 일관되게 이번 사태가 동북아 및 한반도에 상당한 영향을 미칠 것이라는 입장을 유지해왔다. 그 이유는 동북아의 지정학적 특징과 러시아의 새로운 지정학 전략 및 지정학적 환경의 변화 그리고 과거 역사의 경험 등을 종합 분석한 결과 크림의 후폭풍이 동북아에도 미칠 것이라는 확신을 얻었기 때문이다. 19세기에 발생한 크림 전쟁은 공간 이동력과 기동력, 군사 기술 및 글로벌화 수준 등에서 21세기와는 비교도 되지 않을 정도로 미약한 시기에 일어났다. 하지만 이런 상황에서 발생한 19세기 크림 전쟁의 여파는 동북아에도 영향을 미쳤다. 때문에 21세기의 크림 전쟁의 여파가 동북아에 미칠 가능성과 요인은 훨씬 더 크다는 것이 필자의 생각이다.

19세기 유럽에서 러시아와 영국·프랑스 간에 가장 격렬한 대립을 초래했던 전쟁 중 하나인 크림전쟁은 교착 상태를 지속하다 영국과 프랑스에 의해 전장(戰場)이 러시아의 캄차카로 이어졌다. 사실상 동북아에서 발생한 서양세력 사이의 첫 전쟁이었던 셈이다. 1854년 8월 영국·프랑스 연합함대는 러시아의 극동 해군기지가 있는 캄차카의 페트로파블로프스크를 기습공격한다. 러시아와 영·불연합군과의 전투는 3년여 동안 이어졌다. 이 사건은 영국과 러시아의 전 세계적 대립을 여실히 보여주는 한편 향후 극동정책의 중요한 단서를 제공하는 사건이었다. 페트로파블로프스크 기습작전이 벌어지던 상황은 극동에서 유럽 세력 간에 충돌을 일으킬만한 이익의 대립이 아직 성숙되지 않았던 시점이었다. 당시 러시아는 영국 등과 발칸에서 크림전쟁(1853-1856)을 힘겹게 벌이고 있었다. 중국에 대한 러시아의 남하정책과 상하이, 홍콩을 중심으로 북상하려는 영국이 장기적으로는 충돌을 일으킬 요인이 있었지만 극동에는 영국과 러시아가 대립을 벌일 이익이 아직 제대로 성숙하지 않고 있었다. 하지만 영국은 크림전쟁의 교착을 타개하고자 페트로파블로프스크를 기습공격 했고 숫적으로나 전력상에서 열세에 있던 러시아는 영국의 공격에 초토화된 항구를 이후 사실상 방치했다.

때문에 필자는 당시 전쟁이 발발할 수밖에 없었던 분위기를 좀 더 느껴보고자 이러한 토론과 별도로 지난 2014년 6월 캄차카 반도의 '페트로파블로프스크 나 캄차카' 시를 찾아 당시 전투의 흔적들을 살펴보았다. 필자가 찾아간 캄차카 반도의 아바차 만 언덕에는 당시의 전투를 기리는 기념비와 해안포들이 설치되어 있었다. 지난 19세기 제국주의 열강의 전투는 포함(砲艦)외교를 통한 문호 개방만이 아니라 우리가 의식하지 못한 사이 유럽에서의 세력 패권 구도와 연동돼 동유라시아에서도 대포 연기와 수많은 생명의 희생을 요구하는 전투로 이어졌던 것이다.

냉전 종식 후 세계 정치·경제는 다양한 변화를 겪고 있다. 동북아 지역도 새로운 형태의 지정·지경학적 변화를 맞게 됐다. 한국·중국·일본은 사상 처음으로 러시아의 시베리아·사할린·극동 지방의 에너지와 물류망을 활용하는 경제의 복합적 사고를 하게 됐다. 특히 한국은 분단으로 인해 여전히 단절 구간이 있기는 하지만 유라시아 대륙과의 통합적 사고를 통해 새로운 시장과 새로운 자원 공급의 구조를 효과적으로 구상할 수 있게 됐다. 여기다 국제 고유가와 기술의 발달로 인해 러시아 시베리아 지역의 유전과 사할린 지역의 가스전등이 속속 개발되면서 러시아 시베리아 지역의 중요성과 역동성이 크게 부각되기 시작했다. 과거 냉전기간 동안 동북아 3국은 역내에 막대한 잠재에너지원을 확보하고 있으면서도 사실상 이를 활용하지 못했다. 하지만 21세기 동북아 3국은 러시아 시베리아와 사할린 등지의 에너지원 확보와 이를 통한 지속가능한 협력, 경제협력 확대의 과정을 통한 동북아 시장의 확대 및 역내 협업의 분위기를 확산시켜 새로운 정치·안보적 환경을 만들 기회를 잡았다.

러시아 또한 자신들의 지정학전략에 따라 한반도 종단철도와 시베리아 횡단철도를 연결해 동북아 지역에 대한 영향력과 물류의 지배력을 확대하고자 한다. 북극 항로의 상용화와 북극권 자원 개발을 통해 세계의 물류 및 자원 공급의 구조를 바꾸고 이를 통해 새로운 영향력 구도를 관철하고자 한다. 중국과 러시아의 에너지 연대는 이제 군사 및 정치 연대로 까지 이어지고 있고 9·11테러이후 증대된 에너지 안보에 대한 중요성과 셰일 가스 등 새로운 에너지원의 출현에 따른 시장과 자원의 복합적 상호 작용은 이 지역을 경제 구조의 핵심적 변화 촉발지역이자 역내 안보구조의 중요한 변경지역으로 만들고 있다. 한반도를 둘러싼 이러한 환경의 변화는 이 지역에서 배타적으로 정치·경제적 우위를 누려왔던 미국과 일본의 영향력에 대한 심각한 도전이자 한반도 주변 국제정세가 본질적으로 변화하는 서막일 수도 있다.

실제로 미국과 일본, 중국과 러시아, 그리고 남북한은 이미 시베리아와 사할린의 가스관·석유수송로, TSR-TKR의 연결, 북극 항로 및 극동 항만의 연계발전, 동북아 에너지 단일망 구상 등을 놓고 자국에 유리한 상황을 조성하고자 치열한 전략적 이해를 추구하고 있다. 이 과정에서 한국이 현재 당면한 현안 이슈는 러시아 시베리아와 사할린 지역의 에너지 개발 및 시베리아 지역 파이프라인 건설을 둘러싼 지정학과 에너지 수급 구조 구축을 통한 자원 에너지 안보 능력 고양, 시베리아 횡단철도 및 한반도 철도와의 연계 및 북극항로 활성화에 대비한 물류 허브화 전략의 구축, 중국과 일본의 지역적 리더십 및 라이벌 의식의 부상 속에서 균형된 협력자이자 표준의 설계자로서의 능력 향상, 동북아 지역에 새롭게 형성되고 있는 경제 협업의 분위기 속에서 시너지 효과 증대를 위한 새로운 협력 메카니즘과 논리 구축, 동북아 지경학·지정학 경쟁 속에서 한반도의 가치를 증대시키기 위한 남북 관계 개선 및 북한 핵문제 해결 등이라고 할 수 있다.

유라시아의 역사는 과거에나 현재에나 연속적인 파장의 흐름 속에서 동과 서, 양쪽에 영향을 미친다. 어떻게 보면 1917년 볼셰비키 혁명이후 소련령 중앙아시아와 중국령 신장(新疆)이 완충과 단절의 시간을 가지면서 동·서 유라시아 공간이 단절됐던 시기가 비정상적인 것이다. 이러한 비정상의 정상화는 1991년 소련의 해체 이후 다양한 방식으로 시도되었다. 그리고 그 모습은 4반세기가 지난 지금 서서히 모습을 갖춰가고 있다. 이 책이 그러한 모습들을 좀 더 자세히 살펴보는 계기가 되기를 바란다.

필자는 지난 25년여의 세월동안 유라시아의 변화의 와중에 많은 영웅과 전략가들을 만나는 행운을 누렸다. 이 지역을 연구하고 강의하는 전문가로서 큰 영광이자 행운이었다. 세기사적 격변 속에서 수많은 지도자들과 영웅들이 유라시아의 공간에서 명멸했지만 그들 중에서도 소련 변혁기에 만난 미하일 고르바초프, 보리스 옐친, 예고르 가이다르, 아나톨리 루키야노프, 알렉산드르 야코블레프, 루슬란 하스블라토프, 예브게니 프리마코프, 세르게이 키리엔코, 미하일 니콜라예프, 엘비라 나비율리나와 같은 소련 및 러시아 정치가들과 중앙아시아의 두 강국인 카자흐스탄과 우즈베키스탄의 누르술탄 나자르바예프, 이슬람 카리모프 등이 특히 기억에 남는다. 이들은 대부분 필자가 모스크바 특파원으로 근무하던 시절부터 만나 그 이후 몇 차례 서울과 모스크바, 야쿠츠크, 알마아타, 아스타나, 타슈켄트 등지를 오가면서 인터뷰와 면담 그리고 초청 강연을 통해, 또 때로는 필자가 정부에 근무하면서 그들 정부와 대한민국 정부와의 공식적인 업무 활동 혹은 전략대화와 같은 1.5 트랙의 대화 등을 통해 인연을 이어갔다. 이들과의 만남에 관한 기록들 중 일부는 필자가 특파원 시절 중앙일보 인터뷰와 월간중앙 인터뷰 등을 통해 간간이 소개가 됐지만 만남의 모든 장면들을 기록할 수는 없었다. 특히 그들과의 대화 속에서 얻은 세기말적 변혁의 순간 순간 그들이 가졌던 역사와 자신들의 조국에 대한 책무와 인류에 대한 책임감에 대한 무게감을 말과 글로써는 다 옮길 수가 없었다.

한편 소련 변혁의 와중과 그 이후의 세월 동안 필자는 운 좋게도 중국의 후진타오, 원자바오, 우방궈 등과 같은 지도자들과 스웨덴의 프레드릭 라인펠트, 노르웨이의 스톨텐베르그 등 북유럽의 정치 지도자를 비롯한 많은 전문가들도 만나 볼 수 있는 기회를 가졌다. 또한 비록 짧은 기간이지만 미국의 East-West 센터에서 연수하면서 많은 미국 친구들과 교류할 수 있는 기회를 갖기도 했다. 이들 외에도 네자비시마야 가제타지의 비탈리 트레차코프, 발다이 클럽을 책임지는 세르게이 카라가노프, 세계경제 및 국제관계연구소(IMEMO)의 바실리 미헤예프 등 많은 친구들과의 교류도 나의 러시아에 대한 이해와 러시아 지도자들에 대한 인식의 폭을 넓히는 데 큰 도움을 주었다. 이들 외에도 일일이 언급할 수는 없지만 브래드 쇼를 비롯한 영국과 유럽의 많은 친구들이 나의 강의와 연구에 많은 자극을 주었고 지평을 넓히는 데 도움을 주었다. 이들 중 많은 이들은 여전히 왕성하게 활동하고 있지만 많은 이들은 세월의 무게를 이기지 못하고 역사의 뒤안길로 자리를 옮겼다. 이들 과의 만남에 대한 소회 그리고 러시아에 대한 또 다른 언급들은 다음 기회가 있으면 다루기로 하고 여기서는 좀 더 거시적으로 우리 사회에서 최근 관심이 고조되고 있는 유라시아의 변화에 대한 큰 그림을 전달하고자 한다.

# 목차


서문을 대신해 - 세기사的 변화와 유라시아 / i

제1장 유라시아에 부는 새로운 바람 ········ 1

제2장 포스트 냉전기 유라시아의 변화의 흐름과 방향
지정학과 구조 ········ 99

제3장 유라시아의 두 강대국 '중국 – 러시아' 관계의 미래 ········ 133

제4장 유라시아의 지정학적 혁명 그리고 북극의 변화가
의미하는 것 ········ 157

제5장 유라시아의 새로운 참여자와 국경선 획정의 문제
– 중앙아시아 지역 국경 갈등의 현황과 미래 – ········ 195

제6장 유라시아의 미래와 글로벌 사회 그리고 한국 ········ 229

찾아보기 ········ 275

제1장

# 유라시아에 부는 새로운 바람

# 제1장 유라시아에 부는 새로운 바람

## ◎ 거칠게 움직이는 체스판의 말들

체스판의 말들이 거칠게 움직이기 시작했다. 이들의 움직임은 거침이 없다. 동에서 서로 그리고 남에서 북으로 유라시아 대륙이라는 체스판을 가로 지르며 거침없이 움직이고 있다. 20여년의 동면을 끝낸 러시아는, 러시아가 움직일 때 마다 세계가 뒤흔들렸다는 것을 증명이라도 하듯 유라시아 대륙을 진동시키면서 새로운 진군(進軍)을 시작했다.[1] 가깝게는 소련 해체 후 처음으로 동방에서 서방으로, 그리고 멀게는 몽골의 서방으로의 진군(進軍)이래 처음으로 동방에서 서방으로 영토가 넓어진 사건들

---

1) 러시아인들은 러시아가 동시대 유럽 (당시의 문명 세계)을 3번 구했다고 믿고 있다. 몽골의 서진을 저지하고 이들을 패퇴시킨 것도 러시아이며 ,나폴레옹을 패퇴시켜 당시의 유럽 왕정을 구한 것도 러시아이고 히틀러의 나치즘을 패퇴시켜 민주주의를 지킨 것도 러시아라고 말한다. 또 러시아 혁명과 페레스트로이카 이후의 러시아 민주화 같은 역사적 변혁들을 주도적으로 이끌어 세상을 바꾼 것은 러시아라는 사실을 강조한다. 이러한 러시아인들의 신념은 러시아적 특수성과 러시아인은 구원의 민족이라는 의식을 러시아인들의 마음 속에 강력하게 심어주고 있다.

이 발생했다. 2008년의 남오세티야, 2014년의 크림을 중심으로 국경선이 변모했다. 이러한 국경선의 변경은 처음엔 서방과 러시아간의 격렬한 대립없이 이루어졌다. 적어도 크림반도 까지는 그랬다. 하지만 이후의 상황은 좀 더 복잡하다. 동부 우크라이나에서의 친러시아 분리주의 세력의 유혈 투쟁은 유럽과 전 세계에 먹구름을 그리고 있다. 먹구름과 함께 미국과 서방의 반격이 시작됐다. 그리고는 러시아에 대한 광범위한 제재가 도입됐다. 러시아도 이에 맞서 미국과 유럽산 농산물 등을 수입 제한하는 보복에 나섰다. 그리고 새로운 제재와 협박이 상호 간에 이어졌다. 이는 냉전 종식 후 유럽에서 러시아로, 러시아에서 유럽으로 그리고 다시 전 세계로 퍼져나갔던 상호 의존형 경제 시스템에 큰 타격을 주게 될 가능성이 높다. 그리고 결국 자본의 흐름과 기술, 노동의 흐름을 왜곡시키게 될 것이다. 이러한 흐름은 장기적으로 지속될 수도 있고 그렇지 않을 수도 있다. 하지만 분명한 것은 현재의 위기에 빠진 글로벌 시스템은 러시아를 배제하고 러시아와의 대립을 통해서는 해결할 수 없다는 것이다. 러시아의 자본주의로의 이행을 상징하는 훈장과 같던 G8체제에서 러시아를 배제하고 다시 서방 일변도의 단결, 과거와 같은 G7체제와 북대서양조약기구(NATO)만으로는 글로벌 문제를 해결할 수 없다. 현재의 세계는 과거 냉전 때와 달리 G7의 영향력이 현저하게 떨어져 있으며 그들만으로는 글로벌 거버넌스를 형성할 수 없다. 브릭스(BRICS)와 G20의 도움 없이는 유지될 수 없다. 그럼에도 불구하고 현재 세계는 또 다른 형태의 대립의 길목에 서 있다. 이라크의 과격파는 테러와의 전쟁 후 미국이 세운 정부를 위협하고 있다. 가자를 둘러싼 이스라엘과 팔레스타인 문제 또한 새로운 단계의 보복과 아랍 세계의 분노를 키우고 있다. 여기에 우크라이나 사태로 서방과 미국은 러시아와 새로운 대립에 들어가려 하고 있다.

그리고 아프리카에서 발생한 에볼라 문제는 글로벌 사회가 직면한 또 다른 위협을 분명하게 부각시키고 있다. 이러한 문제들을 해결하기 위해서는 강력한 글로벌 거버넌스가 필요하다. 현재의 글로벌 거버넌스가 이에 제대로 대응하지 못하고 이러한 흐름이 장기적으로 지속될 경우엔 세계 경제에 큰 암운을 드리우게 될 것이며 글로벌 사회의 거버넌스에 예기치 않은 방식으로 대변혁의 압력을 가하게될 것이다. 1백여년 전에도 유럽은 분열과 대립을 방치해 극단주의 세력이 득세했다. 당시의 글로벌 거버넌스는 복잡한 강대국 정치와 제국들의 마지막 몸부림에 무기력했다. 그 결과 1차 세계대전이 발생했다. 이는 러시아 혁명과 제 2차 세계대전 그리고 냉전을 연속적으로 불러왔다. 그리고 그 비극은 아시아에 까지 영향을 미쳤다. 하지만 소련의 페레스트로이카와 1991년 소련의 해체 이후 냉전은 종식됐다. 이 와중에 독일은 통일 됐으며 중국이 부상했고 '미국과 러시아' 그리고 '서방과 러시아 그리고 중국'은 불완전하지만 협력과 대화를 통해 이 새로운 세계를 지탱해왔다. 어떻게 보면 전(全)지구적 협력의 최초의 본격적인 모습이라고 할 수 있는 이러한 협력이 시작된 지 25년 여 만에 미국과 러시아 그리고 미국과 서방의 관계가 삐걱거리고 있는 것이다. 이러한 균열은 긴 역사적 맥락에서 볼 때 일시적인 의견충돌일 수도, 아니면 큰 틀의 또 다른 방향전환일 수도 있다. 여기에 대응하는 글로벌 리더십의 역량에 그 미래 운명이 결정될 것이기 때문이다. 2014년에 갑작스럽게 격화된 서방과 러시아의 균열은 세계가 또다시 새로운 대립과 분열의 길로 방향을 틀게 되는 것이 아니냐는 불안감을 불러오는 것이 사실이다. 하지만 이를 긴 역사적 맥락에서 본다면 이러한 대립의 미래를 어느 정도 예측할 수 있다.

미국과 서방 그리고 러시아의 대립은 냉전기에는 일반적인 것이었다. 하지만 2001년 뉴욕에 대한 이슬람 근본주의자들의 테러이후 글로벌 사회에 보여주었던 미·러 밀월의 모습을 상기한다면 이런 식의 대립은 생각하기 어려운 일이다. 물론 제2차 세계대전 당시 연합군의 일원이었던 미국과 러시아를 상기한다면 그리고 그 이후의 냉전을 상기한다면 이는 또 역사의 반복일 수도 있다. 지난 25년 동안 글로벌 사회는 냉전 종식 후 처음으로 진정한 글로벌 시스템을 통한 상호 의존형 체제를 유지했다. 진영적 대립과 동맹이 전선을 가르는 핵심 요인에서 밀려났다. 그리고 그 상징은 아이러니하게도 미국에 대한 이슬람 극단주의 테러리스트들의 행동으로 촉발됐다. 2001년 9·11이후 러시아는 과거 냉전시대에는 상상도 할 수 없었던 일들을 감행했다. 블라디미르 푸틴은 가장 먼저 조지 W. 부시에게 전화해 '테러와의 전쟁'에서 미국과 한편이 될 것임을 선언했고 미국의 군대와 정보기관, 자본과 이념이 자신들의 전통적 영향력 지대인 유라시아 내륙에 깊숙이 파고들 수 있도록 허용하고 협조했다. 다른 한편에서는 미국과 서방의 기업과 자본, 기술이 러시아의 에너지, 자원, 군수(우주산업 협력 등)에 까지 참여했고 진출했다. 불과 20 여 년 전 까지만 해도 외부인의 출입이 금지됐던 블라디보스토크에서는 지난 2012년 아시아태평양경제공동체(APEC) 정상회담이 열렸다. 2013년엔 상트페테르부르그에서 G-20 정상회담이 개최됐다. 러시아는 국제통화기금(IMF)과 세계무역기구(WTO)에 가입했고 러시아의 안마당이었던 카스피해 주변을 중심으로 국제 자본과 초국적 석유 기업들이 진출했다. 한반도에 인접한 사할린에도 미국의 엑슨 모빌, 셸 등 초국적 에너지 기업들이 진출했다. 그 결과 "볼셰비키 혁명으로 (유라시아 대륙에) 장벽이 세워진 후 처음으로 석유산업이 진정한 의미의 글로벌 비즈니스가 되었다"[2)]

는 말이 나왔다.

이러한 사건들은 지정학적으로 빠르게 변화를 거듭하고 있는 세계의 모습을 극명하게 보여주는 사례들이다. 지난 25년 동안 세계는 소련의 해체 후 진정한 글로벌 시장과 영역을 활용할 수 있었다. 국제기업의 투자에 대한 제한이 사상 처음으로 장벽을 넘었고 울타리가 낮아진 경험을 했다. 투자를 제한하고 외국과의 교류에 문을 걸어 잠궜던 국가들이 문을 열어 제쳤고 국제 자본과 기술, 노동이 유라시아 지역 내부로 깊숙이 파고들었다. 그리고 이 지역의 국가들이 빠른 속도로 국제 시장 및 체제에 편입됐다. 그런데 다시 25년 만에 세계는 또 다른 지정학적 변화를 목도하고 있다. 그리고 이번의 변화도 과거 1980년대 중반 이후 의 모습과 똑같이 유라시아 대륙의 핵심지인 러시아에서 시작되고 있다. 과연 러시아와 세계는 어디로 가는 것이며 유라시아의 운명은 어디로 향하는 것일까? 과거와 같은 신냉전의 암운이 글로벌 경제와 사회를 좌우하면서 실제 현실에는 존재하지 않는 가공의 편가르기, 선긋기를 시도하는 것일까?

미국과 러시아에 이러한 선긋기와 보복의 악순환을 강조하는 사람들이 없지는 않다. 하지만 신 냉전이라는 단어는 별로 적절치가 않다. 냉전 당시에는 개별 국가 간 이익에 앞서 이념(공산주의와 자본주의)이 진영을 규정했고 이 이념 대결을 뒷받침하는 강력한 패권적 경제력을 가진 국가들이 각각 진영의 결속을 선도했다. 한마디로 일반 이념적 전제가 있었고 이를 근거로 편이 갈렸다. 서로는 반드시 꺾어야하는 증오의 대상이기도 했다. 공산주의는 혁명을 통해 자본주의를 말살하고자 했다. 하지만 냉전이 종식된 후 현재 글로벌 사회를 관철해 진영을 가르는 전 세계적

2) Joseph Stanislaw & Daniel Yergin, "Oil: Reopening the Door", Foreign Affairs 72,(1993), pp81-93.

일반 이념은 없다. 전선도 복잡하다. 테러리즘이 냉전 종식 후 글로벌 체제와 패권적 강대국들의 안보에 대한 최대 위협이 됐듯 세계는 빈곤의 전선과 종교적 극단주의가 복잡하게 얽힌 다양하고도 새로운 전선을 경험하고 있다. 오히려 현재의 세계는 개별 국가의 생존전략과 국가 이익의 극대화 전략에 따라 수시로 편이 갈리는 실용주의적 모습을 보이면서 유일 패권적 강대국이 없는 다극화 방향으로 흘러가고 있다.

우크라이나 사태는 이렇게 패권전이와 경제력 전이 그리고 지정학적 도전이 겹쳐서 나타나고 있는 상황에서 벌어졌다. 때문에 이 사태의 중요

[그림 1] 미국 상공회의소와 전미 제조업자협회가 미국의 對 러시아 경제제재에 반대하는 의견을 담아낸 광고

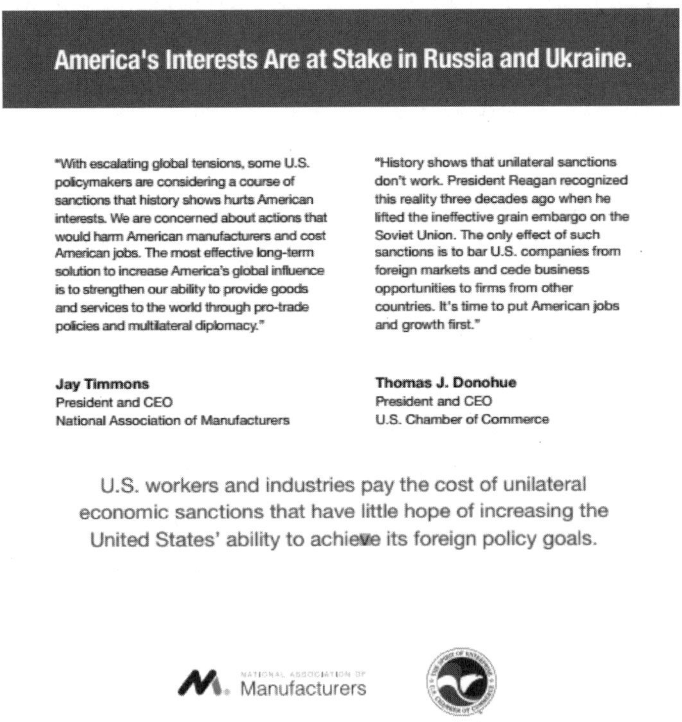

성에도 불구하고 이번 사태가 유라시아 전체, 그리고 냉전 이후 글로벌 사회가 경험하고 있는 미증유의 변화의 흐름 전체를 바꿀 가능성은 그렇게 커 보이지 않는다. '중국-러시아' 연대의 무게감과 파장에 대한 우려가 본질적 · 격렬한 대립을 완화하는 요소가 될 것이라는 분석들도 있다. 물론 그렇지 않게 생각하는 사람들도 있다. 신 냉전을 강조하며 반러시아 연대가 과거 냉전기 때와 비슷한 문명적 대결이라고 생각하는 사람들도 있다. 이러한 견해를 가진 사람들은 서방에도 그리고 러시아에도 있다. 하지만 그들은 극소수다. 오히려 현실은 냉전과 제재의 악순환의 지속을 걱정하는 목소리들이 더 크다. 미국 상공회의소(AmCham)와 전미제조업자협회(NAM)는 미국의 러시아에 대한 경제 제재는 잘못된 것이며 이러한 방식으로는 미국의 외교 목적을 달성할 수 없다는 의견광고를 8페이지의 [그림 1]에서 보듯 2014년 6월 26일자 뉴욕타임스, 월스트리트 저널, 워싱턴포스트에 동시에 게재했다.

정부의 외교 정책에 대해 재계가 공공연하게 반대를 천명하고 나선 이와 같은 일은 한국에서는 상상할 수 없는 행동이다. 하지만 이러한 의견광고는 미국 산업계의 분위기와 러시아에 대한 제재가 과거 냉전기 때와 다른 것임을 분명하게 보여주고 있다. 이데올로기에 의한 진영적 편가르기가 모든 것을 결정하던 시대와는 다른 시대에 세계가 진입했으며 국가와 기업, 경제이익과 외교목표가 충돌하는 모습을 보여준다. 이는 현재의 세계가 신냉전이 아닌 국가 이익과 외교적 목표 사이의 변주곡을 실용적으로 선택하고 있는 현실을 보여준다. 그리고 이는 블룸버그(Bloomberg) 통신 등 미국 언론이 분석하듯 미국 산업계의 오바마 정권에 대한 공공연한 결별로 평가됐다.

당시 광고를 통해 미국의 재계는 "미국의 이익은 러시아와 우크라이나에 있다"며 "미국 노동자와 산업계는 일방적인 경제 제재로 대가를 치르게 된다. 그리고 이 제재는 미국의 대외 정책의 목표 달성에 전혀 기여하지 않는다"는 입장을 강력하게 밝혔다. 특히 "국제적 긴장이 높아지는 가운데 몇몇 미국의 정책 입안자들은 일련의 제재를 검토하고 있지만 이는 미국의 이익을 훼손할 것임을 역사가 증명하고 있다. 미국의 국제적인 영향력을 높이는 더 효과적이며 중장기적인 대처는 무역 입국의 정책과 다면적인 외교로 미국의 상품과 서비스를 세계에 공급하는 능력을 높이는 것이다." "일방적 제재가 기능하지 않는 것은 역사를 보면 분명하다. 레이건 대통령은 30년 전 소련에 대해 곡물의 금수를 했지만 효과가 없었고 제재는 결국 미국 기업을 외국 시장에서 퇴출, 비즈니스 기회를 다른 나라 업체에 넘겨줬을 뿐이었다. 미국인의 고용과 성장을 최우선으로 할 때다"는 요지의 의견을 제시했다.

이들의 의견 광고에 표명된 우려는 곧바로 현실로 나타나고 있다. 드미트리 로고진 러시아 부총리는 서방의 경제 제재를 이유로 다시 러시아 자체의 독자생존 양식의 경제 체제로의 회귀를 주장했다. 그는 제재와 같은 압력에 맞서기 위해서는 외부에 의존하지 않는 완전한 경쟁력을 갖춘 국내 산업 진흥과 수입 대체를 이룩해야 한다고 주장했다.[3)] 물론 이와같은 로고진의 발언은 현실화되기 어려울 것이다. 소련 해체 후 러시아 경제는 위에서 언급한 것처럼 세계 경제 체제에 완전히 편입됐고 상호의존성이 크게 증대됐기 때문이다. 러시아 소비자는 서방의 제품이 필요하고 이는 러시아내 제조업의 현실상 대체 생산이 어렵거나 하더라도 경쟁력

3) 'Russia Should Respond to Sanctions With Full Import Replacement – Russian Official', Ria Novosti, Aug.4 2014, http://en.ria.ru/russia/20140804/191718439/Russia-Should-Respond-to-Sanctions-With-Full-Import-Replacement.html

[그림 2] 러시아와 서방 국가 간 무역 규모

(2013년 기준, 단위: 억달러)

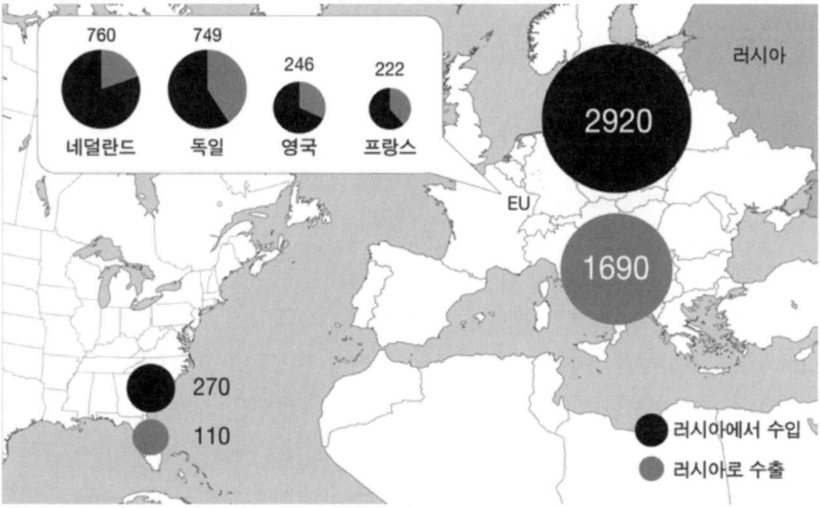


자료: 유럽 통계청 등

이 떨어진다. 또 대체 생산을 위해서는 많은 시간이 필요하기 때문이다. 마찬가지로 서방 특히 유럽은 러시아라는 시장이 필요하다. 가스와 에너지의 상호 의존은 차치하더라도 인구 1억 4천이 넘는 러시아는 유럽에게 있어 포기할 수 없는 큰 시장이다. 독일 기업들만 따지더라도 6200개 이상의 독일 기업들이 러시아와 교역하고 있다. 독일은 EU 국가 중 네덜란드에 이어 러시아의 2위 무역국이다. 한 해 교역 규모는 749억 달러(약 80조 755억원)이며 폴크스바겐, 아디다스 등 6200개 이상의 독일 기업이 러시아에 진출해 있다. 러시아와 직접적으로 연관된 일자리만 30만개다. 독일 기업들의 대러시아 누적 투자액도 2013년 말 기준 220억달러(약 23조6620억원)에 달한다. 이 때문에 러시아와 서방의 경제냉전이 장기화된다면 독일 경제, 유럽 경제도 타격이 불가피하다. 독일기업과 러시아 기업 간의 역사적인 유대도 제재의 장기화를 어렵게 한다. 독일의 대표적 산업체인 지멘스의 최고경영자(CEO) 조 캐셔의 말처럼 지멘스는 1853년 러시아의 전보설비 구축 사업을 수주해 러시아 사업을 시작한 후 지금까지 161년간 러시아에서 사업을 펼쳐왔고 지금도 '상트 페테르부르그-모스크바-니즈니 노브고로드'를 잇는 고속철도 건설 등 주요 산업에 참여해 수익을 내고 있다.

또한 북미, 아시아 국가들과 비교해 유럽의 물류 경쟁력을 강화해주는 러시아와의 협력의 복합성도 분열과 갈등의 장기화를 억제하는 요인이다. 유럽은 냉전 후 러시아를 경유한 물류망을 통해 유럽의 경쟁력을 강화해왔다. 대표적인 것이 아시아 행 유럽 항공기의 시베리아 영공 통과다. 유럽에서 아시아를 갈 때 유럽 항공기들이 러시아의 시베리아 영공을 지나가게 되면 평균 4천 km정도가 줄어든다. 연료 비용 등도 평균 3만 달러 정도 절약된다. 이처럼 러시아와 유럽은 겉보기와는 달리 상호의존성이 커졌다. 위의 [그림 3]에서도 알 수 있듯 식료품에서도 유럽과 러시아는 상호의존성이 크다. 네델란드와 스페인의 경우 2013년에 대러 수출품 중 식료품이 차지하는 비중이 각각 23.6%, 23% 에 달할 정도다. 폴란드와 벨기에도 대러 수출품에서 식료품이 차지하는 비중이 각각 18.2%, 12.3%나 된다. 이 때문에 러시아가 수입 금지를 발표하면서 이들 국가의 농업 및 식품 산업이 즉각적인 타격을 받게됐다. 하지만 이는 그만큼 러시아 경제가 이들에게 의존하는 비율도 크다는 것을 의미하기도 한다. 때문에 외부에 의존하지 않는 완전한 경쟁력을 갖춘 국내 산업의 출현과 폐쇄적인 경제 운용은 상당한 비용을 치러야만 한다. 물론 이와같은 경제적 상호 의존론 만으로 러시아와 서구의 경제 제재 전쟁이 과거 냉전 때와 같은 전면적 대립을 초래하지 않을 것이라는 결론을 도출하는 완벽한

[그림 3] 유럽과 러시아의 상호의존성을 보여주는 통계들

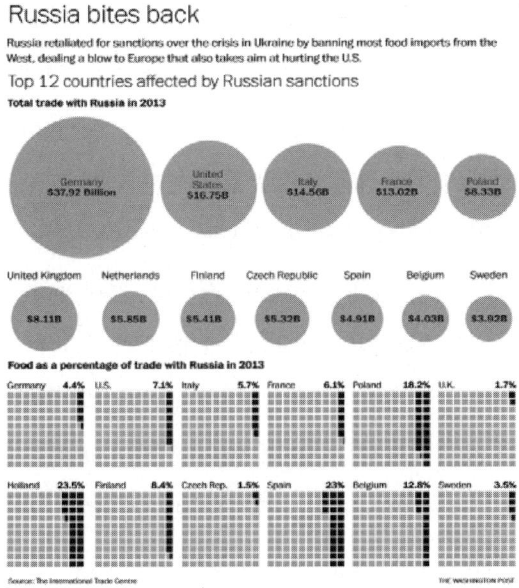


설명이 될 수는 없다. 하지만 러시아와 서방 사이에는 경제적 상호의존만이 아니라 군사적 상호의존의 모습도 있다. 핵무기가 존재하고 그 결과로 인한 상호확증파괴(MAD, mutually assured destruction)의 상황이 도래한 후 미국과 러시아는 상대방의 핵무기 숫자 뿐 아니라 핵무기 사용 능력과 의지 그리고 의도를 간파해야 했다. 다시 말해 자국을 향해 핵무기를 사용하지 않을 것이라는 합리적 판단이 필요했고 이를 위한 세계 체제 및 관리 차원에서의 상호의존과 협력의 상호의존이 필요했던 것이다. 이처럼 상호의존의 복합성은 강대국간 정치와 경제에서는 눈에 보이지 않지만 항상 작용한다. 이는 자원과 이익 그리고 상대적 비용의 개념과 수단의 대칭성 등을 감안해 분석해야만 합리적 결론을 내릴 수 있다. 때문에 최근의 우크라이나 사태에서 나타난 경제 제재의 파장도 이런 기준을

적용해 분석해 보면 그렇게 파멸적 상황으로 갈 가능성은 없어 보인다. 하지만 서구와 러시아의 이번 대립은 러시아 경제의 세계화와 서구 수준의 표준을 받아들여 현대적 경제 운용 시스템으로의 이행을 꾀하던 노력에 상당한 악영향을 미치게 될 것이다. 러시아는 다시 서구를 믿지 않게 될 것이며 이런 분위기는 장기적으로 유라시아 대륙의 시장과 자본 그리고 자원의 결합 방식에 영향을 미치게 될 것이다.

무엇보다 우크라이나 사태를 둘러싼 서방과 러시아의 경제 제재 전쟁은 러시아인의 유럽관(觀)과 대미관(對美觀)에 장기간에 걸쳐 영향을 미칠 것이다. 단기적으로는 러시아에게 자체 생산 능력 증대와 수입 대체를 위한 산업 진흥, 중국 · 남미 등 유럽 이외 지역과의 협력을 강화하는 방향으로의 전환의 필요성을 인식시킬 것이며 장기적으로는 러시아 독자의 슬라브적 문명의 길에 대한 정서의 강화를 가져올 것이다. 그리고 이는 유럽인들과 유럽 국가들에게도 "러시아를 잃을 것인가? 아니면 러시아와 공존할 것인가?"의 논쟁을 불러오고 이러한 사태의 장기화에 대한 거부감을 확산시키게 될 것이다.

## 러시아의 세계관과 유럽 – 인식과 괴리

지리적 측면과 문명적 측면에서 볼 때 러시아의 역대 지도자들 중 특히 계몽군주로 평가받는 지도자들은 그가 어느 시대의 인물이었든 가의 여부와 상관없이 러시아의 개방과 국제화의 모델로서 유럽을 강력하게 선망했다. 물론 러시아의 유럽화 혹은 세계화의 표상으로서의 유럽은 다양한 목표로서 존재했다. 예를 들어 유럽형 모델을 기초로 국가의 행정제도 등을 선진화하고자 했던 시도는 유럽을 제도의 전범(典範)으로 규정한 사례였다. 반면 유럽을 인권과 국가개입의 제한, 관용 등 가치적 개념과 이념의 전범으로 삼아 이를 구현하고자 하는 시도는 유럽을 러시아 세계화의 이념적 지향으로 삼은 사례라고 할 수 있다. 또한 지리적 인접성과 기독교 문명을 기초로 한다는 문화적 동질성을 기초로 해 동시대 유럽의 일원으로서 국제기구나 각종 회의, 유럽 왕조와의 결혼을 통한 혈연적, 문화적 동질성을 시도한 사례들은 정서적 접근의 대상으로서 유럽을 삼은 것이라고 할 수 있다.

표트르 대제와 푸틴의 모습, 그리고 소련시절 및 러시아 역사 전체를 통틀어 가장 강력한 서구화주의자 중 한명으로 꼽힐 고르바초프에 이르기까지 러시아는 고대 동양국가들이 중국을 다양한 모델로서 상정했듯 동시대의 유럽을 러시아가 추구해야할 발달된 제도, 부강한 문명, 강력한 안보의 모델로서 간주했다. 또한 러시아의 지식인들은 유럽의 가치와 관용에 흠뻑 젖어 유럽의 일원으로서의 러시아를 추구하고 지향했다고 할 수 있다.

수세기 동안 러시아와 유럽 사이에서 진행된 그리고 현재도 진행되고 있는 “러시아는 유럽의 일원인가?” 아니면 “러시아는 유럽 밖의 세력인가?”라는 질문은 러시아의 국제화 노력과 성과에 대한 평가에 따라 다양하게 달라질 수 있다. 이러한 질문은 주체와 객체를 바꾸면 “러시아를 잃어 버렸는가?” “서구가 우리를 또다시 배신했는가?”라는 질문으로 대체되기도 한다. 이러한 질문에 대한 대답이 쉽지 않은 이유는 여러 가지가 있지만 그것이 지리적 질문에 대한 대답과 문명적 성격에 대한 질문을 동시에 포함하고 있기 때문이다.

지리적으로나 문명적으로 볼 때 러시아는 이미 16세기 이후 하나의 문명권에 소속된 국가가 아니라 유럽과 아시아의 경계를 넘나드는 유라시아의 대국으로서, 아시아의 상당부분을 영토로 포함시키는 대제국으로서 수 백년을 존재해왔다. 러시아의 국제화 혹은 세계화의 특징 중 하나는 러시아가 유라시아에 펼쳐진 대륙국으로서 다민족적·다문명적 성격의 국가로서 기능해왔고, 13세기부터 15세기말 까지는 동시대 유럽과 완전히 단절된 채 아시아 세력인 몽골의 지배하에 있었다는 점이다. 또한 러시아 영토의 절반 이상과 역사의 상당기간을 아시아와 밀접한 연관을 맺었음에도 불구하고 러시아의 세계화 혹은 국제화의 시도가 항상 유럽 쪽에 치중되어 있었다는 것이다. 이는 동시대 유럽인들이 러시아적 가치의 상당부분을 비유럽적으로 간주함에도 불구하고 러시아가 일관되게 '유럽 다가가기'를 시도하는 데에서도 알 수 있으며 동시대 유럽에 의해 배척을 받게 되는 인문 지리적·태생적 한계를 의미한다고도 할 수 있다.

러시아의 국제화 모델로서의 유럽은 표트르 대제 때나 블라디미르 푸틴과 드미트리 메드베데프 치세 때에도 변함이 없었다. 유럽은 러시아가 본받을 가장 중요한 대상이었으며 세계화의 표준이었다. 때문에 소련시절이나 소련 해체 후의 러시아 시대, 혹은 로마노프 왕조 시대 때 국가 지도자의 유럽에 대한 관념과 동경의 정도, 세계적 표준 및 가치에 대한 유럽의 비중에 대한 평가의 향방은 간혹 흔들린 적이 있지만 거의 항상 동시대 표준 혹은 국제화 모델의 상징이자 한계였다. 비록 2차 세계대전 후 핵전력 및 군사적 측면에서 유럽보다 미국이 러시아 국가전략 및 외교안보정책의 우선 순위에 놓이는 경우도 있었고 그런 경우가 앞으로도 목격되겠지만, 유럽에 대한 접근의 경계와 한계설정은 러시아의 모든 국가전략에 영향을 미쳤고 특히 러시아 외교안보정책의 중요한 고려요소였다.

"러시아는 유럽의 일원으로 받아들여질 수 있는가?"라는 질문에 대한 대답의 방향에 따라 러시아의 국가안보 전략이 크게 변모했고 러시아인들의 대유럽관도 변모해왔던 것이다.

실제로 1812년 나폴레옹과의 전쟁 후 전후 유럽질서를 재편하는 과정에서 러시아는 전승국이자 주관국으로서 유럽의 지도를 재편할 기회를 잡고 1815년의 비엔나 회의를 주도했다. 하지만 당시 러시아 황제 알렉산드르 1세는 유럽국경선을 획정하는 가운데에서도 러시아가 과연 유럽의 일원으로서 어느 정도까지 받아들여질 것인지에 대한 고민을 한 후 오스트리아의 메테르니히 등과 연합해 보수주의적 관점에서 국경선을 획정했다. 폴란드 및 베싸라비아 등의 영토에 대한 러시아의 욕심을 숨기지 않았지만 알렉산드르 1세의 전후 유럽(오늘날의 동서유럽 전체) 질서 구축 방식은 특히 유럽식 통치의 기초로 기독교에 기반한 사회 건설에 있었다. 때문에 그는 나폴레옹의 혁명사상에 반감을 가지고 유럽의 정통왕조의 복권에 대한 열망을 강력하게 표출했다. 알렉산드르 1세의 이러한 생각의 결과는 오스트리아의 메테르니히와 영국의 카스텔레히(Castlereugh)의 의도와 절묘한 결합을 이뤄 유럽에 다시 보수주의 기운을 복권시켰고 유럽의 세력균형과 신성동맹, 4국 동맹의 형태로 나타났다.

잘 알려져 있다시피 기독교 사상에 기반한 유럽분할과 통치에 대한 알렉산드르 1세의 생각은 터키와 영국의 반발에 직면했다. 터키는 이슬람 문명국으로서 신성동맹 및 기독교에 근거한 유럽식 통치원칙을 받아들이기 어려웠고 영국은 알렉산드르 1세의 생각이 지극히 이상론적이며 심지어 나이브하다고 여겼다. 영국은 유럽이 알렉산드르 1세의 생각처럼 기독교에 의해 통치되는 하나의 가족국가처럼 경략되기 어려울 것으로 생각했지만 영국 대표인 외무장관 카스텔레히(Castlereugh)는 유럽 내에

혁명의 기운을 가둔다는 목표 하에 세력균형에 치중했다. 때문에 영국은 신성동맹 대신 실질적으로 프랑스가 보복에 나설 수 없도록 유럽의 세력과 질서를 유지할 4국 동맹을 제안해 이를 관철시켰다. 또한 다른 국가들과 달리 영국과 영국기업의 해외 무역과 투자에 대한 보호를 위해 유럽 대륙 바깥의 해외영토 및 섬들에 대한 권리를 획득하기를 희망했고 알렉산드르 1세는 이러한 영국의 의도를 따라주는 대신 오스트리아와 영국을 통해 러시아가 유럽의 실질적 일원임을 인정받고자 했다. 알렉산드르 1세의 구상은 어느 정도 성과를 보였다. 하지만 이 시기를 전후해 러시아 군대가 독일과 프랑스에 3년 이상 주둔하게 됐고 러시아군의 엘리트들과 청년 장교들의 생각을 일깨웠다. 유럽의 문명과 제도를 목격한 이들 젊은 장교들은 유럽의 생활에 대한 목격과 동경심을 가지고 후일 짜르에 대한 반란인 '데카브리스트의 반란'을 일으킨다. 이러한 사건들처럼 러시아와 유럽의 교류 확대는 항상 예기치 않은 파장을 러시아 사회 내에 가져왔고 체제 자체의 변혁과 때로는 종식을 초래하기도 했다. 러시아 사회의 동시대 유럽과의 접촉에 따른 국제화의 파장은 이렇게 복잡하고 심대하다.

위에서도 언급했듯 국제정치계의 주역으로 러시아가 참여한 비엔나 회의의 파장은 장기적으로 러시아 사회의 자유주의적 기운의 자양분이 되었다. 이처럼 러시아의 세계화, 국제화의 과정은 러시아가 강대국으로 성장하면서 필연적인 측면이 있었지만 이는 또한 유럽에서 성장한 자유주의 기운의 러시아로의 급속한 전염의 원인이 되기도 하였다. 이는 개방과 세계화로 인해 기성 체제에 난관이 초래될 수 있다는 것을 보여준 사례이기도 하다. 비엔나 회의와, 멀리는 표트르 대제의 서구화의 결과가 초래한 이러한 예기치 않은 부수적 파장은 이후 경제적 측면에서도 그 사례를 찾아볼 수 있다. 우리가 기억할 수 있는 또 다른 사례는 러시아가 냉전 종식 후 국제금융체제에 급속히 편입된 지난 1998년에 나타났다.1997년 동아시아에서 발생한 금융위기는 태국, 말레이시아 등을 거쳐 한국에 상륙했고 이는 통합된 금융시장의 흐름을 타고 빠르게 러시아 등으로 확산됐다. 당시 미셸 캉드쉬 IMF총재를 비롯한 국제금융전문가들은 점령군들처럼 기세등등한 모습으로 러시아에 상륙했다. 이들은 특유의 해법인 구제금융의 대가로 과감한 구조조정과 이자율 인상 등 거시경제조정정책을 받아들일 것을 요구했다. 하지만 러시아는 이러한 IMF의 요구에 동의하지 않고 예브게니 프리마코프를 앞세워 아주 강력한 저항을 했다. 서구화에 대한 배신감이 팽배했던 당시 러시아에서 협상의 책임을 맡았던 프리마코프는 러시아의 역사적 특성과 자존심을 존중하는 방식 하에서의 국제적 개입과 협력이 가능하다는 논리로 서구식 방법의 강요를 거부했다. 다시 민족주의·슬라브주의적 전통이 러시아의 서구화 논리를 압도한 것이다.

표트르 대제의 서구화 개혁과 근대화, 에카테리나 여제의 계몽주의와 자유주의 사상 도입, 옐친의 탈소련, 탈국가주의적인 자유주의 사상에 입각한 헌법 제정, 푸틴의 테러리즘과의 전쟁 동참 및 G8가입 그리고 러시아의 일관된 국제경제 체제 편입 노력은 러시아가 서구와의 관계를 획기적으로 개선하고 글로벌 거버넌스에 동참하고자 하는 국가적 변환의 노력을 보여주는 사례들이다. 이러한 노력들은 서구와 당시의 유럽 체제 그리고 글로벌 시스템의 변화를 초래했지만 다른 한편으로는 러시아 내부의 변화를 초래하기도 했다. 하지만 자유주의적·서구적 제도와 문물의 도입의 속도와 범위가 커질수록 동시에 '유럽 따라기기'의 폐혜에 대한 반작용으로 예외 없이 국가주의적이고 연방의 절대적 권한의 강화에 기초한 질서의 강조로 회귀되는 권위주의적 문화도 강화시켜 왔다. 이 때문에 동시대 서구 혹은 유럽은 러시아의 근대화와 자유주의 정책을 적극적으로 지원하고 정책의 변화에 열광하다가 시간이 흐르면서 러시아 개혁의 한계와 좌초에 대해 실망하고 비난하며, 대립하는 모습을 반복적으로 보여 왔다. 반대로 러시아는 유럽이 결정적 국면에서 러시아를 완전히 포용하기 보다는 비난과 편 가르기, 포위의 망상에 다시 사로잡힌다며 배신감을 표시해왔다. 결국 서구화 혹은 유럽화의 길목에서 결정적 국면을 넘기지 못할 때 마다 반복되는 이와 같은 반발과 러시아 보수주의적 전통으로의 회귀는 "러시아(서구)의 배신인가?" 아니면 "서구의 포용 정책의 실패인가?라는 논쟁을 낳았다.

이러한 모습들은 러시아가 국제사회의 또 다른 주역으로서 세계의 질서와 세력 재편의 역할을 담당한 1945년 2차 대전 이후의 상황 때에도 마찬가지였다. 나치 독일과 무솔리니의 군국주의, 일본의 제국주의에 맞서 연합국에 참여했던 소련과 미국은 같은 승전국이자 같은 편이었지만 2차 세계대전 후 이념대립의 격화가 심해지면서 동서 냉전의 양축을 대표하는 국가가 되면서 화해의 길을 갈 수 없었다. 또 고르바초프와 옐친을 거치면서 전쟁을 통하지 않고 평화적으로 냉전을 종식시켰던 러시아는 냉전을 종식시킨 후 NATO(북대서양조약기구)의 확대와 EU(유럽연합)의 확대에도 불구하고 점점 고립감을 느끼게 되었다. 이 때문에 옐친 말기에 들어서는 냉전(cold war)은 종식되었으나 세계에는 여전히 평화가 오지 않고 차가운 평화(cold peace)만이 존재한다는 푸념들이 러시아 지도부에 의해 끊임없이 표출됐다.

이러한 모습들은 푸틴과 메드베데프 시대에 이르러서도 마찬가지다. 이들은 "왜 서구는 우리를 동등하게 취급하지 않는가? 러시아는 동맹이 아닌가?"[4]라는 질문을 끊임없이 던지고 있다. 하지만 냉전 종식 후 지금까지의 상황을 보면 러시아는 이러한 불만과 정치적 대립과 갈등의 부침에도 불구하고 경제 부분에 있어서 일관되게 국제시스템에 대한 참여를 추진하고 있다. 또한 '에비앙 유럽정책포럼'에서 메드베데프에 의해 제안된 새로운 유럽안보조약 구상처럼 유럽에 대한 새로운 형태의 대화와 접근 노력을 강조하고 있다. 이러한 러시아의 노력은 비록 동시대 표준으로부터 완전한 동료로서의 편입을 유보당하면서도 항상 동시대 세계화의 모델로 삼는 국가 및 문명권에 대해, 끊임없이 접근과 도전을 감행하던 과거의 역사를 상기시킨다고 할 수 있다.

물론 '러시아는 유럽의 일원인가?'라는 질문은 시대에 따라 "자유세계의 일원인가 혹은 문명의 동맹국인가?" 라는 식으로 때때로 변화하지만 모두 당시의 세계 선진 모델 혹은 시스템의 일원으로서 러시아의 편입여부와 가능성에 대한 질문이라는 측면에서는 동일한 것이었다. 러시아는 유럽의 일원인가?, 러시아는 유럽에 어떤 형태로 받아들여질 것인가?, 러시아는 어떤 방식으로 어떤 정도로 영향력을 행사해야할 것인가?' 라는 질문에 대한 대답은 러시아 외교안보 전략가 뿐 아니라 지도자들 그리고 러시아를 활용해야할 주변국 모두에게 엄청난 숙제였고 대답하기 힘겨운 과제였다. 그러나 러시아인들과 러시아 지도부는 자신들의 유럽 다가가기 혹은 서구화의 시도 혹은 세계 시스템에의 편입 노력이 편견과 차별에 의해 서구의 위기시를 제외하고는 제대로 된 대접을 못받는다는 생각이 강하며 이는 역사의 고비고비 마다 표현되고 있다.

---

4) TIME, Dec.18.2007 "Person of the Year 2007", " Putin Q&A: Full Transcript 및 TIME의 블라디미르 푸틴 대통령 인터뷰 .http://www.time.com/time/specials/2007/personoftheyear/article/0,28804,1690753_1691763_1691291,00.html 를 비롯한 각종 자료에서 이러한 발언과 분위기를 찾아볼 수 있다.

러시아의 이와같은 차별 혹은 소외에 대한 반응은 국제금융위기가 발생한 후 메드베데프 대통령에 의해서도 여러차례 표출되고 있다. 메드베데프는 지난 2008년 10월 프랑스 에비앙에서 개최된 세계정책포럼(World Policy Forum)에서 세계금융위기를 불러온 미국을 맹비난하면서 이번 위기는 “특정한 국가의 경제적 이기주의에서 비롯된 것”이라고 강조했다. 또한 “세계질서와 관련된 어떠한 경제적 문제도 러시아의 참여없이는 해결될 수 없다는 것을 유럽은 반드시 이해해야한다”고 강조했다. 메드베데프의 이와같은 발언은 당시 러시아가 글로벌 금융위기 해법을 논의하는 2008년 10월 11일 워싱턴 G7재무장관 회담에서 배제된 데 대한 배신감의 표시였다. 서방은 당시 러시아의 분노를 완화시키고자 G7 재무장관회에서는 배제했지만 대신 G20정상회담에는 초청하는 방식을 제안했는데 러시아는 이를 모욕으로 받아들이고 강력한 배신감을 표명한 것이다. 이 때문에 당시 프랑스의 사르코지 대통령은 메드베데프를 달래기 위해 세계정책회의 폐막 후 별도로 회담을 갖고 “세계 각국은 최악의 금융위기 사태를 맞아 새로운 해결책을 찾기 위해 협력해 나갈 필요가 있다”며 “어떤 국가도 금융위기를 독자적으로 해결해 나갈 수는 없다. 국제기구들도 시대의 필요에 맞게 바뀌어야 하며 유엔안보리, G8(선진8개국) 등에 신흥개발국을 참여시키는 것도 하나의 방법이 될 수 있다”라고 말했다.

한편 메드베데프는 금융위기와 관련한 회의에 러시아의 참여 및 그 이후의 세계질서 구축에 러시아의 배제는 있을 수 없다는 인식을 강하게 하면서 ‘유로-대서양’ 지역을 관할하는 새로운 유럽 안보조약을 창설 필요성을 강조했다. 메드베데프는 “미 정부의 야심이 민주적인 세계질서를 구축할 수 있는 기회를 빼앗았을 뿐만 아니라 평화를 파괴했다”라면서 9.11 테러 후 미국이 취한 외교정책을 호되게 비판했다. 그는 “금융 위기를 돌파하기 위한 방안과 함께 새 유럽안보 조약 문제를 유럽 국가들과 논의해야한다"고 말하고 이러한 그의 의견을 크렘린 대통령 사이트에 동영상으로 올리기도 했다.

그는 "국제 정치나 세계 금융위기는 어느 한 국가가 해결할 수 있는 일이 아닌 신속하면서도 공동의 노력을 필요로 한다"면서 러시아는 오랫동안 균형이 유지돼온 대서양 지역의 전략적 안정성이 미국 주도의 북대서양조약기구(나토)에 의해 무의미해졌다며 유럽-대서양 지역의 군사적 균형을 회복하기 위해 이 지역의 모든 국가와 기구들을 포괄하는 새로운 유럽-대서양 안보조약기구(EATO) 창설을 주장하고 있다. 글로벌 금융위기의 와중에 러시아가 들고 나온 이러한 안보이슈는 사실 별다른 주목을 받지 못했다. 하지만 러시아는 이와 같은 입장을 옐친 2기 이후 일관되게 유지해왔다. 고르바초프 전 서기장이 '유럽공동의 집' 이라는 개념으로 全(전)유럽 안보협력기구 창설을 주장한 때부터 감안하면 그 역사는 훨씬 깊다. 세계는 우크라이나 사태 후 당시 메드베데프의 주장이 단순한 한 명의 지도자의 주장이 아니라 러시아 지도층의 일관된 세계관의 표현이라는 것을 아마 깊게 새기게 됐을 것이다. 왜냐하면 크림반도 병합 후 내놓은 푸틴의 대응 방식이나 세계관은 당시 에비앙 회담에서 메드베데프가 피력한 세계관과 정세관의 재현 그 이상도 이하도 아니기 때문이다.

유럽연합 국가들이나 동유럽 체제전환국들은 러시아의 이러한 불만과 분노를 제대로 이해하지 못하고 있다. 러시아는 미국의 경제패권이 흔들리는 상황에서 군사패권 이슈를 제기하고 있다. 이것은 단순한 우연이 아니다.러시아가 소련해체기 자신들의 군사패권 및 정치패권의 상실기에 글로벌 경제체제에 대한 적극적인 접근 노력을 펼치면서 서방에 공세적 접근을 한 것과 마찬가지로 러시아는 경제패권의 전환기에 세계적 패권

전환에 대한 새로운 논의를 촉발하고 있는 것이다. 그리고 러시아의 이와 같은 이슈 제기는 러시아의 세계화와 국제경제체제에 대한 편입의 노력, 그리고 러시아인들 마음 속에 있는 서구화의 길에 대한 그들 스스로의 중간평가이자 서구화의 길에 대한 또 다른 방향전환의 측면이 강하다는 게 필자의 생각이다.

때문에 시간이 가더라도 서방과 러시아의 상호 평가의 간극 또한 쉽게 메워지지 않을 것이며 러시아는 표트르 대제의 개혁 이후 또 다른 보수화의 길을 간 역사의 전례처럼 전 세계적으로 경제위기를 극복하는 수단으로 국가의 개입이 강화되는 시기를 맞아 그들만의 새로운 길을 갈 가능성이 매우 높아 보인다. 러시아의 국제경제체제 편입과 참여의 노력 또한 국가안보 및 외교정책 개념과 완전히 분리된 상태로 진행되기는 어려울 것이며 융합적 모습으로 진행되면서 상황에 따라 때로는 분절적으로 때로는 안보 및 정치적 판단의 우위의 모습으로 진행될 것이다.

이는 과거와 달리 세계의 공장으로 성장한 중국과 유라시아 내 신흥경제 강국들의 등장의 원인도 있다. 중국의 등장은 러시아에 대한 서방의 경제 제재가 지속적인 효과를 발휘하기 어렵게 하고 있고 경제를 넘어 유라시아 공간 내 '러시아-중국' 연합의 강화를 재촉할 것이다. 여기다 서방에게 '아킬레스의 건'이 될 수 있는 이란과의 에너지·경제협력을 강화할 수도 있다. 이는 이란 핵문제와 중동에서의 이란의 영향력이 커지는 계기가 되고 시아파와 수니파의 갈등에 결정적 변수를 초래할 수 있다. 이러한 점에서 서방의 경제 제재가 본격화된 후 블라디미르 푸틴 대통령이 내놓은 반응은 매우 중요한 시사점을 주고 있다. 푸틴은 2014년 8월 5일 러시아는 국내 생산자들을 지원해야 하며 소비자들에게 피해가 가지 않도록 해야 한다고 말했다.[5] 또 "정치적 수단으로 경제를 압박하는 것은 용납할 수 없다. 이는 규범과 원칙에 어긋난다"고 말했다. 일단 정치와 경제를 분리한 것이며 경제적 대응을 우선시 하겠지만 원칙을 벗어난 대응에 대해서도 기회가 되면 적절한 보복을 할 수 있음을 시사한 것으로 볼 수 있다. 당시 푸틴의 발언을 좀 더 들여다보자.

"현 상황에서 국내 생산자들의 이익을 보호하는 대책을 마련하는 것은 당연하다" "다만 국내 생산자들을 지원하되 소비자들이 서방 제품 부족 등으로 어려움을 겪지 않도록 신중하게 대응조치를 마련해야 할 것이다." 푸틴의 발언을 전후해 서방의 기업과 재계를 자극하는 비슷한 류의 발언은 여럿 있었다. 러시아 연방 우주청은 "러시아가 향후 몇 년 동안 20억 달러어치에 상당하는 우주 및 방위산업 관련 전자부품들을 서방 국가들이 아닌 중국에서 구매할 예정"이며 "러시아의 우주·국방 분야 기업들이 대체품을 자체 생산하기 어려운 향후 2년~2년 반 동안 수십억 달러 어치의 중국 제품을 구매할 계획"[6]이라고 밝혔다. 미국의 제재 리스트에서도 이런 식으로 결정적 경제이익을 침해하지 않으려는 시도가 보인다.

미국은 두 단계에 걸친 제재 리스트를 발표하면서 금융, 첨단기술 특히 석유 시추와 관련된 기술 협력을 제한하는 제재 조치를 단행했다. 금융은 러시아 은행의 차입에 대한 제한을 줄 것이며 상당한 고통을 수반하게 할 수는 있지만 중국과 서유럽 제재에 동참하지 않는 스위스를 활용해 극복될 수 있다. 러시아 기업들이 서방 국가들과 중국에서 끌어오는 조달 금리는 거의 같다. 대규모 차입은 주로 석유 회사들을 중심으로 이루어지는 데 '로스네프티'가 영국과 합작으로 세운 'TNK-BP'의 지분을 매수하

---

5) 'Путин об ответе на санкции: надо поддержать российских производителей', Ria Novosti, 05.08.2014. http://ria.ru/economy/20140805/1018914752.html

6) 'Россия закупит китайскую микроэлектронику на $2 млрд', Известия 2014.8.6. http://izvestia.ru/news/574886

기 위해 서방 은행들로부터 조달했던 신디케이트론의 조달 금리는 연리 3%였다. 마찬가지로 '로스네프티'가 중국에 대한 장기 석유 공급 계약을 체결하고 중국 은행들로부터 받은 조달 금리도 연리 3%였다. 여기다 러시아 및 중국의 외화보유고는 자금 융통에 있어 큰 버팀목이 되고 있다. 또한 스위스 은행들도 유럽 연합의 제재 대열에 동참하지 않았기 때문에 러시아 금융기관들에 계속해서 자금을 조달해줄 수 있었다. 런던의 금융가와 부동산 시장은 러시아 계 자금의 영향을 비교적 많이 받는 편이다. 때문에 서방도 적극적으로 더욱 강화된 형태의 금융제재를 지속하기가 어렵다. 이는 냉전 후의 세계가 우크라이나 사태 하나 만으로 러시아와 결별하기에는 너무나도 고통이 크다는 것을 보여준다. 때문에 미국 등 서방들도 금융 제재보다 기술 제재에 더 큰 기대를걸고 있다. 실제로 이는 심각할 수 있다. 심해 대륙붕 석유 채굴 기술의 대러시아 공급 제한은 러시아의 북극 석유 채굴 프로젝트들에 타격을 입힐 수 있다. 중국이 노동력과 자본을 제공할 수는 있지만 관련 기술은 아직 없다. 러시아의 기술도 아직은 초보적 수준이다. 그렇지만 심해 채굴 프로젝트들은 장기간의 전략적 프로젝트이기 때문에 이러한 제재가 과연 얼마나 오래 지속적으로 작동할 수 있느냐에 따라, 그리고 러시아가 다른 지역이나 국가 혹은 대체 기술을 얼마나 빨리 찾아낼 수 있느냐에 따라 평가가 달라질 수 있다. 미국도 이를 잘 알고 있다. 심해 유전 채굴에 대한 장기적 제재는 모든 경제 제재와 마찬가지로 부머랑 효과가 크다. 미국은 일본과 함께 냉전 후 세계 최대의 에너지 수입시장이 존재하는 동북아 지역에서 새롭게 문호가 개방된 사할린에 투자해 막대한 이익을 남겼다. 당시 동북아의 최대 에너지 수입국들인 한국과 중국은 러시아와의 협력을 말로만 외치면서도 전략적 제휴가 가능한 에너지 분야에 대한 협력에 주저해 기회를 놓쳤다. 하지만 러시아와 껄끄러운 관계라고 간주되던 미국과 일본은 사할린에 투자해 막대한 이익을 얻었다. 일본의 미쓰이와 미쓰비시는 사할린 2광구 지분을 각각 12.5%, 10%씩 확보하고 있다. 일본은 여기서 생산되는 가스를 수입하고 있으며 현재 수입량은 일본 천연가스 소비량의 10% 정도에 달한다. 아래의 <표 1>에서 알 수 있듯 일본은 2008년 이후 사할린에서 천연가스를 수입하고 있으며 매년 그 수입량이 급증하고 있다. 일본은 2013년에 러시아로부터 천연가스 8천6백만 메트릭톤(1천kg을 1t으로 하는 중량 단위)을 수입했는데 그 대부분이 일본이 투자한 사할린 2광구에서 들여온 것이다. 일본은 하루 약 25만 배럴의 원유를 생산하는 사할린 1광구에도 30%이 지분을 확보했고 있으며 극동의 데카스트리에 가즈프롬과 공동으로 연간 1,500만톤 규모의 액화천연가스(LNG) 수출 터미널 건설을 추진 중이다. 문제는 블라디보스토크 인근에 위치한 데카스트리로부터의 LNG 수송 계획이 최근 중국과 러시아가 합의한 시베리아의 힘 가스관 및 부속 가스관과 경쟁관계에 있어 미래가 불투명하다는 것이다. 이런 상황에서 일본은 우크라이나 사태로 인한 대러 제재에 동참하면서 러시아와의 관계가 껄끄러워 지고 이 틈새를 중국이 파고들고 있는 것이다. 일본은 2010년에도 에너지 공기업인 인펙스(Inpex)를 내세워 이란으로부터 원유 도입을 추진했지만 미국의 대 이란 경제제재 조치로 계획을 접은 바가 있다. 하지만 이번에는 그때와 상황이 많이 다르다는 게 일본 및 러시아 전문가들의 판단이다. 에너지 다변화 및 역내 에너지 생산기지 확보를 포기할 수도 없고 중국의 독주를 방치할 수도 없기 때문이다. 이 때문에 일본은 물론이고 미국의 에너지 기업들도 러시아와의 에너지 협력에 대해 장기적으로 낙관하는 분위기다.

미국의 에너지 기업들은 사할린에 대한 투자와 비슷하게 장기적으로 자신들에게 엄청난 이익을 안겨다줄 러시아 심해 유전에 대한 탐사및 참여 기회를 포기하지 않으려 한다. 실제로 엑슨 모빌은 러시아에 대한 추가 제재가 이루어진 2014년 7월 말 이후에도 러시아와의 협력을 중단할 생각이 없음을 일관되게 강조하고 있다. 미국과 러시아의 에너지 협력은 눈에 보이지 않지만 글로벌 산업과 거버넌스의 중요한 협력과 경쟁의 고리이다. 러시아는 점점 고갈되는 서시베리아 지역의 유·가스전을 대체할 동시베리아와 북극해 지역의 유·가스전 개발을 위해서는 서방의 자본과 기술, 그리고 시장이 필요하다. 마찬가지로 미국과 서방의 거대 에너지 기업들도 새로운 공급원과 장기적 협력의 파트너가 필요하다. 그리고 전 세계적으로 에너지의 안정적 공급이 전제되어야 글로벌 경제가 안정되고 글로벌 거버넌스가 원활히 돌아간다.

이러한 점을 감안해 지난 번 우크라이나 사태 후 미국이 단행한 제재 리스트를 자세히 들여다보면 북극 심해 유전 프로젝트에 대한 신규 규제는 있지만 서방의 투자가 진행되고 있고 공사가 진행 중인 북극의 야말과 관련된 기술의 제재는 없다는 것을 알 수 있다. 즉 가스 액화 기술은 추가 제재 대상에 오르지 않았다. 이는 러시아가 국제 가스 시장에 대한 영향력 제고를 위해 추진하고 있는 LNG 프로젝트들이 큰 영향을 받지 않을 것임을 의미한다. 실제로 러시아의 액화천연가스(LNG) 공장 건설 프로젝트들은 제재를 받지 않았다. 러시아의 민영 가스회사인 '노바텍(Novatec)'이 추진 중인 거대 프로젝트 '야말 LNG'의 핵심 파트너는 프랑스 석유회사 '토탈'과 중국의 CNPC(중국석유가스공사)다. '토탈'은 미국과 유럽의 새로운 제재에 우려감을 표시했지만 '노바텍' 주식에 대한 추가 매수를 중단했을 뿐 현재 보유한 지분과 예정된 협력을 중단할 의사가 없음도 동시에 표명했다. 현재 '토탈'은 '노바텍' 주식 18%를 소유하고 있으며 이 사업에 대한 참여가 엄청난 이익을 가져다 줄 것임을 알고 있다. 국제 에너지 메이저들은 이라크, 이란, 카스피해 등 세계 곳곳의 분쟁지역과 갈등 지역, 경제 제재가 발동되었던 지역에서 사업을 수 십년 이상 해온 경험이 축적되어 있고 자신들의 전략적 투자와 판단에 의해 부침을 겪어왔다. 때문에 토탈은 어떤 경우든 '노바텍'의 핵심 주주로 남을 것이다. 야말 프로젝트는 러시아가 북극해 지역에서 야심차게 추진하는 계획으로 연간 1650만 톤의 LNG를 생산해 아시아와 유럽 시장에 공급하는 것을 목표로 하며 여기에는 중국과 인도, 프랑스가 참여하고 있다. 특히 중국은 소련 해체 직후 중국 본토에서 멀지 않은 사할린에 대한 투자 기회를 놓친 바 있다. 현재 사할린은 동북아에 가장 근접한 에너지 공급원이자 가장 값싼 에너지를 공급하는 지역이기도 하다. 소련해체를 전후해 투자 문호가 개방됐을 때 사할린에 대한 투자는 미국과 일본 그리고 인도가 참여했고 참여기업들은 막대한 수익을 올리고 있다. 반면 사할린에 인접해 있는 동북아의 가장 큰 석유와 가스 수입국가들인 한국과 중국은 참여하지 못했다. 평소에는 관계가 껄끄러운 것 같던 미국과 일본은 결정적 국면에서 자국의 에너지 안보에 필수적이었던 신규 에너지 공급지역에 대한 투자 문호가 개방됐을 때 이를 놓치지 않았다. 그리고 이는 <표 1>에서 알 수 있듯 후쿠시마 원전 사태 이후 원자력 발전소 가동이 멈추었을 때 나타났던 일본의 에너지 수급 대란을 잠재우는 데 결정적 역할을 했다. 당시 사할린으로부터 수입됐던 LNG는 일본의 에너지 수급에 큰 기여를 했고 '푸틴-아베'의 관계를 원활하게 만드는 촉매가 됐던 것도 사실이다.

이러한 역사적 경험은 중국에게 있어 매우 뼈아픈 교훈으로 작용했다. 중국은 이후 에너지 안보를 위해 러시아 및 중앙아시아 지역으로부터의

〈표 1〉 일본의 액화천연가스 수입상대국 상위 10개국의 추이

| 순위 | 2004년<br>16,498<br>-2.7% | 2005년<br>19,853<br>20.3% | 2006년<br>26,595<br>34.0% | 2007년<br>31,403<br>18.1% |
|---|---|---|---|---|
| 1 | 인도네시아<br>5,181<br>-3.7% (31.4%) | 인도네시아<br>5,679<br>9.6% (28.6%) | 인도네시아<br>6,810<br>19.9% (25.6%) | 인도네시아<br>6,990<br>2.6% (22.3%) |
| 2 | 말레이지아<br>3,388<br>-2.4% (20.5%) | 말레이지아<br>4,399<br>29.8% (22.2%) | 호주<br>4,719<br>46.6% (17.7%) | 말레이지아<br>6,265<br>33.3% (19.9%) |
| 3 | 호주<br>2,228<br>3.7% (13.5%) | 호주<br>3,220<br>44.5% (16.2%) | 말레이지아<br>4,701<br>6.9% (17.7%) | 호주<br>5,075<br>7.5% (16.2%) |
| 4 | 카타르<br>1,916<br>0.8% (11.6%) | 카타르<br>2,122<br>10.7% (10.7%) | 카타르<br>3,427<br>61.5% (12.9%) | 카타르<br>4,046<br>18.1% (12.9%) |
| 5 | 부르나이<br>1,606<br>-10.4% (9.7%) | 부르나이<br>1,960<br>22% (9.9%) | 부르나이<br>2,289<br>16.8% (8.6%) | 부르나이<br>2,471<br>8% (7.9%) |
| 6 | UAE<br>1,432<br>0.3% (8.7%) | UAE<br>1,620<br>13.1% (8.2%) | UAE<br>2,161<br>33.4% (8.1%) | UAE<br>2,429<br>12.4% (7.7%) |
| 7 | 오만<br>352<br>-27.9% (2.1%) | 미국<br>411<br>21% (2.1%) | 오만<br>1,262<br>221.6% (4.7%) | 오만<br>1,767<br>40% (5.6%) |
| 8 | 미국<br>339<br>2.7% (2.1%) | 오만<br>393<br>11.4% (2%) | 미국<br>423<br>2.9% (1.6%) | 이집트<br>811<br>137.7% (2.6%) |
| 9 | 나이지리아<br>39<br>전증 (20%) | 알제리<br>51<br>전증 (30%) | 이집트<br>341<br>전증 (1.3%) | 나이지리아<br>420<br>249.2% (1.3%) |
| 10 | 트리니다드토바고<br>16<br>4.7% (10%) | | 트리니다드토바고<br>전증 (90%) | 알제리<br>229<br>222.7% (1.2%) |

주: 1) 좌측은 상승률, 우측은 총액에 대한 구성비
2) 상기수치는 전부 확정치

자료: 일본 재무성 무역통계. http://www.customs.go.jp/toukei/suii/html/data/y8_3.pdf>

(단위: 억 엔, %)

| 2008년<br>46,525<br>48.2% | 2009년<br>28,272<br>-39.2% | 2010년<br>34,718<br>22.8% | 2011년<br>47,872<br>37.9% | 2012년<br>60,037<br>25.4% |
|---|---|---|---|---|
| 말레이지아<br>8,951<br>42.9% (19.2%) | 말레이지아<br>5,811<br>-35.1% (20.6%) | 말레이지아<br>7,489<br>28.9% (21.6%) | 말레이지아<br>9,583<br>28% (20%) | 카타르<br>11,236<br>46.5% (18.7%) |
| 인도네시아<br>8,783<br>25.6% (18.9%) | 호주<br>5,115<br>-30.4% (18.1%) | 호주<br>7,046<br>37.8% (20.3%) | 호주<br>8,555<br>21.4% (17.9%) | 말레이시아<br>1,0757<br>12.2% (17.9%) |
| 호주<br>7,354<br>44.9% (15.8%) | 인도네시아<br>4,715<br>-46.3% (16.7%) | 인도네시아<br>5,457<br>15.8% (15.7%) | 카타르<br>7,669<br>78.2% (16%) | 호주<br>10,446<br>22.1% (17.4%) |
| 카타르<br>5,880<br>45.3% (12.6%) | 카타르<br>4,099<br>-30.3% (14.5%) | 카타르<br>4,304<br>5% (12.4%) | 인도네시아<br>5,814<br>6.5% (12.1%) | **러시아**<br>4,940<br>31.1% (8.2%) |
| 부르나이<br>4,278<br>73.1% (9.2%) | 부르나이<br>3,068<br>-28.3% (10.9%) | 부르나이<br>3,211<br>4.7% (9.2%) | 부르나이<br>4,121<br>28.4% (8.6%) | 인도네시아<br>4,630<br>-20.4% (7.7%) |
| UAE<br>3,378<br>39.1% (7.3%) | UAE<br>2,224<br>-34.2% (7.9%) | UAE<br>2,728<br>227% (7.9%) | **러시아**<br>3,769<br>62.8% (7.9%) | 부르나이<br>4,308<br>4.5% (7.2%) |
| 오만<br>2,086<br>18.1% (4.5%) | **러시아**<br>890<br>% (3.1%) | **러시아**<br>2,315<br>160.2% (6.7%) | UAE<br>3,492<br>28% (7.3%) | UAE<br>3,970<br>13.7% (6.6%) |
| 나이지리아<br>1,627<br>287.3% (3.5%) | 오만<br>868<br>-58.4% (3.1%) | 오만<br>924<br>6.5% (2.7%) | 오만<br>1,519<br>64.3% (3.2%) | 나이지리아<br>3,199<br>200.3% (5.3%) |
| 이집트<br>1,453<br>79.1% (3.1%) | 적도기니<br>729<br>-32.5% (2.6%) | 미국<br>316<br>39.9% (90%) | 나이지리아<br>1,065<br>342% (2.2%) | 적도기니<br>2,106<br>100% (3.5%) |
| 적도기니<br>367<br>580.9% (2.3%) | 나이지리아<br>1,080<br>-80% (1.2%) | 적도기니<br>325<br>-56.8% (90%) | 적도기니<br>315<br>234.8% (2.2%) | 오만<br>1,053<br>28.1% (3.2%) |

개발 혹은 수입 기회가 발생할 때 마다 이를 놓치지 않으려는 움직임을 보여왔다. 이러한 점을 감안하면 중국은 유럽과 아시아 양쪽 시장을 북극해를 통해 공략할 수 있는 야말에 대한 참여를 포기하지 않을 것이다. 서방의 참여가 제한된다면 이는 중국 측 지분이 더 증대할 가능성을 높이는 것이고 이는 '중국-러시아' 유대를 강화하는 한편 러시아 에너지에 대한 중국의 영향력을 높이는 결과를 초래한다. 또 이는 러시아나 유럽 모두가 원하지 않는 방향이다. 때문에 2차 제재 리스트에 가스관련 기술의 제재가 빠져 있다는 사실은 면밀한 관찰자의 눈으로 본다면 미국과 유럽 그리고 러시아가 아직 경제 이익의 마지노 선을 서로 포기하지 않고 있음을 보여주는 것이다.

미국과 유럽 러시아의 이와 같은 대응과 반응은 냉전 후에 형성된 지정학과 경제력의 변화를 반영하는 것이며 새로운 것은 아니다. 러시아는 소련 해체 후 일관되게 다극화된 세계를 꿈꿔왔다. 과거와 같은 패권적 우위를 더 이상은 누릴 수 없고 그렇다고 해서 국제사회에서 미국의 일방적 주도권을 용인할 수 도 없는 그들의 고민을 반영한 정책이다. 때문에 우크라이나 사태를 통한 미국과 서방의 제재는 러시아의 입장에서는 장기적 측면에서 볼 때 중국의 영향력이 증대하는 부담이 있기는 하지만 유라시아 내부의 연대를 강화해 미국의 러시아에 대한 레버리지를 감소시킬 수 있는 기회라고 보는 사람들도 있다. 또 과도한 중국 영향력의 증대를 결국은 유럽과 미국이 방치할 수 없기 때문에 제재와 대립은 지속가능하지 않다고 보고 있다.

냉전 후 세계는 분명 다극화되고 있다. 브릭스(BRICS)의 부상이 상징하듯 국제적으로도 미국 및 서방 주도의 시스템에 대한 반발의 움직임도 새로운 것이 아니다. 중국의 성장, 좀 더 넓게는 신흥국들의 성장이 글로벌 시스템과 거버넌스에 대한 변화의 압력으로 작용한 것도 이미 오래됐다. 이러한 흐름은 우크라이나 사태로 인해 세계가 마치 다시 과거 냉전기처럼 거대한 두 개의 진영으로 갈라지는 것 같은 착시 현상을 잠시 불러일으킬 수도 있다. 하지만 그것은 위에서도 언급했듯 과거와 같은 냉전이 되기 어렵다. 기껏해야 경제적 냉전(economic cold war)이 될 것이며 이것도 일시적으로 부각되겠지만 그것은 더 큰 흐름에 묻힐 것이다. 좀 더 긴 호흡으로 볼 경우 분명 세계는 다극주의와 지역강국의 부상 속에서 이루어지는 다양한 형태의 지역적 통합의 흐름으로 일관되게 흘러갈 것이다. 그리고 그 흐름의 주된 무대는 러시아와 중국, 인도, 한국이 위치한 유라시아가 될 것이다. 이러한 점에서 지난 20 여년 동안 유라시아와 유라시아 주변에서 벌어진 몇 가지 사건들과 흐름은 특별한 주의를 요한다.

## 브릭스(BRICS)의 대응과 다극화하는 세계

크림 반도 사태와 동부 우크라이나 사태로 인해 미국과 서방의 대러 제제가 이루어지고 있는 상황인 2014년 7월. 브라질에서는 역사적인 결정이 있었다. 러시아와 중국, 브라질, 인도가 브릭스(BRICS) 정상회담을 통해 미국과 서방의 반대에도 불구하고 각각 1천억 달러 규모의 브릭스 투자은행(New Development Bank)과 위기대응기금(Currency Reserves Pool) 설립을 결정한 것이다. 국제통화기금과 세계은행 체제에 대한 도전의 현실화가 처음으로 세계 인구의 40%(30억명), 세계 GDP의 20%(US$16.039 trillion), 외환보유고 4조 달러 규모의 5개 국가 연합체에서 나온 것이다.

또 다른 거버넌스 도전도 있다. 러시아, 중앙아시아, 중국 간의 협력을 강조하는 '상하이 협력기구'(SCO)는 유라시아에 미국을 배제한 채 형성된 다국간 국제기구로 이제 완전히 자리 잡았다. 인도와 파키스탄은 업저버에서 회원국으로의 전환을 모색하고 있고 SCO는 대테러 및 안보협력과 경제협력 모두를 포함하는 지역협력체로 발전하고 있다. SCO는 중동 및 중앙아시아를 포함하는 유라시아 지역 내에서 가장 강력하고 최신의 장비로 무장한 국가들의 연합 안보기구일 뿐 아니라 유라시아 지역 공간 내에서 미국과 유럽연합의 참여를 배제한 채 지정학적 내륙국가들 끼리 협력과 거버넌스를 구축해가는 모습을 보여주고 있다. 특히 중국의 상하이는 SCO 사무국 뿐 아니라 2014년에 새롭게 설립이 결정된 브릭스 투자은행인 NDB의 본부도 유치하게 돼 전후 국제체제, 특히 유라시아의 국제금융과 안보의 새로운 중심지로 발돋움 할 기틀을 만들었다. 중국의 상하이가 유라시아의 뉴욕이 되고 있는 것이다. 중국의 어부지리와 부상 속에서 중부 유럽에서는 독일이 다시 유라시아의 핵심적 중간 국가가 되고 있다. 독일의 경제와 정치는 러시아와 유럽의 대립, 러시아와 서방 간 대립의 중간지대로서 때로는 서방을, 때로는 러시아를 대리하는 가장 믿을 수 있는 성실한 대리인 역할을 하고 있다. 독일은 이미 냉전 종식 후 통일과 경제의 약진이라는 두 마리 토끼를 다 잡고 이의 지속 가능성을 보장하기 위해 유라시아의 중앙부로 동진(東進)을 계속하고 있다.

중국의 서진(西進)과 독일의 동진은 결국 러시아에서 만나게 된다. 중국이 러시아에게 있어 아시아 시장 뿐 아니라 세계 시장에서 최대 에너지 협력국이고자 한다면 독일은 이미 냉전기부터 러시아의 최대 에너지 협력국이었다. 독일 전후 경제의 성장과 안전은 러시아와의 평화협정 체결과 그 결과로 러시아 가스를 값싸고 안정적으로 공급 받을 수 있는 파이프라인(PNG)을 건설할 수 있었던 것과도 깊은 연관이 있다. 향후 중국의 지속가능한 성장과 안보 또한 값싸고 친환경적이며 산업에 경쟁력을 부여할 수 있는 에너지와 자원을 여하히 확보하느냐에 달려있다. 이는 에너지의 공급원, 수송 루트, 산업간 가치 사슬, 환경 문제 등 모든 것과 연관된다. 그런 면에서 중국에게 있어 러시아는 매우 중요한 국가이고 독일과 유럽에 있어서도 마찬가지다. 안보에 있어서도 비슷하다. 독일은 북대서양조약기구(NATO)의 회원국이면서도 러시아와 깊은 군사적 신뢰관계를 유지하고 있다. 뮨헨 안보 회의는 동서유럽, 냉전기 적대국이던 핵강국을 포함한 최대 군사대국들의 안보 구상의 경연장이자 협력 아이디어의 산 현장이 되고 있다. 때문에 '독일-러시아' 관계의 미래, '중-러'관계의 미래는 미국과 러시아의 글로벌 전략, 서방과 러시아의 대립, 유라시아의 통합성, 중국의 서진을 동시에 연관 지어 생각해서 보아야만 한다. 러시아를 둘러싼 독일과 중국의 접근 전략 및 구애(求愛) 경쟁의 미래가 유라시아의 중심축을 동쪽으로 아니면 서쪽으로 끌고 가는 지의 여부를 결정하게 될 것이다.

이런 점에서 러시아에 대한 서방의 제제와 중국 주도 경제블럭(RCEP) 및 아시아 인프라투자은행 (AIIB)에 대한 서방의 강력한 견제가 지속되는 2014년에 러시아와 중국이 브릭스(BRICS) 체제를 활용해 미국의 경제패권에 도전하는 것은 큰 의미가 있다. 군사 및 안보 패권의 모습은 세력전이(power transfer)의 실체적 모습이 현실화될 결정적 계기가 나타나기 전 까지는 상호의존성과 세력전이의 심리적 저항감 사이의 갈등적 모습을 보이지만 경제와 금융패권은 숫자상으로 그 영향력의 증대가 금방 판가름이 난다. 물론 국내총생산(GDP) 규모나 무역 거래량 등의 숫자와 달리 경제 및 금융패권의 제도화를 의미하는 국제시스템의 변화는 기존 체제의 저항을 받는다. 대표적인 것이 글로벌 금융위기 때의 대응 시스템 개편에 대한 논란이다. 현재 글로벌 금융시스템은 위기시 그리고 평상시 국제투자 및 융자의 틀로 국제통화기금(IMF)와 세계은행(WB)을 활용한다. 하지만 이 시스템엔 미국과 서방의 힘이 강력하게 작용한다. 냉전기에 형성된 데다 당시에는 러시아(소련)가 자본주의 시스템에 감염되는 것을 두려워해 자신들만이 폐쇄적 자립형 경제모델을 추구했기 때문이다. 또 중국의 경제력이 미미했던 시절에 만들어져 현재 세계 1위의 GDP를 자랑하는 중국의 위상이 제대로 반영되지 못했고 인도나, 브라질, 한국 등과 같은 다른 신흥국의 힘도 제대로 반영되지 못했다. 이 때문에 IMF와 세계은행을 현실의 힘을 반영해 개선해야한다는 목소리가 적지 않았다. 특히 아시아에서는 중국의 위안화 결제 비율과 중국의 경제적 영향력이 현실적 압력으로 작용하면서 아시아개발은행(ADB)의 개선을 요구하는 목소리가 점점 커져갔다. 하지만 이는 위기시의 분위기 였고 글로벌 금융위기가 어느 정도 가라앉자 중국 주도의 새로운 국제금융시스템 출현에 대한 반발의 목소리도 커져갔다. 아시아 인프라투자은행(AIIB)에 대한 일본과 미국의 거부감 표출은 ADB를 통해 아시아 경제에 영향력을 행사하고 있는 그들의 금융 및 경제 장악력을 유지하고자 하는 반발심과 세력전이에 대한 거부감의 다른 표현이다. 지난 2014년 7월 한국을 방문한 시진핑 중국 국가주석의 한국에 대한 AIIB참여 요청과 이에 대한 미국 및 일본의 경계감 표출, 한국의 확답 주저 등은 이러한 분위기를 반영한 것이다.

글로벌 금융위기 이후 미국과 서방경제선진국 주도의 G8체제는 그들만의 힘으로는 세계 경제에 절대적 영향력을 행사할 수 없다는 것을 깨달았다. 이 때문에 냉전기의 G7이 러시아를 포함시키면서 G8으로 확대됐고 2008년 이후의 글로벌 금융위기의 극복이 G8만의 공조로 불가능하자 새롭게 오바마 대통령이 G20 체제를 탄생시킨다. 하지만 국제금융기구는 여전히 개편 논의만 무성한 채 아직 본질적인 변화의 모습을 보이지 못한 채 선진국과 신흥국 간의 대립이 격화되고 있는 상황이다. 이러한 상황에서 브릭스 투자은행이 탄생한 것이다.

브릭스는 세계 인구의 43%, GDP의 21%를 차지한다. 군사안보적 비중은 브릭스 회원국의 상당수가 핵무기와 첨단 군사력, 외교력을 겸비하고 있다는 점에서 경제적 비중보다 더 크다. 하지만 앞에서도 언급했듯 성장하는 국력이나 국제사회에서의 비중에 비해 기존의 국제금융지배구조인 IMF와 세계은행 등에서 제대로 된 대접을 받지 못했다. 또 위기 시 이들에게 제공됐던 IMF 구제금융의 조건도 개별 국가의 특성을 무시한 채 서방의 모델을 관철하는 가혹한 규제가 수반되는 것이어서 불만이 많았다. 이 때문에 국제금융위기가 발생한 이후 브릭스 정상들은 세계금융지배구조에 대한 개편의 필요성을 강조했고 이는 미국 등에게는 브레튼우즈 체제에 대한 도전으로 간주됐다. 러시아의 푸틴 대통령과 중국의 후진타오 등이 이러한 논리를 특히 강조했고 브라질의 룰라, 인도의 맘모한 싱 등이 동조했다. 하지만 브릭스 투자은행은 논의는 무성했지만 쉽게 결실을 맺지 못했다. 지배구조와 지분 배분, 사무국 위치 등을 놓고 중국과 인도, 중국과 다른 국가들 간의 힘겨루기가 격렬했기 때문이다. 특히 인도는 본부의 위치를 놓고 끝까지 중국에 반대했고 이 과정에서 브릭스 정상들은 본부는 상하이에 두는 대신, 투자은행의 첫 총재를 인도가 5년간 맞고 러시아, 브라질, 남아공, 중국 순으로 돌아가면서 총재를 맡기로 했다. 이렇게 해서 중국이 향후 20년 동안 총재 자리를 맡지 못하도록 하는 타협안이 받아들여져 2014년 7월 15일에 일단 자본금 5백억달러로 출범 한 후 1천억 달러로 증액하기로 결정했다.

이로써 지난 70년간 세계은행(WB)과 국제통화기금(IMF)으로 대표되는 브레턴우즈체제에 대한 심각한 도전이 세계 인구의 약 43%(30억명), 국내총생산(GDP) 비중의 21%에 달하는 브릭스로부터 현실화됐다. 물론 NDB는 당장 글로벌 인프라 개발에 영향을 미치지는 못할 것이다. 초기 설립자본금 1천억달러의 규모는 세계은행(WB), 국제통화기금(IMF)과 비교해 규모가 적은 데다 대부분 보증형태로 운용된다.이는 민간의 참여가 전제됨을 의미한다. 인프라 개발에 대한 민간의 참여는 경제상황에 의존할 가능성이 크다. 결국 이는 BRICS 국가들이 민간 투자가들을 끌어들일 만한 매력적인 인프라 프로젝트나 여건을 만들어야만 가능하다. 여기다 운영 과정 중 회원국들간 대립을 중재할 능력도 향후 NDB의 미래를 좌우하게 될 것이다. 하지만 NDB는 장기적으로 긍정적인 영향을 미칠 것이다. 세계은행(WB), 국제통화기금(IMF),아시아개발은행(ADB) 등 기존 개발은행의 자본 원천이라 할 수 있는 선진국 재정이 악화되고 있고 투자여건이 상대적으로 좋은 선진국 내 노후화된 인프라 개선에도 막대한 자금이 필요하기 때문에 막대한 인프라 투자가 신흥국에 이루어질 가능성이 그만큼 적은 상황이기 때문이다. 이 때문에 중장기적으로 봤을 때 NDB는 규모는 IMF나 WB에 비해 한참 쳐지지만 의미있는 시도라고 할 수 있다. 특히 새로운 국제금융기관이 미국을 배제한 채 브릭스 중심으로 형성됐다는 시도가 의미가 있다.

미국은 1944년에 형성된 브레튼우즈 체제로 글로벌 금융에 대한 장악력을 발휘해왔다. 브레튼우즈 체제는 금본위제를 폐지하는 대신'금 1온스=35달러'로 정한 뒤 각국 환율을 달러에 고정하기로 국제사회가 합의한 것이다. 2차 세계대전이 막바지에 이르던 1944년에 형성된 이 체제는 미국의 물리적 힘과 함께 세계 금융의 지배력을 미국에 허용하는 결과를 초래해 미국의 세계 패권을 가능케 했다. 세계은행과 국제통화기금은 이러한 브레턴우즈 체제의 결과물이었다.

그런데 재미있는 것은 이러한 브레튼우즈 체제를 만들고 IMF를 탄생시킨 주역 중 한명이 소련 스파이 혐의를 받던 러시아 이민자의 후예였다는 사실이며 이를 깨뜨리려는 시도도 러시아 주도의 연합체라는 사실이다. 1944년 전 세계를 대표하는 44개국 7백여 명의 대표들이 미국의 뉴햄프셔주 마운트워싱턴 호텔에 모여 새로운 국제금융질서를 논의할 때 주도적 역할을 한 인물은 영국 대표였던 존 메이너드 케인즈와 미국 대표였던 해리 덱스터 화이트였다. 케인즈는 당대의 석학이었지만 미국 대표 해리 덱스터 화이트는 세계 최고의 경제력과 금보유국인 미국 재무부 차관보였을 뿐이었다. 당시 전 세계 경제학도 및 정부 지도자들의 열렬한 추앙을 받던 케인즈에 비하면 그는 제대로 된 저작도 없었으며 국제 사회에 대한 개인적인 영향력도 없었다. 그는 1892년 러시아 이민자 부부의 7남매 중 막내로 태어나 1차 대전 때 자원 입대했고 전쟁 후 컬럼비아대학에 진학했으며 스탠포드 대학을 거쳐 하버드에서 경제학 박사학위를 받았다. 하지만 그의 인생과 세계 금융질서는 그가 위스콘신주의 작은 대학(Lawrence University) 교수를 거쳐 미 재무부에 취직하면서 바뀐다. 당시 미 재무부장관이었던 헨리 모겐소가 화이트의 능력을 간파하고 그를 재무부장관 보좌관 겸 차관보로 승진시켰고 그가 브레턴우즈 회의에 미국 대표로 참석하게 된 것이다.

회의는 당초 예상과 달리 미국 대표인 화이트의 눈부신 활약의 연속이었다. 그는 금본위제도를 '야만의 유산'이라는 케인즈를 압도했다. 케인즈는 한 나라가 금을 너무 많이 보유하면 국제적으로 균형이 깨져 금융

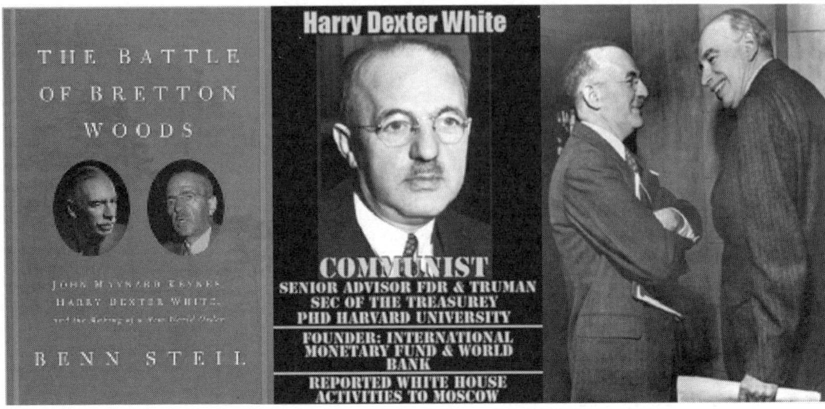


http://en.wikipedia.org/wiki/File:WhiteandKeynes.jpg/위키커먼스 사진

케인즈와 화이트의 브레튼우즈에서의 회담 장면. 두 사람의 논쟁과 주도권 쟁탈전을 묘사한 책 '브레튼우즈의 전쟁'의 표지. 화이트가 소련 스파이로 몰려 재판을 받던 상황에서 화이트의 혐의를 언급한 그래픽 자료

시장이 혼란에 빠진다고 주장했다. 특정한 국가가 일시에 금을 태환(兌換. 금을 돈으로 바꾸는 것)하게 되면 국제 금융시장이 충격을 받는다는 논리였다. 이 때문에 당시 케인즈는 금에 의존하지 않는 새로운 국제통화단위(방코르)를 도입하고, 세계중앙은행을 설립하자고 제안 했다. 하지만 영국과 유럽을 대표하는 케인즈의 이와같은 주장에 당시 세계 최대 금보유국이던 미국은 반대했다. 미국의 경제적 영향력의 축소를 받아들일 수 없었기 때문이다. 이때 묘수를 낸 것이 화이트의 타협안이었다. 화이트는 달러화만 금과 교환할 수 있고, 다른 주요 통화들은 달러에 연동된 고정환율제를 유지하자고 주장했고 이를 관철시켰다. 이렇게 해서 미 달러 1달러와 금 1온스를 35달러로 고정했다. 화이트는 여기에 특별인출권(SDR)제도도 도입하자고 했다. 국제무역이 활성화되기 시작하면서 국제수지 관리가 문제로 등장했는 데 국제수지에 일시적 문제가 발생하는 국가를 위해 SDR이라는 가상의 통화를 도입해 이를 통해 수습하자는 아이

디어를 제안한 것이다. 이렇게 해서 탄생한 것이 국제통화기금(IMF)이다. 당시 회의는 화이트의 또다른 제안을 받아들여 가맹국 정부 또는 기업에 대한 융자, 개발도상국 기술 지원 등을 담당할 세계은행(WB)도 설립했다. 이후 IMF와 세계은행은 오늘날에 이르기까지 국제 환율 안정과 유동성 확대, 국제 개발 등에서 주도적 역할을 하면서 미국 주도의 금융질서를 유지해왔다.

그런데 이러한 시스템에 대해 가장 큰 반기를 들고 이를 깨뜨리는 아이디어를 러시아가 주도해 2014년에 NDB 등을 만든 것을 보면 참으로 간단치 않은 역사적 인연을 볼 수 있다. 한편 당시 IMF와 세계은행(WB) 설립의 아이디어를 내고 이를 현실화시켰던 두 주역 케인즈와 화이트는 이후 굴곡진 인생을 살다 얼마 후 유명을 달리한다. 케인즈는 브레튼우즈 회의 이후 건강이 악화돼 2년 뒤인 1946년 62세의 나이로 사망했고 화이트는 1945년 IMF의 초대 상근이사를 지냈지만 1948년에 소련 스파이 활동으로 조사를 받게 된다. 그는 FBI가 주도하던 반미국적활동조사위원회(House Un-American Activities Committee)에 불려나가 자신을 변호하다 청문회 참석 3일 후 심장마비로 사망했다. 당시 그의 나이는 56세였다. 그리고 냉전 종식 후 그가 실제로 소련에 정보를 넘겼다는 자료들이 공개됐다. 브레튼우즈 체제의 설립자들은 이렇게 세상을 떠났다. 하지만 브레튼우즈 체제는 좀 더 오래 갔다. 1971년 미국의 리처드 닉슨 대통령이 달러의 금태환 중지를 명령하고 유럽연합의 유로화가 출현하면서 브레튼우즈 체제도 약화됐다. 하지만 형식적인 붕괴의 모습과 달리 실질적으로는 달러 중심의 국제 금융질서가 크게 변모하지 않았다. 이후 중국의 성장과 비달러 교역의 증가, 2008년 이후의 국제금융위기 등으로 인해 끊임없는 도전에 직면했다. 특히 중국, 러시아 등은 미국의 금융패권을 가능케 한 양대 날개로 IMF와 세계은행을 지목하고 이의 영향력 약화를 꾀해왔다. NDB 등은 이러한 도전의 산물인 것이다.

글로벌 시스템에 대한 이러한 도전이 난제에도 불구하고 계속해서 시도되고 지역적 소그룹 단위에서 성사되는 사례들이 증가하는 데에는 선진국과 기존 국제금융시스템, 글로벌 거버넌스 시스템을 장악하고 있는 기득권 세력의 안이한 대처가 큰 원인이다. 2008년 금융위기 이후 세계는 새로운 시스템의 필요성에 대해 공감했고 개혁을 이야기해 왔다. 이는 냉전 종식 후 급격하게 진행된 기술 주도의 세계화와 지역통합에 대한 재검토와 새로운 거버넌스에 대한 연구 등으로 나타났다. 하지만 금융위기가 어느 정도 지나가자 개혁은 여전히 지지부진해졌다.

통합과 공존의 사상을 고양하고 자본주의 시스템의 불안정성에 대한 반성으로부터의 교훈을 실천하기 보다는 오히려 갈등과 성급한 재구조화 요구 등이 강력하게 등장하고 있다. 우크라이나 사태에서 알 수 있듯 유럽은 다시 진영적 대립의 유혹에 직면해 있고 유라시아 대륙은 '중국-러시아' 연대에서 알 수 있듯 유라시아의 내부적 결속력을 강화하고 있다. 여기다 선진국 국내 정치와 경제는 점점 불평등 심화와 사회 분열의 모습을 보이면서 무기력함을 노출하고 있다. 이미 유럽은 특정한 나라의 정부가 자국 내의 정책에 대한 자율권을 제대로 행사할 수 없는 상황에 빠져들고 있다. 이는 포루투갈, 스페인, 그리스 등 남유럽의 경제 위기 때 명확해 졌다. 당시 이들은 자국의 경제정책에 대한 결정권이 위기 시에는 독자적으로 가동되거나 집행될 수 없는 촘촘한 상호의존과 시스템의 하부 구조임을 인정하지 않을 수가 없었고 결국 구제 금융을 받기위해 자율권을 포기한 채 유럽연합 전체의 규율 하에 들어갈 수 밖에 없었다. 하지만 당시 또 다른 중요한 모습이 드러났는데 그것은 누구도 리더십을 행사할 구조가 마련되어 있지 않았다는 것이다. 당시 EU집행위원회나 IMF, 유럽 중앙은행 등도 모든 것을 결정할 수 없었고 오히려 독일의 메르켈 총리의 개인적 리더십이 구조보다 더 큰 영향을 미쳤다는 평가가 나오고 있다.

이 때문에 현재 유라시아의 서쪽(유럽 지역)과 동쪽 지역은 균열과 연대의 거대한 흐름 속에서 겉으로는 EU의 확대, 민주주의적 가치의 동진(東進), 글로벌 스탠더드의 확산과 이를 서구적 가치의 강제라고 주장하며 이에 대한 반발하는 모습이 겹쳐져 다양한 그림을 보여주고 있다. 이러한 반발은 서구화의 길이 아닌 자국 중심의 현대화, 국제화, 표준화의 논리로 포장되면서 진영적 반대를 구조화할 유라시아 경제연합(EEU), 관세동맹(Customs Union), 상하이협력기구, 등과 같은 국제기구 창설의 모습으로 나타나고 있다. 그리고 다른 한편에서는 우크라이나의 유라시아 경제연합 가입 거부, 관세동맹 가입에 대한 우크라이나 내부의 반발 등에서 알 수 있듯 이러한 국제기구 탄생에 대한 저항의 모습도 나타난다. 서유럽 내에서도 EU 및 NATO 등과 같은 역내 기구 및 국제기구에 대한 반감은 줄어들지 않고 있다. 이는 뒤에서도 언급하겠지만 영국의 독립당과 같은 민족주의 정당에 대한 지지율이 크게 증가하거나 스코틀랜드와 카탈루냐 처럼 연방 및 통합된 국가에서의 이탈을 의미하는 자치권에 대한 요구의 급증으로 나타나고 있다.

소련 해체 후 지난 25년여 동안 진행된 급격한 세계화와 기술진보는 글로벌 사회를 촘촘히 엮어냈고 미증유의 소득증대와 인구 급증을 가져왔다. 하지만 글로벌 리더십은 냉전기에 비해 더 약화됐다는 평을 듣고 있고 글로벌 금융시스템은 문화적 자율권과 역사적 전통을 무시하는 선진국 위주의 시스템을 강제하는 가혹한 구조조정의 본산이라는 오명을 듣고 있다. 이런 면에서 2014년 NDB의 탄생과 글로벌 금융시스템에 대한 도전의 증대, 이스라엘과 팔레스타인 사태, 우크라이나 사태에 대해 제대로 된 해결책을 제시하지 못하는 글로벌 리더십은 유라시아에 부는 새로운 바람의 강도와 방향을 가늠케 하는 중요한 잣대가 될 전망이다.

만약에 소련 해체 후 가속화된 세계화의 가장 큰 혜택을 받은 선진국에서 리더십을 발휘해 새로운 해법을 도출해내지 못한다면 글로벌 체제는 더 큰 혼란에 빠져들 가능성이 크다. 특히 금융 및 국제기구와 관련해 선진국 들은 구조적 위험을 관리하는 데 필수적인 역내 기구나 국제기구를 개혁하기 위한 지원을 증대해야 하며 글로벌 리더십은 현재의 금융위기가 소강상태에 들어섰다 하더라도 협력하지 않을 경우 더 큰 글로벌 위기를 불러올 수 있음을 알아야한다.

이런 위기감과 선진국 주도의 개혁 부진에 대한 저항감으로 탄생한 NDB는 규모나 경험이 기존의 IMF,WB에 비해 소규모 이지만 지역적 안전판의 하나로 작용할 것이다. 2016년부터 본격적으로 활동하게 될 NDB는 후진국의 기반시설 구축 프로젝트에 자금을 지원하게 된다. 브릭스 5개 회원국이 각각 100억 달러(10조2900억 원)씩 출자해 500억 달러의 초기 자본금을 조성하고, 7년 안에 자본금을 1000억 달러로 확대한다. 신흥국 등에 자본참여의 문호는 열어 뒀지만 NDB의 설립을 주도한 브릭스 5개국이 55% 이상의 지분을 보유해 주도권을 유지한다. 유엔 회원국이면 NDB에 참여할 수 있다. NDB가 세계은행의 축소판이라면 CRA는 '미니 IMF'다. 자본금 1000억 달러 규모로 탄생할 CRA는 위기대응시스템으로 회원국의 경제가 급작스런 자금 유출이나 통화 가치 급락 등에 시달릴 때 이들에게 긴급 융자를 하게 된다. 자본금 1000억 달러는 중국 410억 달러, 브라질·러시아·인도가 각각 180억 달러, 남아공이 50억 달러를 분

자료 : 우크라이나 사태후 국제 정세 속에서 브릭스 국가들의 통화협력 합의를 커버스토리로 다룬 러시아의 대표적인 시사지 블라스티誌의 2014.7.21.일자 표지와 우크라이나 사태 후 이를 신냉전의 시작으로 간주하는 미 타임誌 2014.8.4.일자 표지, 크림 합병 후 푸틴의 행보를 누가 멈출 수 있을지에 중점을 둔 독일의 슈피겔지 2014.3.10.자 표지

담한다.

NDB와 CRA는 기존의 금융질서에 대한 도전장이다. 신흥국들은 그동안 금융위기가 발생하면 IMF만 쳐다봐야 했다. 위기 때 긴급 자금을 수혈해 주는 곳은 IMF 밖에 없어서다. IMF는 구제금융을 댓가로 신흥국에 강력한 긴축을 요구했다. 신흥국은 속으로는 반발하면서도 어쩔 수 없이 긴축 요구를 들어야 했다. 하지만 앞으로는 위기가 와도 긴급 자금을 수혈할 수 있는 곳이 추가로 생기면서 신흥국은 기존 미국 주도의 금융질서를 거부할 수 있는 틈을 확보하게 됐다. 하지만 NDB와 CRA는 규모와 역할 등에 있어 아직은 세계은행(WB)이나 국제통화기금(IMF)과는 비교가 되지 않을 정도로 왜소하다. 이 때문에 국제시스템에 별다른 영향이 없을 것이라는 전망이 많다. IMF는 자본금 규모만 8374억 달러에 달한다. 또 이외에도 국제금융시장에서 미국 상업은행의 경쟁력도 월등하다. 중국의 영향력이 커지는 것에 대한 회원국 간의 경계심도 걸림돌로 작용할

수 있다.하지만 NDB와 CRA는 이제 첫걸음을 뗏을 뿐이다. 별다른 영향력도 없고 역할도 없고 갈등만 있을 것이라는 우려 때문에 필요성이 논의된 후 출범까지 6년여의 시간이 걸렸지만 마침내 돛을 올리게 됐다. 그리고 이는 팍스 아메리카나에 대한 경제적 도전, 글로벌 시스템의 도전의 한 모습이라는 상징성을 갖는다. 그리고 이러한 도전의 축은 유라시아에서 더욱 두드러진다. 이런 점에서 러시아와 중국의 밀월, 러시아와 인도 관계의 미래에 대해서도, 한국을 포함한 동유라시아 국가들과 소련 해체 후 새롭게 국제무대에 부활한 중앙유라시아 국가들 그리고 러시아와 동유라시아 국가들 간의 관계에 대해서도 경제적 측면을 넘어서 접근과 협력의 의미를 심층적으로 살펴볼 필요가 있다.

## 일시적 유일패권기와 다극적 국제질서 태동의 움직임

미국을 강타했던 알카에다의 9·11테러와 1998년의 금융위기, 2008년 이후의 경제위기는 냉전종식 후 미국 주도 세기를 낙관하던 유일패권(unilateralism)의 시기가 일시적 과도기 임을 분명히 보여주고 있다. 그리고 이는 미국과 서유럽 뿐 아니라 전 세계적으로 자본주의의 미래와 미국의 위상에 대한 격렬한 논쟁을 낳았다. 소련 해체 후 유라시아 공간에 새롭게 탄생했던 중앙아시아 및 옛 소련권 공화국들도 이러한 세계적 사건들을 겪으면서 계획경제에서 시장 경제로의 체제 이행의 실험 과정에서 방향 설정을 어떻게 할 것인지에 대한 고민에 쌓여있다.

에너지 및 군사 강국인 러시아, 새롭게 부상한 중앙아시아 및 주변 국가들. 이들의 명운을 건 체제 이행적 실험과 산업 및 문화 부흥 정책의 향방이 과연 어떤 결과를 창출할 것인지는 세계적인 이슈이며 그 방향에 따라 국제 관계는 크게 변모할 것이다. 여기다 유라시아 대륙 및 전 지구적 차원에서 영향을 미칠 새로운 물류 루트인 북극해 항로가 열리고 있고 거대한 기후변화의 조짐이 유라시아 및 주변부를 강타하고 있다. 이러한 변화의 중심축에 러시아가 있고 러시아는 자신의 전략을 활용해 중국과의 연대 강화, 미국 및 유럽과의 협력과 긴장, 아시아 태평양 지역 경제와 러시아 극동 시베리아 지역의 유기적 역동성의 강화 정책을 사용하고 있다. 러시아의 정책 방향과 움직임이 우리가 의식하지 못하는 사이 유라시아 대륙을 뒤흔들면서 어느 사이 동유라시아의 끝자락에 위치한 한반도에도 불어오고 있는 것이다. 그리고 그 모습은 때로는 영토와 시장의 경계선을 변경시키면서 나타나고 있다. 2008년의 남오세티야, 2014년의 크림의 합병은 물리력을 동원한 하드 파워의 행사로 이룩됐고 관세동맹(customs union)과 유라시아 공동체(EEU) 결성 시도는 시장과 이익의 확대라는 소프트 파워의 행사로 이룩되고 있다. 특히 남오세티야와 크림의 합병의 모습이나 과정은 북대서양조약기구(NATO)의 동진(東進)과 코소보 사태에 대한 서방의 하드 파워적 도발에 대한 러시아적 앙갚음이라는 러시아 민족주의자들의 주장처럼 러시아의 하드 파워적 대응 능력의 과시라는 모습을 보여주고 있다. 반면 러시아, 벨라루스, 카자흐스탄 간 관세동맹은 EU(유럽연합)의 확대에 대한 러시아적 경제동맹체의 결성 시도라는 소프트 파워적 대응이라는 측면에서 관심을 끈다. 중요한 것은 푸틴의 러시아가 소련 해체 후 처음으로 물리력과 전쟁 의지를 각오하면서 러시아의 영토선을 확장했고 역시 경제적 영향력을 최대한 활용해 경제영토의 확장을 시도하고 있다는 것이다.

물론 1, 2차 세계 대전을 전후로 해 당시 세계를 뒤흔든 공산혁명의 후폭풍으로 소련이 동유럽 공산 혁명을 지원하고 이들을 통해 영향력을 확대한 적이 있었다. 하지만 이는 특정한 국가의 영토 확장도, 특정한 종교적 정파의 세력 확장도 아니었다. 반제국주의 사조(思潮)와 주로 공산주의 이데올로기의 거대한 영향에 의한 것이었다. 때문에 '푸틴의 러시아'가 2008년 남오세티야와 2014년 크림에서 단행한 행동은 로마노프 왕조의 러시아가 단행했던 영토 확장이후 처음으로 러시아라는 국가에 의해 행해진 가히 '역사적인 행군(行軍)'이라 할 수 있다. 이는 냉전 종식 이후 최초로 유라시아의 동쪽에서 서쪽으로 특정 국가의 영토가 확장되고 국경선이 변경된 사례다.

물론 러시아의 행군 못지않게 다른 중요한 움직임들도 지난 20여년 사이 유라시아에서 일어났다. 중국의 서진(西進)이 바로 그것이다. 중국은 1991년 소련 해체 이후 지난 20 여년 동안, 조용히 그리고 멈추지 않고 서쪽으로의 진군을 계속하고 있다.[7] 과거 냉전시절 소련의 방어막에 막혀 움직이지 못했던 중국의 힘과 자본은 현재 중앙아시아 지역을 중심으로 맹렬한 기세로 지난 세기의 서세동점(西勢東漸)과는 정반대로 동세서점(東勢西漸)의 모습을 보여주고 있다. 중국은 신장(新疆)을 넘어 내륙 유라시아, 중앙 유라시아 지역으로 영향력과 상품을 진군시키고 있다. 중앙아시아의 천연가스와 전략자원을 빨아들이면서 유라시아 내륙과 중국을 촘촘히 엮고 있다. 인도 또한 유라시아의 에너지 강국들인 러시아와 중앙아시아 국가들과 유대를 강화하고 있다.

긴 역사의 동면 상태에 있던 초원의 제국과 민족들, 중앙아시아 지역의

7) 중국은 중앙아시아 지역에서 중국으로 향하는 다양한 에너지 파이프라인, 도로 등을 건설했고 상품과 인력 및 영향력을 수출하고 있다. 소련 해체 후 가능해진 이와 같은 중국의 중앙유라시아 지역에 대한 본격적인 침투는 과거 역사에서는 유례가 없는 일이다.

국가와 민족들도 서서히 움직이고 있다. 티무르 제국 이래 처음으로 이들 지역 세력들이 역사의 전면에 나서기 시작했다. 과거 티무르 및 몽골 세력이 주변 유럽과 중국을 경략했던 역사이후 처음으로 중앙아시아의 에너지와 자원이 서방과 중국에 공급되고 있다. 이 지역을 중심으로 아프가니스탄과 파키스탄 및 중동 지역에서 발흥하고 있는 이슬람 극단주의 또한 미국과 중국, 그리고 러시아를 뒤흔들고 있다. 러시아와 중국의 행군 외에도 유라시아 대륙에서는 과거와는 차원이 다른 변화들이 나타나고 있다. 종교적 이데올로기의 확산과 극단적 행동들이 국제테러리즘과 결합되고 이 지역에서 재배된 마약이 국제적으로 유통되면서 서구 사회의 안정을 해치고 있다. 중국과 인도 등지의 급속한 공업화가 초래하는 환경적 도전 또한 글로벌 사회의 안전을 위협하고 않다.

유라시아에서 벌어지고 있는 이같은 변화들은 리더십, 지정학적 환경의 변화, 에너지 사용의 변환과 연관되면서 연쇄적인 반응을 유라시아를 넘어 전 세계에 파급시키고 있다. 이란과 이라크는 물론이고 시리아와 아프가니스탄도 이제 중요한 결정적 순간들을 눈 앞에 두고 있거나 결정적 변곡점들을 지나 새로운 길로 나아가고 있다. 유라시아의 중심부에서 시작된 이와 같은 움직임들은 세계가 의식하지 못하는 사이 21세기 국제정치·경제의 향방을 결정할 중요한 변수가 되고 있다. 그리고 이러한 행군이 유라시아 대륙에서 시작돼 전 세계로 파급되고 있다는 사실이 매우 중요하다.

소련 해체 후 나타나고 있는 국가적 차원의 이러한 움직임 외에도 유라시아 공간에서는 지난 세기에는 상상할 수 없었던 전혀 새로운 결합들이 이루어지고 있다. 특히 유라시아 공간에 새롭게 부활하고 있는 과거의 전통과 이들의 종교적 생활관과 연관시켜 본다면 이러한 움직임은 더욱 분명하게 나타난다. 무신론 국가인 소련의 해체는 유라시아 공간에 기독교 국가인 러시아(러시아 정교)와 중앙아시아의 이슬람 국가들을 부활시켰다. 그리고 여기에 유교와 공산주의 국가인 중국, 유교 문화권의 전통과 불교 및 서구 현대 종교가 공존하는 한국과 일본, 힌두교와 불교·이슬람이 섞인 인도와 파키스탄 그리고 남아시아 국가들의 합종연횡이 새롭게 나타나고 있다. '기독교(러시아)-이슬람(중앙아시아) 연대'와 '기독교(러시아)-유교(중국 및 한국, 일본) 연대' 그리고 '유교(중국 및 동아시아)-이슬람(중앙아시아) 연대'의 모습이 '자원-시장-상품'의 교역을 통해 새롭게 나타나고 있다. 하지만 유라시아에 부는 변화의 바람은 이와같은 국가, 문화, 종교적 움직임 때문만은 아니다.

환경과 기후 변화의 여파 또한 유라시아 공간의 역학을 근본적으로 바꾸고 있다. 대표적인 것이 북극의 해빙과 새로운 상업적 활용의 가능성이다. 북극의 변화는 유라시아 및 세계의 지정학을 근본적으로 바꿀 가능성을 보여주고 있다. 북극을 활용한 물류의 이동은 기존의 남방 해상루트를 이용할 때 보다 거리를 단축시켜 시간과 연료의 절감은 물론 유라시아 동북부에 새로운 경제적 활력을 불러올 수 있다. 세계 최고의 무역 대국들이 몰려있는 유라시아의 동쪽(한국, 중국 등)과 유라시아의 서쪽 (네델란드, 독일 등)의 통상 관계는 물론이고 군사 안보적 차원에서도 적잖은 변화가 초래될 것이다. 특히 이러한 지정학적 변혁의 계기가 탈냉전기에 도래했다는 점이 매우 중요하다. 냉전기에는 상호 대립하는 글로벌 차원의 이데올로기인 공산주의와 자본주의간 대립과 경쟁이 강조되었고 그 결과 무역과 투자와 같은 경제 분야에서도 인접국가와의 지리적 특성 등을 무시한 동맹적 사고가 주를 이루었다. 하지만 소련 해체 후에는 효율성과 경제 통합 그리고 지리적 이점이 강조되면서 과거와 다른 패턴이 나타나고 있다. 이데올로기가 강조된 지난 세기의 국제적 분업과 협력의 패러다임이 근본적으로 변화하고 있는 것이다. 대표적인 변화는 에너지 분야에서 시작됐다. 위에서 언급한 것처럼 과거에는 불가능했던 공간과 공간에 위치한 국가들 간의 에너지 수급이 가능해졌고 무역 및 투자의 활성화도 비교가 되지 않을 정도로 활발해졌다. 탈냉전 후 지역 통합과 무역의 강조, 국제 분업 및 상호 의존성을 강조하는 분위기로의 변화가 지정학의 부활과 인접국간 초국경협력의 효용에 대한 관심을 촉발하고 있는 것이다. 특히 유라시아 지역의 지정학적 인식을 근본적으로 뒤바꿀 환경적 변화가 냉전의 종식 및 경제의 지역 통합의 강화가 진행되는 가운데 이루어지고 있다.

## 새로운 중심으로 떠오르는 유라시아는 무엇인가?

유라시아가 점점 국제 사회의 주요한 화두(話頭)로 등장하고 미국을 비롯해 한국, 중국 등의 나라에서 정책의 주요한 아젠다에 포함되면서 유라시아는 과연 무엇을 의미하는 가에 대한 관심도 증대하고 있다. 미국은 국무부에 유라시아과가 있고 세계적인 컨설팅 업체들도 유라시아라는 이름을 사용하는 곳이 적지 않다. 한국도 외교부에 유라시아과가 있어 옛 소련권 국가들을 관장한다. 하지만 유라시아라는 개념은 사용하는 주체들에 따라 그 범위와 대상이 매우 다양하게 적용된다. 이는 유라시아를 바라보는 사람들의 기대와 경험, 그리고 학문적, 상업적 활동 공간에 따라 형성된 자연스런 결과이기도 하다.

주로 국제정치학계에서는 '포스트-소비에트(Post-Soviet) 공간'을 유라시아라고 부르고 있다. 미국 지미 카터 대통령 시절 백악관 국가안보보좌관을 지낸 즈비그뉴 브레진스키 같은 경우 옛 소련권 동유럽과 중앙아시아 지역을 중심으로 유라시아를 상정하고 묘사했다. 그는 1997년 자신의 저서 '거대한 체스판(Graet Chess Board)'에서 소련 붕괴 이후의 포스트-소비에트 공간을 유라시아라는 개념으로 설명해내고 있다. 그는 이 책을 통해 미국의 전략 요충지로서 유라시아를 언급하고 유라시아의 핵심 이익에 대한 미국의 대응 전략의 필요성을 강조하고 있다. 브레진스키보다 앞서 지정학의 원조라고 할 수 있는 영국의 핼포트 맥킨더(Halford John Mackinder)는 유라시아 공간을 유럽과 아시아가 존재하는 북반구 대부분으로 보고 러시아와 그 주변의 중요성을 강조했다. 매킨더는 그의 저서 '민주주의의 이상과 현실'(Democratic Ideals and Reality: A Study in the Politics of Reconstruction, appeared in 1919)에서 '동유럽을 지배하는 자가 핵심지(Heartland)를 지배하고, 핵심지를 지배하는 자가 세계 섬(World Island)을 지배하고 세계 섬을 지배하는 자가 세계를 지배한다("Who rules East Europe commands the Heartland; Who rules the Heartland commands the World Island; Who rules the World Island commands the World")는 명언을 남기기도 했다. 맥킨더가 말한 핵심지(Heartland)는 중추지역(Pivot Area)의 개념과 상당히 겹치며 러시아와 동유럽의 일부를 의미했다. 그의 핵심지 개념은 그가 세계 정치와 역사를 이해하는 기본 틀이었다. 오늘날의 유라시아의 중요성을 강조한 그의 개념은 이후 미국의 안보, 그리고 2차 대전시 나치의 전략에 중요한 기초로서 작용하기도 했다. 그는 아래의 [그림]에서 알 수 있듯 세계는 세계 섬(World-Island)과 역외 제도(域外諸島 The offshore islands) 및 외부 제도(外部諸島 The outlying islands)로 나뉘어지며 이중 인구와 자원의 50% 이상이 몰려있는 '세계 섬', 유라시아

[그림 4] 맥킨더가 생각한 세계의 주요 핵심지역과 역사상의 주요 공간들

자료 : “The Geographical Pivot of History”, Geographical Journal 23, no. 4 (April 1904): 435.. Originally from nl.wikipedia 위키커먼스. http://en.wikipedia.org/wiki/File:Heartland.png

[그림 5] 매킨더가 1914년 생각한 중추지역과 1919년 이를 확대해 생각한 핵심지

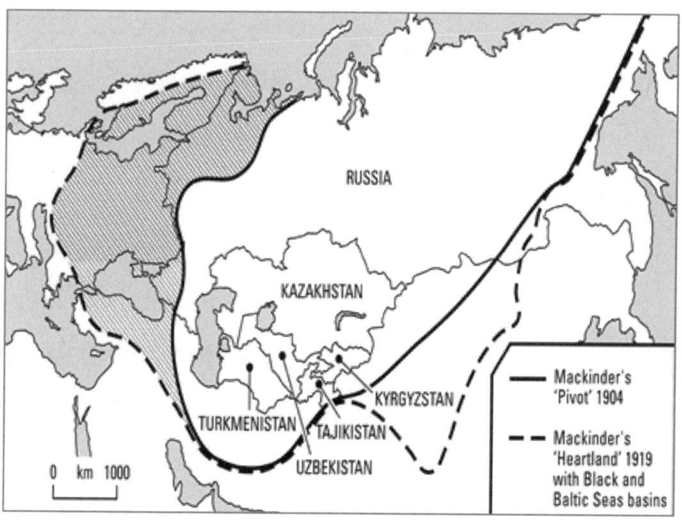

공간이 가장 중요하다고 보았다. 그가 의미하는 '세계 섬'에는 유럽과 아시아에 아프리카가 포함됐다. 또한 여기서 그가 말한 핵심지는 볼가 강에서 양츠강 그리고 히말라야 산맥에서 북극까지를 포함하는 공간이었고 그의 저술이 나올 당시에는 러시아 제국 그리고 나중에는 소련방의 공간에서 캄차카 반도를 제외한 공간 개념으로 이해되었다. 또 역외제도에는 '세계 섬'의 외각에 위치한 섬나라인 영국과 일본이, 외부제도에는 북미, 남미 그리고 호주가 포함됐다.

유라시아를 좀 더 다른 시각에서 본 사람은 영국의 작가 조지 오엘이다. 조지 오엘은 그의 저서 '1984'에서 역시 오늘날의 소비에트 공간을 장악한 유라시아 제국에 대해 설명하고 있다. 그는 세계를 유라시아 제국, 오세아니아 제국, 동아시아 제국으로 3분했다. 맥킨더와 상당히 흡사하나 그는 매킨더와 달리 오세아니아에 영국을, 동아시아(EastAsia)제국에 일본과 중국을 포함시켰다. 매킨더의 이론을 대부분 차용했으나 여기에 당시 세계를 풍미하던 이데올로기의 대립과 문화적(주로 종교적)차원의 특징을 반영해 세계를 구분한 것이다. 이처럼 유라시아에 대한 개념과 공간 범위는 지리 우선이냐 문화 우선이냐에 따라 달라진다. 맥킨더는 지리적 개념을 더 강조했고 조지 오엘은 문화적 개념을 여기에 부가했다. 유라시아와 중국의 문제도 복잡하다. 조지 오웰은 '1984'에서 중국을 유라시아 제국에서 분리했지만 역사적으로 유라시아에 중국을 포함시켜 묘사하는 자들도 적지 않다. 실크로드의 역사를 이야기할 때 중국과 중앙유라시아, 내륙 유라시아 국가들의 교류는 핵심적인 것이고 이들의 교류사가 유라시아 공간의 많은 이야기들을 탄생시켰기 때문이다. 또 카자흐스탄이나 몽골의 역사가들 가운데에는 몽골과 아프가니스탄을 포함한 내륙 유라시아와 러시아 및 카프카스 지역 일부를 유라시아의 주요한 활동 공간으로 묘사하기도 한다. 또 지리학자나 지질학자들은 리스본에서 블라디보스토크까지를 '하나의 대륙으로 연결된 공간'이라는 개념을 적용해 유럽과 동아시아는 말 그대로 유라시아의 양쪽 끝이라는 개념을 가지고 있다. 이처럼 논자에 따라 유라시아는 그 범위가 달라진다. 유라시아를 좀 더 자세히 알아보기로 한다.

## 유라시아란 – 일반적 개념

[그림 6] 지도에서 알 수 있듯 유라시아는 지리학적으로 통합된 하나의 대륙임을 알 수 있다.

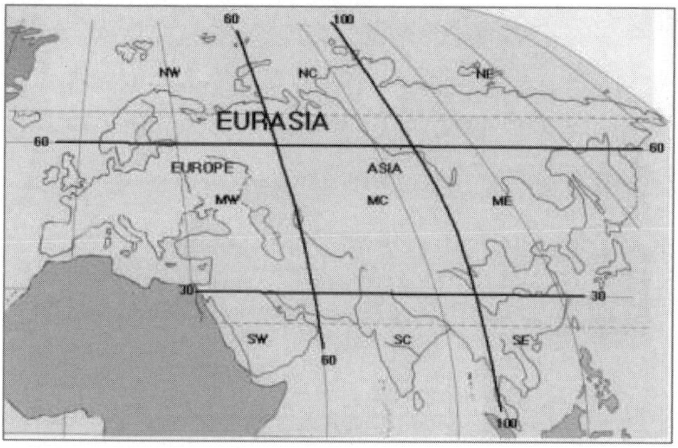


자료 : http://yandex.ru/images/#!/images/search?text=eurasia&img_url=http%3A%2F%2Fstaff.4j.lane.edu%2F~wiebe%2Fihs%2Fimages%2FEURASIA.jpg&pos=5&uinfo=sw-1366-sh-768-ww-1346-wh-568-pd-1-wp-16x9_1366x768&rpt=simage& =1406620229629

### 1. 지리적 범주

유라시아란 지질학적으로 아시아와 유럽을 한 대륙으로 이르는 말이다. 흔히 유라시아 대륙이라고 할 때의 개념이다. 대륙에 부속된 섬 등을

[그림 7] 유라시아의 지리적 범주

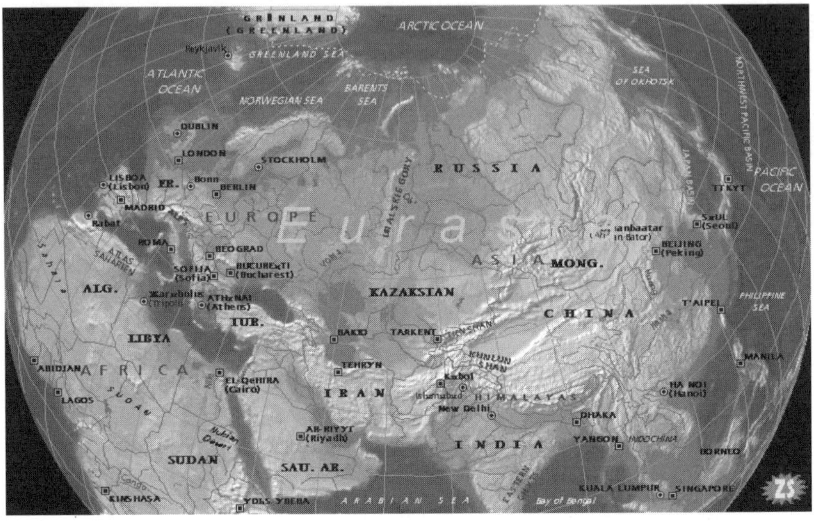


포함하면 면적이 5500만㎢로 지구 전 육지 면적의 40%에 달한다. 인구도 세계 인구의 70% 이상이 모여 산다. 주요한 문명의 발상지가 인도(갠지스), 중국(황하), 메소포타미아 등이 모두 유라시아에 위치해 있다. 유라시아라는 개념은 유럽을 독자적인 대륙으로 인정하지 않는 데에서 출발한다.

## 2. 지리적 범주 + 문화적 범주

유라시아를 지리적으로만 구분할 수는 없다. 유라시아 지역에 존재하는 수많은 문명과 인종들은 다양하고 독특한 문명들을 창조해왔다. 러시아의 우랄산맥을 경계로 유럽과 아시아가 지리적으로 구분되지만 유라시아 지역의 구분은 지질학적 통합성에도 불구하고 문명적 차별성도 존재해왔다. 대표적인 것이 유럽의 기독교 문명과 아시아의 유교문명 및 중앙아시아와 중동의 이슬람 문명과의 구분이다. 여기다 유럽의 기독교 문

[그림 8] 유라시아의 문화적 지리적 범주

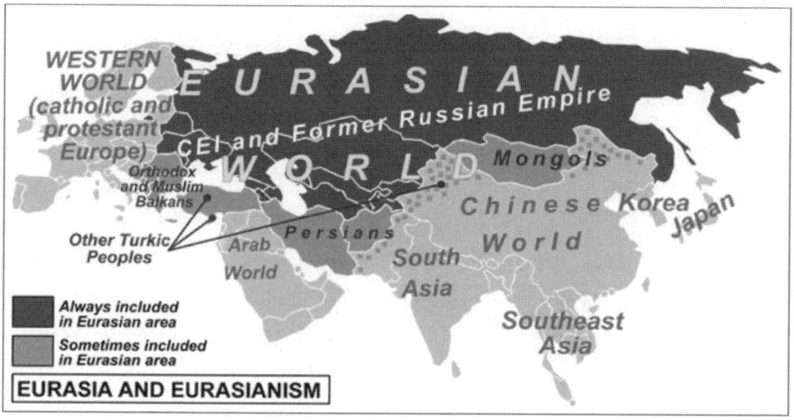


http://en.wikipedia.org/wiki/File:Eurasia_and_eurasianism.png

자료 : 위키 커먼스

명도 서유럽 가톨릭과 개신교, 러시아의 정교 문명으로 갈라진다. 때문에 유라시아를 이야기할 때 이러한 문명과 지리적 개념을 같이 결부시켜 유라시아를 같은 공간 내의 다양한 문화적 공존 혹은 갈등의 모습을 통해 설명하기도 한다.

### 3. 지리적 + 문화적 + 공상적 범주 (조지 오웰의 1984년)

위에서도 언급했듯 유라시아는 공상과 문화의 개념으로도 존재한다. 조지 오웰의 소설 '1984'에 등장하는 제국에는 크게 오세아니아(Oceania), 유라시아(Eurasia) 동아시아(Eastasia)가 있다. 이들 세 제국간의 경계에 대해서는 조지 오웰의 소설 제3장 골드스타인의 책(Goldstein's Book)에 묘사되어 있다.

오웰은 여기서 유라시아는 유럽과 아시아의 북반부를 차지하고 포르투갈에서 베링해까지 이어진다고 묘사하고 있다. 또한 오세아니아는 미

[그림 9] 유라시아의 지리적·문화적·공상적 범주

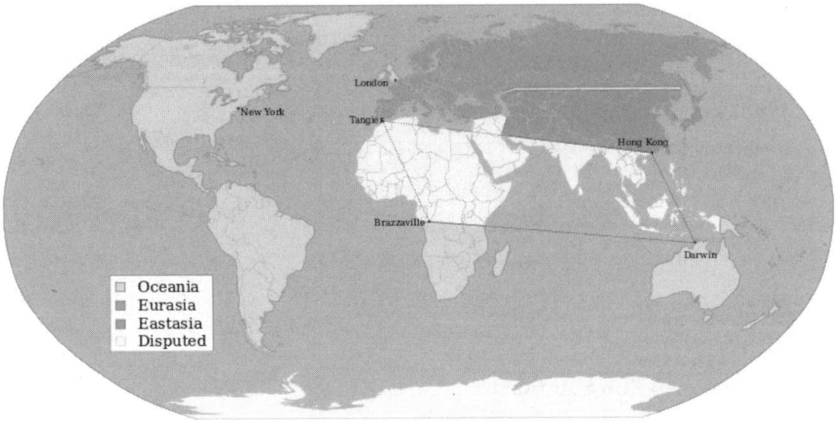


자료 : 조지 오웰의 저서 1984년에 등장하는 유라시아 및 오세아니아, 동아시아왕조의 영역

국, 대서양 제도(영국을 포함) 호주, 아프리카 남부 지역을 관장하는 것으로 되어 있다. 그리고 동시아는 다른 두 제국보다는 면적에서는 작고 서쪽 국경지역은 약간 모호하지만 중국과 남아시아 국가들 일본 열도 및 만주 몽골 티벳을 포함하는 것으로 되어 있다.

오웰의 1984에 등장하는 제국의 묘사는 다분히 세계를 지정학적으로 분석한 맥킨더의 이론에서 따왔다는 느낌을 준다. 오웰은 영국 최고 엘리트들의 양성소라 할 수 있는 이튼 칼리지 출신이지만 영국의 식민지였던 인도 태생이며 미얀마에서 경찰로 근무하기도 했던 인물이다. 때문에 그는 제국의 식민지 경략과 아시아의 정서, 그리고 제국의 이익을 위해 봉사한 지정학에 대해 매우 깊은 성찰을 하고 있었다. 또한 기자로서, 작가로서, 스페인 내전과 같은 유럽의 내전과 반파시즘 전선에 자원 입대하는 당대 행동하는 지식인의 전형으로 활동해왔기 때문에 그의 책 '1984'에 묘사된 지정학적 '세계 제국'의 구분과 유라시아에 대한 개념은 당시 영국 지식인들의 세계관과 유럽인들의 정서 그리고 그가 아시아에서 경험한 다양한 현상 등을 종합한 것으로 이해될 수 있다. 이 때문에 그의 유라시아 제국에 대한 지리적 구분과 설명은 비현실적인 측면도 있지만 시사하는 바가 크다고 할 수 있다.

## 4. 역사상 실재했던 유라시아 (무역 통상로의 대상으로서의 유라시아)

유라시아는 실크로드가 역사상 동서 무역로로서 기능했을 때 카라반들을 통해 동서의 양 끝점을 통해 연결된 하나의 공간으로서도 존재했다. 당시 중국과 유럽을 연결하면서 동서양 문물의 교류를 촉진했던 카라반들은 그들의 활동 공간을 유라시아로 간주했다. 고대 중국과 서양을 연결했던 이 길은 비단을 비롯한 다양한 동양의 산물과 중앙아시아·중동·유럽의 각종 산물들이 교환되는 장소였으며 당연히 사상과 종교, 정치와 군사의 교류와 충돌도 이 길을 따라 이루어졌다. 총길이 6,400㎞에 달하는 실크로드라는 이름은 독일인 지리학자 리히트호펜(Richthofen, 1833~1905)이 처음 사용했지만 실제로 이 길은 이름처럼 부드럽지도 낭만이 넘치지도 않았다. 타클라마칸 사막(Taklamakan Desert)의 남북 가장자리를 따라 파미르(Pamir) 고원, 중앙아시아 초원, 이란 고원을 지나 지중해 동안과 북안에 이르는 길의 험난함은 요즘에도 당시의 카라반들의 용기와 부에 대한 인간의 욕망의 힘을 상기시키기에 충분하다.

실크로드 길은 대부분이 황량한 타클라마칸 사막을 통과해야 동과 서를 연결할 수 있어 타클라마칸 사막을 우회하거나 통과하는 방식에 따라 다양한 길이 존재했다. 대표적인 것이 타클라마칸 사막 북쪽을 통과하는 텐산북로·서역북도(西域北道)와, 남쪽 경계를 통과하는 텐산남로·서역

남도(西域南道)가 있다. 유라시아 대륙의 정세 변화에 따라 실크로드의 주역들도 변화했는 데 처음엔 한의 중국이 또 후일엔 몽골이 강력한 지배력을 행사 했다. 실크로드를 둘러싼 세력 변화는 특히 오늘날의 신장을 둘러싸고 많이 일어났다. 중국은 물론이고 티베트, 아랍, 투르크, 몽골, 러시아 제국들이 시대의 흐름에 따라 이 실크로드 지역에 영향력을 행사했고 대부분 신장을 중심으로 세력권과 영향력을 교차했다. 실제로 신장은 지중해, 페르시아, 인도, 러시아 그리고 중국을 연결하는 교차로에 위치해 유라시아 전역의 기술과 사상, 문명이 교류하는 통로이자 용광로이기도 했다. 때문에 실크로드와 정주민족 및 유목민족이 혼재해 거주했던 신장 등 유라시아 내륙 지역을 따라 이란의 조로아스터교·마니교를 비롯해 다양한 종교가 동양으로 당시의 중국을 통해 전파됐다. 이 중에는 로마에서 이단으로 간주됐던 네스토리우스파도 있었다. 실크로드는 범위가 매우 넓어 러시아와 스텝 지역까지를 포함하는 스텝 루트와 남쪽 해상을 통해 연결되었던 해상 실크로드 등 다양한 공간적 물류망을 모두 포함해야한다는 주장들도 있다. 그러한 주장의 근거 중 하나는 마르코폴로의 여행이다. 당시 유럽의 베니스는 마르코 폴로의 영향으로 실크로드와 교역로를 연결해 동양과 중동 그리고 유럽의 문물을 교역하는 해상 무역대국의 길을 간다.

중국이나 한국의 일반인들이 흔히 생각하는 내륙 실크로드는 7세기 중엽 당나라가 타림 분지에 안서도호부(安西都護府)를 설치할 때가 가장 강했다. 당시 실크로드를 중심으로 부족간·문명간 교류와 연대의 흔적은 당나라 현종 때 발생한 중앙아시아 출신의 서역인(西域人) 장군들인 안녹산(安祿山)·사사명(史思明)의 난이 일어나고(755-763) 당나라와 위그르군의 연대 및 위그르군의 구원 출병 등이 나타나는 데에서도 알 수 있다.

[그림 10] 역사상 실재했던 통상로의 유라시아

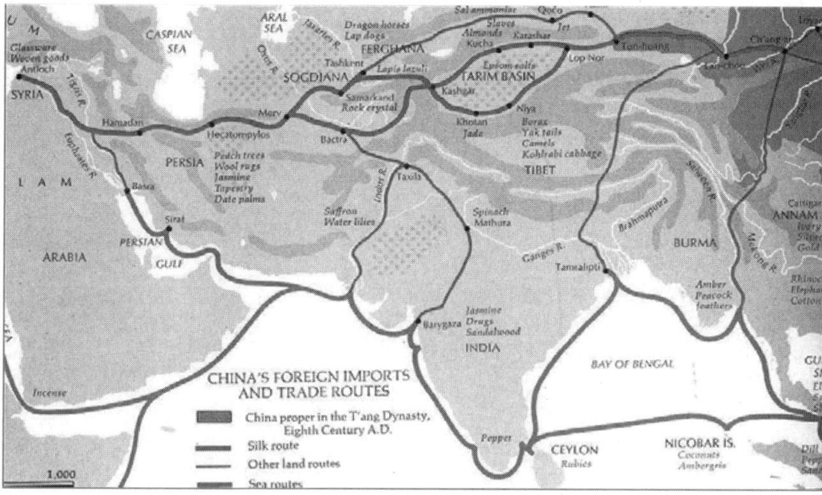


http://www.cais-soas.com/CAIS/Images2/Maps/SilkRoad1.jpg

당시 중국에는 실크로드를 통한 문물 교류가 활발해지면서 자연스럽게 인접한 지역의 민족들이 정착했다. 당시 중앙아시아 및 중동 출신 민족들에게 중국은 성(姓)을 지어 주었는 데 이중 안(安)은 중국에 귀화한 이란계들이 많이 사용했다. 안록산은 실제로 이란계 소그드 인을 아버지로 돌궐인을 어머니로 태어났고 그가 반란을 일으켰을 때도 돌궐계 병사들이 다수 참여했다. '녹산'(祿山)은 '빛'을 의미하는 소그드 어의 한자표기로 소그드 인에게는 흔한 이름이다.

소그드인은 중개무역 솜씨가 뛰어나 실크로드 문명의 주요한 행위자였다. 안녹산도 한족과 이민족 간의 중개상인으로 부를 일구었다. 그는 6개 국어에 능통했다 하며 다양한 민족과 상인들과 네트워크를 구축해 영향력을 키워갔다. 그리고 이 과정에서 유주 절도사의 눈에 들어 군인으로의 새로운 인생을 살게 되었다.

한편 실크로드의 운명은 안사의 난 이후 위그르의 서역 장악과 티베트의 진출 등으로 서역과 중국의 직접적 교역이 중단되고 이슬람이 전파되기 시작하면서 서서히 쇠락의 길을 가게 됐다. 그리고 이후 항해술과 건조기술의 발달로 인해 해상무역이 활발해지면서 해상 교통로가 육상 실크로드를 대체하기 시작했다.

## 5. 지질학적 범주

지구는 몇 개의 주요한 판(板)으로 이룩되어 있고 이러한 주요한 판(板) 중 하나가 유라시아 판이다. 여기서 유라시아 판(板)은 유럽과 아시아의 주요 국가들, 생활 공간이 아래의 그림에서 알 수 있듯 단일한 하나의 판(板) 위에 형성되어 있다. 즉 지질학적으로 보면 유라시아는 이렇게 단일한 하나의 판(板) 위에 존재하는 하나의 대륙인 것이다.

[그림 11] 지질학적 범주의 유라시아

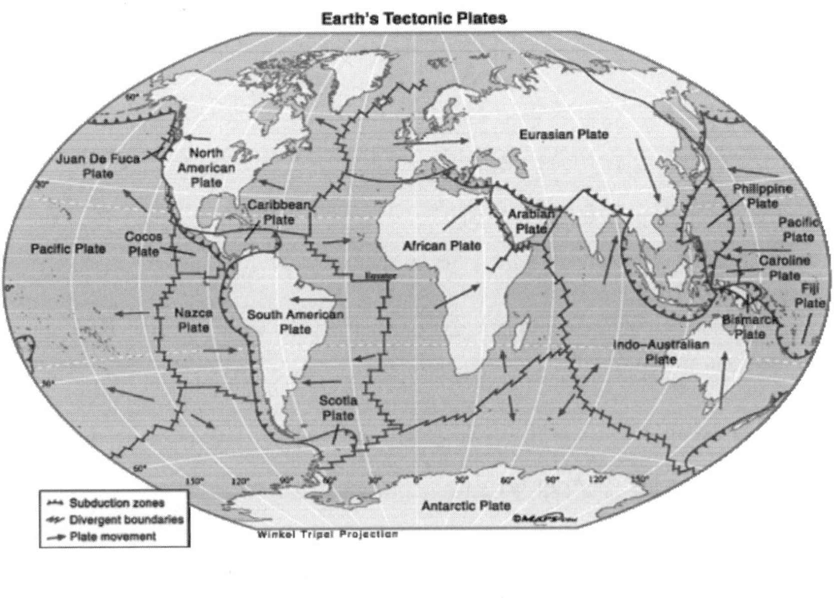

판구조론(板構造論, plate tectonics, plate tectonics theory)에 따르면 지각은 대략 10여 개의 크고 작은 판(plate)으로 구분되어 있는데 이들의 수평적 이동, 즉 판의 분리·충돌·교차 등이 지구 상에서 발생하는 대규모의 모든 구조운동의 근본원인이다.

유라시아판은 여기서 가장 주요한 6개의 판(유라시아 판, 아프리카 판, 오스트레일리아 판, 태평양 판, 남극대륙 판, 아메리카 판) 중 하나다.

## ◎ 유라시아주의(Evraziistvo)와 유라시아이즘의 발전

유라시아와 연관된 개념들은 19세기에 주로 러시아 망명자들에 의해 출현했으며 오늘 날에도 솔제니친, 고르바초프, 옐친, 푸틴, 나자르바예프, 두긴 등에 의해 이어지고 있다. 이들은 모두 유라시아는 하나의 공간이라는 유기체적 개념을 전제로 자신들의 주장을 전개한다. 블라디미르 푸틴 대통령이 추구하는 유라시아경제공동체(Eurasia Economic Union)의 개념이나 신유라시아주의자로 간주되는 알렉산더 두긴(Alexander Dugin)과 같은 정치학자들의 유라시아 운동 등을 비롯하여 다양한 형태의 경제 통합과 정치 통합의 아이디어들도 모두 유라시아는 유기체적으로 연결되어 있는 하나의 공간이라는 입장이다. 여기서 차이는 하나의 공간의 주도 세력과 공간 범위의 한계 및 확장과 관련된 것에서 나타난다. 강경 슬라브 민족주의자들은 옛 소련권 공간을 핵심 영역으로 한 러시아 주도의 재통합을 강조하고 있고 다문화적 국제주의로서의 유라시아 주의를 강조하는 이론가들은 포스트-소비에트 공간만이 아니라 여기에 주변부를 포함한 대륙 유라시아 전체를 유기체적으로 하나의 공간으로 강조하고 이러한 포괄적 공간의 통합성을 회복하자고 주장한다.

러시아가 혼란에 빠진 상태에서 유라시아 주의를 활용해 통합성을 강조하거나 서양도, 동양도 아닌 제3의 길을 강조하는 방법으로 유라시아 개념이 활용된 사례는 소련 해체 후가 처음은 아니다. 가장 대표적인 것이 1920~1930년대 러시아인 망명자 사이에서 생긴 이념적 흐름의 하나인 유라시아주의다. 당시의 유라시아주의는 1920년 N.S. 트루베츠코이 대공이 불가리아의 소피아에서 《유럽과 인류》를 발표하고, 다음해 G. 프로로프스키 · P. 사비츠키 · P. 스브친스키가 가담하여 논문집 《동방으로의 탈출》을 출판하면서 성립됐다. 이들은 1917년 볼셰비키 혁명을 피해 제정 러시아의 마지막 귀족들과 함께 유럽으로 도피한 상류층 인사들이었다. 이들은 러시아 국민을 유럽인과도 다르고 아시아인과도 다른 유라시아인이라고 규정하였고, 그런 입장에서 특히 유럽 문화를 비판하면서 러시아 독자적인 역사발전의 길을 제창하였다. 러시아혁명 뒤 출현한 수많은 망명자그룹 주장과의 주된 차이점은 이들이 러시아혁명 그 자체의 필연성을 인정하면서도 볼셰비즘에 대해서는 매우 비판적이었다는 점이다. 이들은 유럽적 원리인 볼셰비즘을 대신할 새로운 원리로서 유라시아주의를 제창하고 주장했다. 오늘 날의 러시아 민족주의와도 매우 유사한 접점을 가지고 있었던 셈이다. 이들은 이러한 입장을 유럽 각지에서 활발한 계몽 · 출판활동을 함으로써 널리 선전했다. 하지만 이러한 그들의 노선은 러시아에서 볼셰비키들의 완전한 정권장악과 볼셰비즘 소련의 강화 등이 이어지면서 정치적 노선을 둘러싸고 탈퇴하는 사람이 속출한다. 이들은 결국 소련의 기반이 강화되는 속도에 비례해 운동체로서의 생명을 점점 상실하고 급속히 쇠퇴하였다. 유라시아 주의에는 이들 망명 귀족과 지식인들 외에도 R. 야콥슨 · L.P. 칼 사빈 · A.V. 칼타셰프 · D.S. 미르스키

· G.V. 베르나츠키 등의 언어학자 · 역사가들도 참가하였다.

그러면 이들이 주장하는 유라시아 주의의 특성을 지탱하는 러시아의 유라시아성은 어떤 것일까? 이는 제정 러시아와 현대 러시아의 국가 문장(紋章)에서도 극명하게 드러난다. 러시아의 국가 문장은 쌍두 독수리다. 머리는 두 개이지만 몸통은 하나인 독수리가 각각 다른 쪽, 동양과 서양을 보고 있다. 러시아가 유럽과 다르고 아시아와도 다르다는 생각의 발현인 셈이다. 이러한 러시아 만의 독특성은 당연히 러시아의 지리적 특성에서 출발한다. 러시아는 지리적으로 유라시아 대륙 전체에 걸쳐 뻗어있다. 아시아와 유럽의 중간지대 모두를 차지하며 극동과 서유럽에 접해있다. 하지만 러시아는 인구의 80% 정도가 유럽 러시아 지역에 몰려 있다. 반면 영토의 80% 정도는 비유럽지역에 뻗어 있다. 때문에 러시아가 서양인가 아니면 동양인가를 규정짓기가 쉽지 않았으며 그만큼 통치자와 지식인들의 고민거리로 등장했다. '지그재그의 운명' 등을 쓴 문명비평가 사비트 자다노프는 "러시아의 지식인들과 통치자들은 자칫 국가의 분열을 가져올 수도 있는 이 문제를 놓고 고민을 해왔다. 이러한 고민의 과정에서 나온 것 중 하나가 동양과 서양의 이분법적 구분을 완화시키는 '유라시아'(eurasia)라는 개념"이라고 말했다. 이 때문에 볼셰비키 혁명 후, 혁명을 피해 유럽에 망명했던 러시아의 지식인들이 러시아가 유럽과 아시아 어디에도 속하지 않는 자체의 통합된 세계, 즉 유라시아를 형성하고 있다는 주장을 내세우게 된 것이다. 이는 당시 유럽 지식계에 급속한 영향을 미쳤다. 필자는 자다노프를 우즈베키스탄의 타슈켄트 인근에 위치한 자다노프의 집에서 만나 대화를 나눈 바 있다. 당시 자다노프는 "러시아 지식인들은 볼셰비키 혁명을 인정할 수밖에 없다는 측과 제3의 길을 가더라도 이는 볼셰비키 혁명과는 다른 것이라며 이에 격렬히 저항하는 그룹으로 갈라졌다. 하지만 이들은 공통적으로 러시아는 유럽과 아시아를 잇는 고유한 역사적, 문화적 전통을 기반으로 해 자체의 문명 발전 모델을 구축할 수 있다는 유라시아주의에 대한 확신을 가졌다는 것"이라며 유라시아 주의의 특성과 지식인들의 신념에 대해 설명해 줬다.

하지만 앞에서도 언급했듯 볼셰비키 체제가 자리를 잡기 시작하면서 정작 러시아 내에서는 유라시아주의에 대한 논쟁 등이 자취를 감추었다. 문화와 지역적 연계성보다는 계급이 강조되던 시기였기 때문이었다. 이런 유라시아주의가 소련의 해체와 그 이후의 혼란 그리고 강한 러시아의 부활을 외친 푸틴 정권 이후 정책에 영향을 미치면서 최근 다시 러시아에 득세하고 있다. 정치계에는 유라시아이즘을 내건 정당이 출현했고 언론계에서도 유라시아주의만이 러시아의 미래를 보장할 수 있다는 언론그룹 '예브라지야 그루파(유라시아 그룹)'까지 탄생했다. 물론 이처럼 유라시아주의가 다시 득세하기 시작한 것은 소련 해체 후 러시아 국민들의 정체성 혼란, 친서방, 친미정책에 따른 러시아의 2류 국가 전락에 대한 강한 불만 등에 따른 것이다. 러시아 지정학위원회 상임위원장을 역임했던 미트로파노프와 유라시아당의 이념적 기초를 닦은 알렉산드르 두긴 같은 사상가들은 "몸통은 하나지만 한쪽은 서쪽을, 한쪽은 동쪽을 바라보고 있는 쌍두 독수리 문장이 반영하듯 러시아는 유럽과 아시아 모두를 아우르는 독특한 현실 속에 있다"며 "공산노동혁명을 목표로 했던 소련 해체 후 이념적 목표를 상실한 러시아인들에게 유라시아주의는 다시 메시아적 사명을 부여하는 대안문명이 될 것"이라고 말한다. 특히 두긴은 푸틴 정권 이후 푸틴의 지정학적 세계관에 영향을 미친 많은 저작들을 발표한 바 있다. 물론 이러한 신유라시아주의는 국제정세에 대한 판단 및 러시아 대외정책의 목표에 대한 입장 등에 따라 여러 흐름과 분파로 갈라진다. 이에 대해서는 아래의 표에서 상세히 언급하겠지만 푸틴이 추구하는 친서방적 개혁주의에 반대해 서구 근대문명을 극복하는 러시아 고유의 발전모델을 모색하는 분파들도 있고 푸틴처럼 러시아의 강력한 국가성을 회복한 다음 옛 제국의 영광을 되찾을 것을 주장하는 이데올로기 그룹들도 있다. 또 이보다 더 나아가 유라시아적 공간의 재통합을 통한 강력한 러시아의 건설을 강조하는 사람들도 있다.

이러한 분파들 중 현재 대중적으로 가장 큰 영향력을 보이고 있는 것은 지정학자 알렉산드르 두긴이 이끄는 '유라시아 운동'이다. 이 조직은 과거의 유라시아주의를 창조적으로 계승해 새로운 러시아적 이념과 문명을 제시하는 것을 기본 목표로 삼고 있다. 이들은 미국 중심의 서구적 민주주의와 경제적 자유주의, 세계화에 반대한다. 두긴은 "서양 문명의 경제적 풍요 뒤에는 완전한 정신적 타락이 존재한다"며 "서방과의 불명예스러운 친화노력을 끝내야 한다"고 주장한다. '유라시아 운동'은 또 해양세력(미국·영국)과 대륙세력(러시아·유럽)의 대립 하에서 미국 중심의 대서양주의에 맞서 러시아와 유럽이 제휴하고 동양과 연대할 수 있는 유라시아주의를 역설한다. 푸틴은 공식적으로 유라시아주의를 언급하고 있지는 않지만 연설 등을 통해 '유라시아 강대국 러시아'라는 표현을 자주 사용한다. 또 일반 국민도 소련 시절의 초강대국 지위에 대한 복고적 향수를 유라시아주의자들에 대한 공감으로 해소해보려는 듯한 모습을 보인다. 물론 유라시아주의 부활에 대해 비판적인 시각도 만만치 않다. 특히 자유주의 성향의 인사들은 러시아의 유럽적 정체성을 강조한다. 유라시아주의는 발전한 문명에 계속 뒤처지고 있는 저발전사회의 열등감의 산물일 뿐이라고 보는 극단적 견해도 있다. 신유라시아주의는 옛 소연방 구성 공화국들에도 어느 정도 영향을 미치고 있는데 카자흐스탄이 가장 우호적이다. 나자르바예프 대통령은 1994년 이래 '유라시아연합'을 계속 제안해 왔다. 또 카자흐의 새 수도 아스타나에는 소련 말기 최고의 유라시아주의자였던 구밀료프의 이름을 딴 '레프 구밀료프 유라시아 대학'도 설립됐다. 반면에 다른 중앙아시아 국가들은 대체로 시큰둥한 분위기다. 지식인들도 유라시아주의를 독립국가연합에서 러시아나 카자흐스탄의 지배적 위치를 강화시키려는 이데올로기로 간주하는 경향이 다분하다.

## 러시아내 유라시아 논쟁과 유라시아주의자들의 분파

러시아의 역사에서 러시아가 위치한 지리적 공간과 정서적·문화적 공간의 간극을 메우려는 시도는 고대부터 지금까지 지속적으로 나타난다. 대표적인 것이 19세기에 있었던 슬라브주의자들과 서구주의자들의 논쟁이다. 이는 러시아만의 독특하고 독자적인 발전의 논리를 강조하는 자들과 동시대 선진국 및 같은 문화권 국가들과 같은 보편적·일반적 발전의 논리를 강조하는 논쟁으로 지금까지 이어지고 있다. 때로는 서구주의 대신 대서양주의자(아틀란티스파)와 유라시아주의자(유라시아파)로 부르기도 하는 이러한 논쟁은 역사의 흐름과 함께 범슬라브주의와 범서구주의의 논쟁이라는 커다란 구분으로만은 설명이 어려울 정도로 분화했다. 유라시아주의를 둘러싼 논쟁도 그 하나다. 유라시아주의에 관한 논쟁은 처음 제기됐을 때와 달리 철학적 논쟁의 범위를 벗어나 사회·문화적 논쟁으로 확대됐고 21세기에 들어와서는 지정학 및 정치·안보 이슈의 영역으로 까지 확장됐다. 러시아 태생으로 모스크바대학를 졸업하고 미국에서 활동하고 있는 안드레이 치간코프(Andrei Tsygankov)는 이러한 유라시아주의자들을 지정학주의자들의 범주에서 분류하고 있다. 그는 자신의 논문[8] 에서 러시아 지정학자들 중 대표적인 인사 5명을 선정해 그 차이점과 공통점을 분석하고 있다. 실제로 러시아의 소련 해체기에 등장한 외교안보적 영역에서의 신유라시아주의자들 중 상당수는 치간코프의 분류처럼 지정학적 고려에 의해서 유라시아 공간에서의 러시아의 활동을 옹호하거나 적극적인 공간 재구성 전략을 촉구하고 있다. 이들 중 카마루딘 가지에프(Kamaludin Gadzhiyev), 블라디미르 콜로소프(Vladimir Kolosov), 니콜라이 미로넨코(Nikolai Mironenko), 니콜라이 나르토프(Nikolai Nartov), 알렉산드르 두긴(Alexander Dugin), 드미트리 트레닌(Dmitri Trenin), 미트로파노프(Alexei Mitrofanov) 등이 특히 활발한 활동을 벌이지만 두긴은 학술적 영역과 정치 행동가적 영역 모두를 넘나들면서 대중의 관심을 끌고 있다.

이처럼 유라시아주의는 1920년대의 고전적 유라시아주의에서부터 시작해 다양한 분파와 발전의 모습을 보여왔고 소련 해체 이후 더욱 분화되는 모습을 보인다. 소련 해체기인 1990년대 초부터 득세하고 있는 신유라시아주의는 알렉산드르 두긴처럼 서구주의자들에 대한 노골적인 적대감과 서구 문명에 대한 반문명적 도전을 감행하는 자들도 있지만 러시아의 서구화 기회, 현대화 기회, 경제적 협력과 상호의존을 서방에서 찾으려는 자들도 여전히 만만치가 않다. 때문에 현재 서유럽 러시아 지역 인구의 감소와 이슬람 및 비기독교 인구의 증대, 중국 등 아시아 국가들과의 경제적 상호의존의 증대 등이 향후 러시아의 방향 논쟁에 어떤 영향을 미칠지 알 수 없다. 분명한 것은 러시아의 신유라시아주의자들 중

8) Andrei Tsygankov, 'Mastering space in Eurasia: Russia's geopolitical thinking after the Soviet break-up', Communist and Post-Communist Studies 36 (2003) 101-127. https://is.muni.cz/do/fss/57816/40125114/Tsygankov__A._Mastering_Space_Euroasia_Comm.Studies_36_2003.pdf.

〈표 2〉 러시아 유라시아주의자들의 지정학적 관점과 대표자들 및 지향점

| | 팽창주의자 | 문명화론자 | 안정화론자 | 지경학주의자 | 서구주의자 |
|---|---|---|---|---|---|
| 유라시아의 이미지 (옛 소련공간) | 대륙적 제국 | 문명 | 경제 및 문화의 교점(交點) | | 실체가 없는 공간 |
| 유라시아에서 러시아 안보목표 | 패권 | 생존 | 안정 | 개발 | 적응, 민주주의 |
| 유라시아에서 러시아의 정치적 경계 | 소비에트 연방 이상으로 확장 | 소비에트 연방의 영토 | 소비에트 이후의 현재 영토 보존 | | |
| 러시아의 안보 전략 | 무제한적인 정치-군사적 팽창과 동맹 | 온건한 정치-군사적 팽창과 지경학적 경제 자주 | 정치-군사적 균형 및 국가주도의 지경학적 계획 | 국가 및 민간 주도의 범지역적 경제 개발 | 서구 우위에 대한 적응 |
| 주요 파트너 | 독일, 일본, 이란 | 중국, 인도 및 다른 유라시아 국가들 | 주된 파트너 국가 없음 대외정책에 있어 multi-vector 정책 추구 | | 서구 |
| 외부 환경 | 지정학적 제국 | 지역 문명권 | 상호의존과 다원주의 하에서의 강대국 간 경쟁 | | 서구화한 형태의 상호의존 |
| 외부 위협 | 대서양주의 무역 문명주의 (Atlanticism or trade civilisation) | 서쪽과 동쪽에서의 지정학적 및 지경학적 압력 | | | 서구-적대적인 국가들 |
| 정치적 지향점 | 혁명적 보수주의 | 구 보수주의 | 보수주의-자유주의 혼합 | | 신 자유주의 |
| 사회경제적 지지기반 | 강경 군부세력 | 군산복합체 | 국가관료 전국 및 지방의 사적 기업 | | 서구 지향형 민간 부문 |
| 지적 뿌리 | 구 유럽 및 러시아 지정학 | 구 러시아의 유라시아주의 | 유럽의 초국가주의, 비판적 인문지리학, 러시아 지정학의 종합 | | 서구의 자유주의적 상호의존론 |
| 정치적 지향 | 보수주의적 혁명 | 옛 러시아 보수주의 | 보수주의-자유주의 통합 | | 구 자유주의 |
| 대표적인 주창자들 | 두긴 | 나르토프 쥬가노프 | 가지예프 | 꼴로쏘프 미로넨코 | 트레닌 |

출처 : Tsygankov, Andrei P.(2003), p.111-112의 <표 1>과 <표 2>를 필자가 재구성.

일부가 소련 해체 후의 혼란 속에서 러시아의 국수주의적 민족주의와 결부돼 러시아의 글로벌화의 가속화 분위기에 역행하는 모습을 보이지만 이러한 흐름이 러시아의 주된 흐름이 될 수는 없을 것이다. 러시아는 분명 표트르 대제의 서구화 정책 이후 다시 거대한 형태의 글로벌 사회 편입의 길을 가고 있다. 때문에 그 과정에서 일시적 부침이 있겠지만 러시아의 세계화, 글로벌 사회에의 편입 및 참여 그리고 국제 거버넌스의 새로운 표준을 만들고자 하는 시도는 계속될 것이다. 글로벌 사회, 유럽과 아시아의 발달된 민주·산업화 사회 국가들은 이러한 부침 속에서 러시아와의 유대를 강화하면서 그들의 글로벌 사회 편입과 기여를 인정하고 촉진하여야 할 것이다. 자칫 그들이 유라시아 내부의 폐쇄적 연대의 길을 가는 신고립주의 노선으로 회귀하지 않도록 해야 할 것이다.

## 유라시아주의자 두긴과 그의 지정학적 인식

두긴의 생각은 좀 더 깊이 들여다 볼 필요가 있다. 그는 신유라시아주의자로 불리기도 하지만 극단적 사고와 인종주의적 편견 그리고 제국주의적 사고 때문에 신나치주의자로 불리기도 한다. 그의 저서들은 러시아 합참 및 총참모부 장교들의 교재로 사용되기도 했고 그의 이론과 주장에 러시아군 총참모장을 지낸 이바슈코 장군등 민족주의 계열의 전문가들도 관심을 표명하고 일부 동조하기도 했다는 평가도 있다. 2008년 오세티야의 합병과 크림의 합병이 이루어진 이후 그의 저작은 다시 관심을 끌게 된다. 그것은 그가 이미 1997년 이후 저작에서 오세티야와 우크라이나에 대해 밝힌 전략적 추구가 현실화됐기 때문이다. 특히 아래 자세히 언급되고 있지만 그가 자신의 저서 '지정학의 기초-러시아의 지정학적 미래'에서 강조한 '세 개의 축' 전략의 일부가 현재의 러시아 외교안보정책에 영향을 미쳤고 푸틴 등 현 러시아 지도부의 대외정책 개념도 두긴의 생각에 영향을 받았다는 분석들도 나오고 있는 상황이기 때문에 그의 생각을 좀 더 깊게 들여다볼 필요가 있다.

두긴의 유라시아 지정학에 대한 기본 개념을 담은 책 '지정학의 기초-러시아의 지정학적 미래' 표지

두긴의 사고는 극단적이다. 그의 극단적 사고는 냉전 종식 후 유럽에서 역설적이게도 힘을 확대해 가는 극우파 운동이나 신파시스트 사조처럼 러시아에서 변형된 모습으로 등장한 변종 슬라브 보수주의로 볼 수 있다. 유럽의 극우파가 최근 약진을 거듭해 유럽의 각국 선거에서 득표율 10%를 넘어서는 데 성공하고 몇몇 국가에서는 심지어 15%를 넘어서는 모습을 보이는 것처럼 소련 해체 후 국내적 혼란과 국제적 위상 추락의 모멸감에 치를 떠는 러시아내 민족주의, 슬라브 보수주의자들의 심리를 파고드는 이론이 됐다는 분석이다. 그리고 제도권 엘리트들이 이러한 두긴과 비슷한 유라시아주의, 슬라브 민족주의 등을 교묘히 통치 및 정책에 활용한다고 본다.

이는 냉전 종식 후 유럽에서 극우파 정당들이 새로운 형태의 전략으로 제도권에 진출해 일종의 '방역선'(Cordon Sanitaire · 연정을 통해 극우 혹은 극좌 정당의 정부 참여를 막는 방법)이라 불리는 장벽을 돌파하는 것처럼 기존 이념이나 체제의 모순을 기득권 제도 정당이 제대로 수용하지 못하거나 해결해 내지 못하는 과정에서 나오는 것이다. 실제로 유럽의 현실을 보면 과거의 극단주의 정당이었던 이탈리아의 국민연합은 제도권 우파로 변신했고 분리독립을 주장하는 북부연합은 롬바르디아·베네토·피에몬테주를 장악했다. 서유럽의 '전통적' 네오파시스트들은 여전히 고립되어 있지만 명맥을 유지하면서 특정한 시점, 특정한 이슈의 주도권을 쥐려 한다. 대부분 사회적 위기를 이용하고 공산주의가 종식 된 후에는 이를 무슬림(이슬람)으로 대체해 이들을 배척하는 전략을 구사한다.

두긴도 러시아의 사회적 혼란과 위상 추락, 냉전종식 후의 이념과 주적의 실체에 대한 혼란 속에서 득세했다. 그는 포스트 소비에트 공간 전체를 회복해야할 대상으로 선정한 후 이 공간에 퍼져있는 사회적 위기를 심리적·극단적 분석으로 증폭, 과장하고 있다. 그리고 이의 극복을 위한 수단으로 슬라브 민족주의와 러시아 제국주의적 사고를 생산해낸다. 냉전 종식 후 세계가 새로운 평화와 화합의 길로 가야하는 상황에서 영향력을 강화하고 있는 이들은 과거의 반체제적 극단주의자들(극우·극좌 모두)과 달리 제도권 내에서 움직인다는 차별성이 있다. 하지만 이들이 덜 위험한 것은 아니다. 역사적으로 파시스트의 후계자들은 항상 사회적 혼란이 경제적 위기와 겹치거나 인권과 정의의 가치가 실종되거나 이에 대한 확신이 약해질 때 득세했다. 두긴의 주장은 러시아 주류 엘리트의 생각으로 공식화될 수는 없을 것이다. 그러나 문제는 두긴과 같은 극단적 유라시아주의자들이 아니더라도 러시아의 현재의 위상에 대해 만족하지 못하고 유라시아의 재편의 미래가 소련 해체 후 한동안 관철됐던 미국 우월주의, 서방 우월주의 방식의 지속이어서는 안 된다는 이론가들이 많다는 것이다. 그리고 이들의 생각이 러시아 엘리트와 시민사회 속에서 점차 주도권을 확보해가고 있다는 것이다.

대표적인 것이 지정학적 리스크 및 관심이 고조되던 1990년대 중반 보가투로프와 크레메뉴크가 '네자비시마야 가제타'에 기고한 글이다.[9] 러시아 과학아카데미 미국-캐나다 연구소 연구위원인 보가투로프와 크레메뉴크는 이 기고문을 통해 다음과 같이 주장하고 있다.

"미국과 북대서양조약기구(NATO) 국가들은 최소한 합리적인 수준에서는 러시아의 자부심과 러시아에 대한 존중의 마음을 보여주지만 그럼에도 불구하고 점진적으로 그리고 꾸준하게, 적어도 이론적으로는, 러시아가 다시금 세계 제 2위의 국가가 될 희망을 가능케 하는 과거 소련에 포함되었던 지정학적인 기초들을 파괴하고 있다. ...."게다가 미국은 유럽 공간에서 새로운 기구(новая организация)를 만들고 있는 데 이 기구는 유럽에 새롭게 출현한 상대적으로 작고 약한 신생국들을 지원해 북대서양조약기구나 유럽연합 등과 같은 다양한 기구들과 밀접한 관계를 맺게 하려는 구상을 갖고 있다."

이러한 러시아 지정학자들의 생각과 마찬가지로 미국의 브레진스키 같은 학자들 또한 비슷한 고민을 하고 있다. 브레진스키는 자신의 저서 '거대한 체스판'에서 다음과 같이 적고 있다.

"러시아의 내적 회복은 러시아의 민주화 그리고 궁극적으로는 러시아의 유럽화에 긴요하다,. 그러나 러시아가 어떠한 형태로든 제국적 역량을 회복하게 되면 그것은 우크라이나와 아제르바이잔을 위태롭게 만들 것이다. 더욱이 유럽연합과 북대서양조약기구가 확대됨에 따라 이 문제와 관련한 미국과 몇몇 유럽연합 국가 간의 입장 차이가 나타날

---

9) А. Богатуров и Кременюк В. Современные отношения и перспективы взаимодействия между Россией и Соединенными Штатами Америки, Независимая газета. 28 июня. 1996.
A. Bogaturov, V. Kremenuk, 'Current Relations and prospects for Interation between Russsia and United States.', Nezavisimaya Gazeta,June 28, 1996.

수 있을 것이다. 유럽연합이나 북대서양조약기구에 러시아를 가입시키는 문제를 고려해야만 할 것인가? 그렇다면 우크라이나는 어떤가? 러시아를 배제시킬 경우 –러시아인 사이에서 자기 충족적 예언을 빚어내며 치뤄야할 비용은 클 것이다. 그러나 유럽연합이나 북대서양 조약기구를 희석시키는 것 또한 매우 불안정한 것일 수가 있다."

이러한 분위기 속에서 두긴과 같은 극단적 생각도 영향력을 확대해가고 있다. 두긴은 생각의 극단성이 두드러진다. 때문에 그는 정통적 유라시아 주의자들이나 지정학자들과는 거리가 있다. 하지만 그의 생각의 근거, 즉 러시아의 부강함을 존속시키기 위해서는 러시아의 국익과 지정학적 고려의 연관성을 잃지 않아야 한다는 지정학적 고려의 틀은 보가투로프나 미트로파노프 (전 러시아 국가두마 지정학위원장)와 같은 러시아 엘리트들의 기본 생각과 크게 다르지 않다.

실제로 현재의 러시아에서 유라시아의 지정학적 특성과 문화적 특성을 강조해 러시아 만의 독자적인 발전의 길을 가야한다는 신유라시아주의는 옐친 2기 이후 특히 푸틴 정권에 들어서 통치이데올로기 및 정책의 기초로 작용하는 듯한 느낌을 준다. 특히 1997년과 1998년의 금융위기와 2008년 이후의 글로벌 경제위기는 자본주의에 대한 심각한 의구심을 불러일으켜 서구와는 다른 현대화, 러시아 특유의 역사 문화적 전통에 기반한 현대화 개념을 강화시켜 주고 있다. 이런 점에서 푸틴 정권 이후 보여지고 있는 정책과 신유라시아주의는 면밀한 관찰을 요한다.

현재의 신유라시아주의와 1920년대 유라시아 주의의 차이는 과거의 유라시아주의가 주로 사회문화적 영역에서 러시아의 정체성과 특성에 대한 모색이었다면 신유라시아주의는 정치경제적 영역에서의 정체성과 발전 전략에 집중한다는 점에 있다고 할 수 있다. 때문에 신유라시아주의는 문화와 역사적 측면에서의 러시아적 특수성과 차별성 독자적 발전의 길을 강조하는 분위기 속에서 하나의 완결된 사상이나 이데올로기로 작용하는 것이 아니라 러시아적 국가주의적 전략적 목표에 따라 그때 그때 강조되는 유라시아 지정학 중심 전략들의 집합이라는 평가도 나온다. 러시아에서 유라시아주의에 대한 지속적인 연구 논문을 발표하는 찌간꼬프(Tsygankov. A.P.)도 유라시아 주의가 하나의 완결된 동일한 논리라기보다는 세계관과 전략에 따라 다양하게 나타난다는 점을 강조하고 있다.

이러한 신유라시아주의가 21세기 러시아에서 득세하는 이유는 소련의 해체를 국가주의적 관점에서 소비에트 제국의 몰락으로 보고 서구와의 경쟁에서 패배한 러시아의 혼란과 상실감을 극복할 수 있는 이념으로서 유라시아 개념이 유용하기 때문이다. 특히 2008년 이후 자본주의 체제 위기에 대한 경고와 미국우월주의의 뚜렷한 쇠퇴, 중국 및 독일의 부상, 브릭스 체제의 착근 등은 러시아 국민 및 엘리트들에게 있어 옐친 초기에 나타났던 것과 같은 서구화, 민주화에 대한 맹목적 추종이 아닌 서구와 다른 길을 가는 '현대화' 논리로 변용되어 나타나고 있는 것이다.

이는 서구화와 민주화를 내세우면서 친서방 일변도 정책을 폈던 초기 옐친 정부의 정책이 러시아의 자존심 상실과 경제 침체 및 계층의 양극화를 부추겼다는 비판에 대한 반발의 측면도 있다. 즉 러시아적 자존심의 회복을 위한 새로운 이념과 비전의 필요성에 전통적 러시아 인텔리겐차 그룹의 과도한 묵시록적 헌신과 슬라브 민족주의가 결합되어 나타났다고 본다. 때문에 이는 러시아는 역사적으로 항상 동시대 문명과 유럽을 구원해 왔다는 역사적 구원의식과 러시아 문화와 역사 속에 강하게 살아 있는 러시아 메시아니즘, 그리고 로마와 콘스탄티노플을 계승한 동시대 유일한 기독교 왕조였던 15세기 이후 러시아는 영원할 것이라는 모스크

바 제3 로마 사상과 결부되기도 한다. 결국 이는 러시아는 서구와는 다른 러시아 만의 독특한 길을 가야하며 이를 통해 러시아의 강대함과 위대함을 회복해야한다는 푸틴식의 국가주의적 부흥주의와 연결되는 것이다. 이러한 강대한 러시아의 부활이라는 가장 극단적인 사고를 보여주는 것이 두긴의 전략이다.

두긴은 그의 저서 '지정학의 기초-러시아의 지정학적 미래'에서 냉전 후 러시아의 전략적 이익을 증대하기 위해 러시아가 추구해야할 전략적 기초를 설파하고 있다. 그의 주장에 따르면 러시아는 강대함을 회복하기 위해 3개의 축(axis)을 구축해야 하는 데 그것은 '모스크바-베를린(Moscow-Berlin)', '모스크바-테헤란(Moscow-Tehran)', '모스크바-도쿄(Moscow-Tokyo)'축이다. 러시아는 이러한 3가지 축을 기반으로 해 유럽, 중동, 아시아에 대한 지정학적 우위를 점할 수 있고 그러한 전략을 통해 유라시아 공간에서 강대국으로 부활할 수 있다는 것이다. 그는 미국 및 유럽 문명에 대한 강한 반감을 드러낼 뿐 아니라 슬라브, 러시아 국수주의적 극단주의 생각을 거침없이 드러내 러시아내에서도 극단주의자, 국수주의자, 신나치주의자로 분류되며 위험시되고 있다. 재미있는 것은 두긴이 그의 지정학 전략의 기초로 강조하고 있는 '세 개의 축'이라는 개념과 용어이다. 두긴은 이러한 세 개의 축은 이들 축의 핵심 구성 국가들이 공통의 적으로 미국을 상정하기 때문이라고 설명하고 있다. 두긴의 3개의 축과 그 축의 형성 기초로서 반미 연대 의식을 거론 한 후 5년 후인 2002년 1월 29일 미국의 조지.w. 부시 대통령은 테러와의 전쟁 2단계 전선을 강조하면서 '악의 축'(Axis of evil)이란 단어를 사용한다. 당시 부시는 "테러를 지원하는 정권(regimes that sponsor terror)"을 가리키며 이 용어를 썼으며 이들이 반미의 상징적 국가임을 숨기지 않았다. 당시 부시가 사용한 '악의 축'(Axis of evil)이라는 단어는 제2차 세계 대전의 추축국(Axis Powers)에서 따온 말로 제2차 세계 대전의 추축국들이 서로를 도왔듯이 이들이 테러를 지원해 전 세계를 교란하는 악의 진원지라는 의미로 사용한 것으로 알려졌다. 하지만 5년 전 두긴은 비슷한 개념으로 정반대의 지정학적 연대의 기초에 대한 고려를 했고 그를 '세 개의 축(axis)'으로 표현했던 것이다. 비록 대상 국가와 전략의 기초는 다르지만 '축'이라는 개념과 지정학적 연대의 틀을 상정했다는 점에서 발상의 미묘한 유사성을 느끼게 한다.

그러면 두긴이 자신의 저서에서 밝힌 3개의 축 전략의 내용을 살펴보자.

## 유럽정책

유럽 정책의 기본은 독일이다. 독일과는 동맹을 구축한 후 독일과 러시아 사이의 영토를 상호의 영향력 지대(sphere of interest)에 맞춰 분할해야 하며 여기에는 양국 사이의 완충지대인 일명 방역선(sanitary cordon)의 설정이 필요 없다고 본다. 또 러시아는 독일에 대해 독일이 냉전 후 실질적으로 중부 및 동부 유럽에 위치한 대부분의 기독교 및 가톨릭 국가들에 대한 정치적 지배력을 행사한다는 점을 인정해야 한다. 이를 위해 러시아가 현재 지배하고 있는 옛 독일의 영토인 칼리닌그라드(쾨니히스부르크) 주를 독일에 반환하고 상호 신뢰를 증진시켜'모스크바-베를린 축(Moscow-Berlin axis)'을 구축해야 한다.

프랑스에 대해서는 독일과 마찬가지로 '영국-미국' 동맹 중심의 대서양주의에 반대하는 경향이 강하기 때문에 '프랑스-독일 블록'을 형성하도록 격려할 필요가 있다. 반면 영국에 대해서는 유럽과의 분리·절연을 추구하는 정책을 추진해야한다. 핀란드는 러시아에 흡수되어야 하며 남부 핀란드는 러시아의 카렐리야 공화국과, 북부 핀란드는 무르만스크 주에 귀속 되어야한다. 발트의 에스토니아는 독일의 영향력 지대(sphere of influence)로 인정하지만 라트비아와 리투아니아는 '러시아-유라시아 공간'의 특수한 지위 (special status)로 전락시키고 폴란드 또한 유라시아 공간의 특수한 지위 (special status)로 국한시켜야한다. 루마니아, 마케도니아, 세르비아-보스니아 그리고 그리스는 동쪽의 동방정교 집단국으로 묶은 후 장기적으로 모스크바의 제3로마 사상에 입각해 러시아와 통합 해 서구의 합리주의 및 개인주의와 결별해야 한다. 영토적 야심이 있는 독립 우크라이나의 존재는 전 유라시아에 위험이 되기 때문에 우크라이나는 러시아에 병합되어야 한다. 우크라이나가 서구 침투를 저지하는 방역선(sanitary cordon)이 되지 않는 한 우크라이나의 독립은 용납되어서는 안된다.

## 중동과 중앙아시아 전략

두긴은 일관되게 대륙내 이슬람-러시아 동맹의 구축을 주장하고 있다. 특히 이란이 중요한 동맹이라고 주장하고 반대서양 주의에 맞서 '모스크바-테헤란(Moscow-Tehran)축'을 강조한다. 중동과 중앙아시아 전략을 구사하는 데 있어 아르메니아의 역할이 매우 중요한데 아르메니아는 전략적 기지로 작용해야한다. 그 이유는 아르메니아는 이란 및 쿠르드와 마찬가지로 아리안족으로서 모스크바-예레반-테헤란축이라는 보조축을 결성

할 수 있기 때문이다. 아제르바이잔은 분리되거나 이란에 병합되어야한다. 조지아는 분리(dismembered)되어야하며 아브하지아와 통일 오세티야는 러시아에 병합되어야한다. 조지아의 독립적인 정책은 용납되어서는 안된다.

러시아는 터키내에 지정학적 충격을 야기해야 하며 이는 터키내 소수민족인 쿠르드, 아르메니아,그리고 다른 소수민족들을 활용해 달성할 수 있다. 두긴은 또 코카서스(카프카스)를 러시아의 영토로 간주하고 특히 현재의 카자흐스탄과 투르크메니스탄의 영역인 카스피해 동쪽 및 북쪽 연안, 그리고 중앙아시아가 러시아의 영토라고 주장한다.

## 아시아 정책

두긴은 중국에 대해 극단적인 반감을 가진 인사다.그는 중국이 종국적으로 러시아에 해를 미칠 것이라며 러시아는 중국을 봉쇄(contain)해야 한다고 주장한다. 이 때문에 러시아는 중국의 북서진을 봉쇄하는 대신 지정학적 보상으로 중국이 북쪽이 아니라 남쪽으로 진출하도록 유도하고 도와야 한다. 이를 위해 신장-티벳-몽골-만주가 러시아와 중국을 격리하는 완충지대가 되어야 하고 중국에 대한 지정학적 보상은 베트남을 제외한 인도네시아, 필리핀, 호주 쪽으로 중국의 정책이 지향하고 진출하도록 해야 한다고 주장한다. 또한 러시아는 일본을 미국과 분리시키기 위해 일본에 쿠릴열도 남단 4개 섬을 반환해야 하며 몽골은 '유라시아-러시아' 연맹에 통합되어야 한다.

이러한 두긴의 정책과 생각은 어떻게 보면 황당하며 대단히 위험하다.

그의 생각은 대단히 인종주의적, 국수주의적이며 신나치적 파시즘의 요소를 담고 있다. 이 때문에 러시아 내에서도 두긴은 정상적인 정치학자나 사상가라기 보다는 극단적 국수주의자, 혹은 신나치주의자로 간주된다. 하지만 앞에서도 언급했듯 러시아에서는 지정학적 고려를 통한 러시아 대외정책의 입안을 주도하는 세력들이 영향력을 행사하고 있다. 사실이다. 이들은 러시아의 지정학적 강점과 특성을 활용해야만 러시아가 강대국으로 재부상할 수 있으며 특히 유라시아 공간에 새로운 영향력을 확대해야 한다고 주장한다. 이러한 지정학적 유라시아 주의가 특히 미국과 나토의 일방적 확장과 코소보 사태를 둘러싼 미국 나토와 러시아의 대립이 첨예화했던 옐친 말기 이후 강화된 것 또한 사실이다. 두긴의 책에 있는 구상의 일부가 푸틴 대통령 정부의 외교안보 정책에 일정한 영향을 미쳤다는 분석도 있다. 하지만 앞에서도 설명했듯 러시아에서 유라시아주의가 득세한 것은 두긴과 같은 극단적 모험주의, 러시아 국수주의적 사고의 영향 때문 만은 아니다. 오히려 온건하고 합리적인 러시아의 전략가들이나 학자들 사이에서도 러시아의 지정학적 이점인 유라시아 공간 내에서의 장점을 활용하여 강대국 러시아의 부활을 이끌어야 한다는 분위기가 강한 것 또한 사실이다. 때문에 푸틴 정부, 옐친 정부 말기 이후 러시아에서 유라시아 주의가 득세한 것은 두긴 때문이 아니라 러시아 내의 뿌리 깊은 유라시아적 특성의 고려에 대한 복권이라는 측면이 강하다.

## 유라시아 지정학과 러시아 지도자들 그리고 푸틴

실제로 러시아 역사를 살펴보면 두긴과 같은 극단적인 생각은 아니지만 러시아의 유라시아 지정학 개념은 뿌리가 깊고 정치 및 외교 안보 노선에 많은 영향을 미쳤다는 것을 알 수 있다. 시베리아 횡단열차를 건설해 동유라시아와 서유라시아의 역동성을 하나로 묶어 러시아에 활력을 불어넣으려 했던 러시아 제국 최초의 총리 세르게이 비테나 황제 니콜라이 2세 같은 인물들을 비롯해 최근까지도 다수의 인물들이 이러한 지정학적 고려를 국가 통치 전략의 하나로 생각해 왔다. 최근의 러시아 정치 지도자들 중, 정책으로서 유라시아 개념을 염두에 두었던 대표적인 인물은 미하일 고르바초프와 블라디미르 푸틴이다. 미하일 고르바초프는 소련 공산당 서기장 시절 유럽 신안보 개념을 제시하면서 '리스본에서 블라디보스토크까지를 하나의 공통된 생활 공간, 공동의 안보 공간'으로 관리하자며 '유럽 공동의 집'이라는 개념을 주창한 바 있고 푸틴은 2000년 이후 일관되게 강한 러시아의 부활을 위해 지정학적 이점을 활용해야 한다는 점을 숨기지 않는다. 이를 위해 푸틴은 유럽연합(EU)의 형성과 같은 옛 소련권 공간을 중심으로 한 경제 통합과 느슨한 정치 통합이 함께 이루어지는 유라시아연합(EAU)을 주장하고 있다. 그는 유라시아연합은 통합(integration)의 보다 더 높은 차원의 야심찬 계획이며 초국가적 연합이다"고 말하고 있다.10) 이러한 푸틴의 생각은 유라시아 지역의 또 다른 정치 지도자인 나자르바예프의 호응을 얻고 있다. 나자르바예프는 유라시아주의의 또 다른 주창자이지만 러시아 주도의 유라시아 공간이라는 개념보다는 중앙아시아 국가들의 목소리가 강화된 형태의 협업적 유라시아 개념의 생각이 훨씬 강하다. 그는 과거 실크로드 문명의 복원이라는 측면과 유럽-아시아의 중개지로서의 중앙아시아의 역할을 더 강조하고

10) Putin, Vladimir, 2011, Новый интеграционный проект для Евразии — будущее, которое рождается сегодня, Izvestia, http://izvestia.ru/news/502761#ixzz20mJoEBZl

있다. 물론 러시아에서 역대 지도자들이 모두 유라시아 주의를 강조하는 것은 아니다. 서구적 전통이 강한 유럽 지향 도시들과 이들을 대표하는 정치인들은 서구주의자라는 칭호에 더 강한 애착을 갖는다. 그들은 러시아를 서구의 문화적 본류에 회귀시켜야하다는 생각을 갖고 있다. 이는 러시아가 몽골의 침입으로 인해 서구와 단절됐던 시기를 극복해야 한다는 점을 강조한다. 즉 서구가 르네상스 시기에 돌입했을 때 몽골의 압제에 시달렸던 러시아의 문화 지체를 극복해야 러시아가 현대화, 선진화 될 수 있다는 점을 강조하면서 러시아의 독특함과 서구와의 차이를 강조하는 유라시아주의에 대해 거부감을 표명한다. 이러한 정서는 정책으로도 역사가 깊다. 대표적인 것들은 피터 대제의 서구화(혹은 유럽화), 고르바초프의 초기 정책들, 대통령 시절 메드베데프가 추구했던 현대화 정책 등이다. 서구주의자(Westernizers)와 슬라브주의자 (Slavophiles)의 대립과 갈등의 현대화된 형태가 친서방주의자와 유라시아주의자의 대결의 모습으로 재현됐다는 분석은 이런 배경에서 나온 것이다. 이 때문에 일부 학자들은 푸틴을 유라시아주의자로 메드베데프를 서구주의자로 구분하기도 한다.[11] 하지만 이같은 분류는 적절치가 않다. 이는 러시아 지도자들의 특정한 시기의 특정한 정책을 지나치게 강조해서 구분하는 것이다. 푸틴이나 메드베데프는 전임 지도자들인 고르바초프나 옐친과 마찬가지로 모두 러시아의 지정학적 특징을 잘 인식하고 있었다. 이 때문에 이들은 때로는 현대적 측면의 최우선적 벤치 마킹 대상과 협력 대상으로서 유럽을 선정했고 이들에게 접근하고자 하는 서구화 정책을 추진했다. 서구화와 글로벌 사회에의 통합 정책이 그것이며 국제통화기금(IMF)과 세계무역

11) Kaufmann, Alexandre, 2011, Quelle Union pour l'Eurasie?, in: Revue Défense Nationale, Vol. 67, No. 746, pp. 123-126.

기구(WTO) 가입, 경제협력기구(OECD) 가입추진 등은 모두 옛 소련시절 자본주의 체제에의 편입을 극도로 경계하던 모습과는 완전히 다른 서구적 표준의 채택인 것이다. 물론 러시아의 지도자들은 또 다른 한편으로는 러시아의 국익과 지정학적 측면의 이점을 강조하는 정책을 추진하기도 했다. 대표적인 것이 옐친 1기와 코소보 사태 발생 이전 까지의 친서방 외교와 코소보 사태 이후 정책전환을 이룩한 2기 중반 이후의 민족주의 성향의 외교정책 같은 것들이다. 러시아의 국장인 쌍두 독수리 문장이 보여주듯 러시아는 기본적으로 유라시아 공간의 특성을 인식하면서 필요와 상황에 따라 유라시아성을 강조하기도 하고 서구지향성을 강조하기도 한다. 최근 들어서는 2008년 이후의 글로벌 금융위기와 서구식 경제철학의 쇠퇴에 대한 반성을 담아 서구적 현대화라는 단어보다 서구식 경험을 회피한 러시아식 현대화라는 개념을 강조하기도 한다. 그리고 이러한 과정에서 외교안보적으로 두긴과 같은 신유라시아 주의자들의 지정학 전략이 영향을 미치고 있다. 최근 푸틴과 러시아의 정책이 외교안보적 측면과 경제통합적 측면에서 유라시아 주의 혹은 유라시아 학파의 영향을 받고 있는 것은 분명해 보인다.

## 유라시아주의는 러시아인들의 전유물인가

유라시아주의라는 것을 정치적 운동이나 정책적 방향성이 아닌 광의의 공간 개념, 문명 개념으로 받아들인다면 이는 러시아만의 전유물이나 러시아인들에 의해 고안된 개념이라고 할 수는 없다. 유라시아라는 공간을 하나의 연속된 문명권 혹은 공간이라는 개념으로 생각하면 더욱 그렇다. '유럽과 아시아는 분절되지 않고 연속적으로 이어진 하나의 공간이며 하나의 대륙이다'는 개념으로서의 유라시아 개념은 유럽을 별도의 대륙이자 문명 공간으로 보는 통념을 거부하는 것이다. 우리는 흔히 유럽을 독자적인 대륙으로 생각하지만 과연 유럽이 대륙인가라는 의문은 끊임없이 제기되어왔다. 그리고 지질학, 지리학적 측면에서는 이론의 여지가 없이 하나의 대륙이라는 개념이 자리잡아왔다. 단지 문명과 정치 체제적 측면에서 종교와 이데올로기가 개입하면서 유럽이 아시아와 분절된 독자의 대륙이자 문명권인 것 처럼 차별적 우월감을 가지려 했던 것은 분명하다.

위에서도 언급했지만 사실 지리학적 개념으로 볼 때 유럽은 아시아와 단절되어 있지 않다. 오히려 유럽은 독자적 대륙이 아니라 아시아에 연접해 있는 변방 지역이다. 둘 사이에는 커다란 바다도 없다. 큰 반도로 보는 것이 오히려 타당하다. 그러면 왜 유럽은 대륙으로 불리는가. 필자는 유럽이 세계의 주도권을 행사한 이후, 아시아를 오리엔탈리즘으로 비하하면서 유럽문명을 아시아문명과 차별화시켜야한다는 문명사적 강박관념이 지리적 구분에 까지 영향을 미쳤다고 본다. 이런 유럽 우월주의 사고는 좌우를 가리지 않고 유럽 학계의 주된 논지였다. 마르크스의 아시아적 전제주의 개념 또한 이러한 유럽 우월주의 사고의 한 예라고 할 수 있다. 하지만 유럽은 지리적으로 분명히 아시아 대륙과 연이어져 있으며 아시아 문명으로부터 수많은 자양분을 받아 성장한 문명이다. 이 때문에 유럽 우선주의에 대한 저항감 혹은 유럽의 아시아적 회귀를 강조하는 학자들은 유라시아 공간이라는 단어를 사용해 유럽과 아시아의 교류의 역사를 강조하기도 한다. 이들은 유라시아를 서유라시아, 중앙유라시아, 내륙 유라시아, 동유라시아라는 식으로 공간적 일체성 속에서 개별적 특성을 강조하는 구분법을 사용하기도 한다. 대표적인 것이 제레미 다이아몬드가 '총, 균, 쇠'에서 '비옥한 초승달지대 농작물의 서유라시아 확산'이라는 식의 설명을 하는 것, 안드레 군더 프랑크 같은 역사학자가 자신의 저서 '리오리엔트'에서 동서유라시아의 교류를 강조한 것들, 자크 바전이 자신의 저서 '새벽에서 황혼까지 1500-2000'에서 서양 문화사 500년을 설명하면서 유라시아라는 개념을 사용한 것들 등이다. 자크 바전은 특히 자신의 책에서 '유럽의 분열'이라는 단어 대신 특별히 자신이 '서양의 분열'이라는 단어를 사용한 이유에 대해, "유럽은 부정확한 명칭이기 때문이다. 아시아라는 거대한 땅덩어리에서 끊기지 않고 삐죽 튀어나온 반도에 불과한 유럽을 대륙이라고 부르는 것은 어불성설이다. 16세기 혁명에서는 이 반도의 서쪽만 영향을 받았다"고 말하고 있다. 이러한 정통 학자들의 개념은 동시대 많은 지식인들에게 영향을 미쳐 유라시아라는 단어는 소설 특히 미래 과학소설의 영역에서도 등장했다. 대표적인 것이 앞에서도 언급한 조지 오웰의 '1984년'에서 오세아니아(영국, 미국, 호주)와 대치되는 개념으로 등장하는 유라시아 제국이다. 이러한 소설이나 판타지 성 차용은 21세기에도 이어져 각종 컴퓨터 게임 같은 곳에서 유라시아 왕조와 같은 개념으로 유라시아라는 단어가 등장한다. 대표적인 것이 컴퓨터 게임 '지구 시리즈'에서 주요한 파벌중 하나로 등장하는 유라시아 왕조다. (컴퓨터 게임 Earth 2140,2150,2160), 그리고 최근들어 정치경제학적으로는 옛 소련권 국가들을 중립적으로 부를 때 유라시아 국가라는 단어를 쓰기도 한다.

## 역사 속에서 유라시아는 왜 중요한가

그러다면 유라시아는 역사상 어떤 의미를 갖고 있으며 왜 중요한 의미를 갖는 가? 가장 큰 이유는 인류 문명의 주요한 발상이 유라시아 지역에서 시작됐다는 것이다. 지구가 하나의 통합된 역사로서 기능하지 못하던 시절을 제외하고 유라시아는 서쪽 끝과 동쪽 끝 양쪽 모두에서 인류 문명의 기원과 인접해 일찍부터 국가를 형성해왔다. 유럽의 경우 북아프리카와 대륙적 연접으로 인해 아프리카에서 발달한 인류문명 원형을 일찍 전수받았고 아시아의 경우는 중국 등 고대 문명사의 기초를 형성한 지역에서 일찍부터 고대국가의 기능을 담당했다. 그후 중앙아시아 국가들이 역사의 발전단계에서 중요한 중개 교역지대의 역할을 담당했다. 텐산 북로와 텐산 남로를 활용해 중국 및 동유라시아 지역 국가들은 서 유라시아 국가들과 교류했다. 초기 유라시아 대륙의 역동성과 유기적 통합은 유라시아의 중앙 공간을 차지했던 중앙 아시아 국가들이 큰 역할을 담당했다. 앞에서도 언급했듯 이 지역 교류사의 상당 부분은 중앙 유라시아와 신장 등을 근거로 생활해온 오아시스 문명권 국가들의 흥망성쇠와 큰 연관을 맺었다. 기원 전에는 월지, 토하로이(Tokharoi), 쿠샨(Kushan) 등으로 불렸던 종족이 오늘날의 예니세이강과 알타이산맥 인근 분지에서 시작해 중앙 유라시아 고대사의 큰 수수께끼를 만들며 깐수, 신장 등으로 남하하면서 흉노, 사카(saka.塞族·그리스어 스키타이에 해당하는 이란어) 등과 교류했다. 13세기 이후에는 실크로드의 상인 등으로 알려진 중앙아시아 국가들의 중개무역상들이 유라시아의 통합성과 유기적 연계성을 잇는 일등공신이었다. 실크로드의 황금기는 이들 중앙 유라시아 국가들과 중국의 교류가 상업적으로 '윈-윈'의 상태일 때의 기간이었다. 실크로드라는 단어는 19세기 독일의 지리학자 리히트호펜에 의해 처음 사용된 명칭으로 독일어로 명명한 "자이덴슈트라센(Seidenstrassen, 비단길)"이 영어로 실크로드라고 불리게 되었다. 이 길을 따라 동방에서 서방으로 간 대표적 상품이 중국산 비단이었던 데서 명칭이 유래되었지만 실제로는 이 길을 통해 서방의 보석, 옥, 직물 등의 산물이나 불교, 이슬람교와 같은 사상 등이 중국과 동유라시아 지역으로 전파됐다. 요즘에는 학자들에 따라 실크로드를 구분해서 유라시아 대륙을 동서로 관통하는 초원 길, 사막지대의 오아시스 도시를 경유하는 오아시스길, 남중국해와 인도양을 관통하는 바닷길을 모두 가리키기도 하지만 오아시스를 중심으로 연결된 오아시스 로드가 원래의 실크로드라고 할 수 있다. 실크로드와 떼어놓을 수 없는 오아시스 도시들은 인종 중심이 아니라 문화권 개념으로 형성돼 다민족 공존의 생활권 거주 지역으로 기능했다. 이곳에서 동서를 오고가는 대상(隊商 카라반)들은 낙타에게 물을 먹이고 여독을 풀 뿐 만 아니라 상품들을 교환하기도 했다. 하지만 이들과 중앙아시아 지역들은 1498년 유럽에서 인도와 중국으로 이어지는 해로(海路)가 열림으로써 기능이 쇠락한다. 소규모 다품종적 교역의 성격이 바닷길을 통한 대규모 다품종, 대규모 소품종 교역으로 성격이 변해가면서 '세라믹 로드'가 실크로드를 대체하기 시작한 것이다. 또한 당시 유럽의 기독교 문명과 대치했던 이슬람 국가들이 중동지역, 페르시아 지역에서 발흥해 유럽국가들을 옥죄기 시작한 것도 실크로드 및 유라시아 중개지역 문명들의 쇠퇴에 작용했다. 대표적인 것이 1501년 페르시아 지역에 사파비 왕조가 발흥했고 중앙아시아에도 티무르 제국이 강력한 통제력을 행사한 것을 들 수 있다. 1520년 티무르 제국의 멸망은 중앙아시아에 권력 공백기를 발생시켰고 이틈을 타 러시아의 이반 4세는 강력한 남하정책을 추진한다. 티무르 제국 몰락기에 중앙아시아는 아프라시압(사마르칸트)을 중으로 타지크 계열의 민족이 강성했으나 이후 부하라, 히바, 그리고 18세기 코칸드 칸국(汗國)이 세워지면서 3국 시대를 열게 된다. 19세기 중반 러시아는 시베리아로의 급속한 진출과 남쪽 중앙아시아 및 카프카스 지역으로의 팽창을 시도해 19세기 중엽 카자흐 평원을 정복하고 중앙아시아의 3칸국을 복속시킨다. 이에 따라 1868년 부하라 칸국이 1873년에 히바 칸국이 그리고 1876년에 코칸드 칸국이 러시아에 병합됐다. 중앙 유라시아 지역에 경계선이 모호했지만 동유라시아의 강국인 중국과 서유라시아의 강국인 러시아가 직접적으로 국경을 맞대고 충돌을 목전에 두게 된 상황은 이렇게 형성된 것이다. 이후 청과 러시아는 중앙 유라시아와 동유라시아(극동 및 연해주)에서 계속되는 대립을 지속하게 된다. 1868년 중국 신장지방에 청국과의 마찰을 피하기 위한 경계비가 건립되지만 이후 양국의 충돌은 점점 격해진다. 특히 러시아의 중앙 유라시아 지역에 대한 장악은 영국의 인도에 대한 위협이라는 새로운 인식을 런던의 지정학 전문가들에게 각인시켜 러시아가 인도를 침공할 수 있다는 가정하에 영국의 대러 외교노선을 펼치게 했다. 당시는 영국과 러시아가 전 세계적 대립상황을 보이던 상태여서 이러한 영러 대립은 국제정세 그리고 동북아 정세 전체에 영향을 미쳐 영국은 일본의 만주 및 한반도 지역에 대한 욕망추구 행동에 대해 비적대적 태도를 보였다. 실크로드의 정세 변화가 동북아 및 동유라시아 그리고 글로벌 차원의 영향을 미치는 사건은 21세기 들어서도 마찬가지였다. 9·11 테러 이후 미국의 아프가니스탄과 이라크에 대한 침공은 중앙 아시아 지역에 대한 미군의 주둔과 중국의 반발 그리고 러시아의 소극적 대응이라는 다양한 연쇄반응을 일으키면서 글로벌 정세에 큰 영향을 미쳤다. 이러한 사건들은 우리가 중앙아시아 및 유라시아 공간 전체의 유기적 역동성을 무역과 투자 등에서만이 아니라 안보와 외교에서도 주의 깊게 보아야함을 보여주는 사례라고 할 수 있다.

이렇게 중앙 유라시아 국가들은 1868년 이후 중개무역을 통한 독자적 문화를 형성했던 화려한 과거를 마감한다. 실크로드의 국가들은 동쪽으로는 청이라는 제국에 그리고 서북쪽으로는 러시아라는 제국에 복속됐고 앞에서 언급했듯 제정 러시아는 인도·아프가니스탄을 경유해 아시아를 경략하려는 영국과 대립한다. 1885년 영국과 러시아간의 조약체결로 이러한 충돌은 마무리되고 1896년에 가서 제정러시아는 중아아시아를 완전히 정복한다. 이후 이 지역은 소련방에 복속되고 1990년말 까지 역사 속에서 사라진다. 소련의 해체와 중앙 유라시아 지역의 역사적 복귀가 이루어진다. 독립된 5개의 공화국이 역사상 처음으로 근대적 국민국가 개념으로 부활한 것이다.

지난 25여년의 역사는 이렇게 부활한 5개의 중앙 유라시아 지역 국가들의 역사적 복원력과 동서 유라시아 국가들과의 문화적 연대성의 회복, 경제적 상호 보완성의 강화라는 모습으로 나타났다. 특히 과거 실크로드가 비단과 유황 등의 교류였다면 이제는 자원과 투자 그리고 시장의 확대와 경제 통합이라는 모습으로 역동성을 과시하고 있다. 물론 아프가니스탄 전쟁과 그 여파, 이슬람 극단주의의 북상, 마약 루트의 확대 및 이들을 저지하기 위한 국제 공조의 강화 등이 어우러져 여전히 복잡한 모습을 보인다. 하지만 다른 한편에서는 실크로드의 기능, 중개무역과 문화중개지로서의 기능이 살아나고 있고 9·11 이후 에너지 안보 및 테러와의 전쟁이 중요해지면서 수피즘 이슬람이 강한 이 지역이 극단주의 이슬람을 저지하는 방어선으로서도 기능하고 있다. 또한 카자흐스탄 및 우즈베키스탄과 같은 나라들이 OSCE(유럽안보협력회의)에 가입하고 동시에 아시아신뢰구축회의(CICA)와 상하이협력기구(SCO) 등을 형성하면서 유라시아 지역을 유럽에 혹은 동북아에 연동시켜 역동성을 강화하려는 노력들이 나타나고 있다. 특히 중국과 러시아의 연대와 중앙아시아 지역에 대한 미국의 진출 등으로 이 지역의 지정학적 위상이 높아지고 있다. 때문에 향후 인류 역사에서 부활하는 유라시아의 의미가 어떻게 작용할 것인지, 그리고 그 지향점이 어떻게 되어야하는 지는 이 지역 엘리트들과 유라시아 지역 연구자들이 도전할 과제다.

## 러시아 – 유라시아를 지향하는가?

소련 해체 후 옛 소련지역, 특히 러시아인들은 정체성의 위기를 겪고 있다. '현대 러시아는 옛 소련의 상속자인가?'아니면 '제정러시아의 격세유전적 계승자인가?'아니면 '또 다른 신생독립국가일 뿐인가?

이러한 정체성의 갈등 속에서 유라시아주의는 부활하고 있다. 그러나 유라시아주의가 서양과 동양에 대한 대안적 문명체계를 제시하는 데까지 발전할 수 있을지는 시간이 좀 더 필요하다는 생각이다. 러시아인들 사이에서 근대적 민족 정체성 문제는 18세기 이래 특히 19세기에 서유럽과 문화적 대결을 겪으면서 대두하였다. 친슬라브파 논쟁은 그야말로 러시아의 민족 정체성에 관한 논쟁이었다. 이 때 이래 러시아의 민족 정체성 문제는 언제나 '동(東)인가 서(西)인가'라는 물음의 형태를 취했다. 여기서 '서'는 서유럽과 서방 교회(개신교와 아울러 특히 로마 가톨릭)을 의미했다. 반면 유라시아주의가 대두되기 이전의 러시아 지식인들에게 '동'은 기독교 동방 교회 특히 러시아 정교회를 의미했다. 러시아에서 정교회에 대한 충성심과 일체성은 황제권력 및 지배 권력의 권력 공고화 작업과 연관해 매우 중요한 의미를 갖는다. 황제의 마지막 근위대라 불릴 정도로 볼셰비키 혁명의 와중에도 끝까지 보수주의적 황권의 수호대를 자임했던 '까자끄'(영어식 발음으로는 코사크)들은 우크라이나 동부와 시베리아를 개척한 러시아의 동서 경계지역 개척 집단들로도 유명했다. 이들은 다양한 인종과 부족 출신들로 구성되었지만 러시아 황제에 대한 충성과 정교회에 대한 신념을 공유하고 있었고 이러한 문화적 정체성과 충성심이 그들을 단합시키는 주요한 요소였다.

이러한 신념의 소유자들은 정치적으로 다분히 보수적이며 때로는 종교적 수구성과 근본성을 갖는다. 때문에 이들은 데카브리스트들과 같은 자유주의자들과 볼셰비키들과 같은 공산주의자들을 용납할 수 없었으며 오늘 날에는 종교적 보수주의자들과 함께 러시아 푸틴 대통령 및 그 주변 세력들을 지탱하는 버팀목의 역할을 하고 있다.

이처럼 러시아에서는 동과 서 사이에서 자신들의 문화적 정체성을 확립하려는 노력이 끊임없이 전 영역에 걸쳐 진행되어 왔다. 그리고 이는 필연적으로 특정 시대, 특정 지배집단과의 정치적·집단적·종교적·사상적 관계 설정을 어떻게 형성할 것인가와 연관된 끝없는 논쟁과 정체성 혼란 그리고 물리적 대립을 가져왔다. 20세기 초에 이르러 유라시아주의자들은 아시아의 비기독교 문화의 요소들을 러시아 민족 정체성 및 러시아 민족 문화의 한 부분으로 포함시켰다. 그러나 유라시아주의자들이 이렇듯 러시아 문화의 범위를 확대시켜 놓았을 때조차 서유럽 러시아 중심의 '동시대의 현대'와 '현대 문명의 표준으로서의 유럽'에 대한 경향성과 동경은 전시대에 비해 별다른 차이가 없었으며 여전히 강력한 세력을 형성하고 있었다. 현대의 러시아에서도 '동인가 서인가', '러시아인가 서유럽인가'라는 질문은 여전히 영향을 미치고 있다. 단지 시대의 변화와 변화된 국제 관계를 반영해 '중국이냐 유럽이냐' 아니면 '대서양주의냐 유라시아주의냐'는 식의 논쟁으로 용어의 변화 만이 나타났을 뿐이다. 때문에 러시아의 명운과 시대적 소명과 관련해 '유럽과 아시아의 균형자적 역할을 담당하는 유라시아 국가로서의 정체성을 유지해야 하는 것인가?' 아니면 주저함 없이 '동시대의 가장 발달된 정치·경제 시스템인 유럽에 통합되어야 하는가?' 라는 질문은 여전히 치열한 논쟁을 야기하고 있다.

현재 러시아에서 지정학적 중간자 역할을 강조하는 유라시아주의자(비서구주의자)들의 주장이 어느 정도 현실적 영향력을 확보하는 듯한 모습을 보이는 것은 사실이다. 이런 주장은 1990년대 중반 이후 2000년대 초반까지는 러시아의 위기상황과 함께 서방 특히 미국과의 관계에서 실추된 러시아의 위상에 대한 실망감과 어우러졌었다. 하지만 메드베데프의 과도기를 거쳐 푸틴 정권 3기로 넘어간 현재의 모습은 조금은 다르다. 러시아인들은 '힘을 상실하면 제국적 권위도 상실된다'는 점을 강조하는 민족주의적 현실주의 강경론자들의 목소리에 조금 더 경도되는 듯한 모습을 보인다. 남오세티야, 그루지야(조지아)와의 전쟁과 크림 병합, 우크라이나 동부전선 사태 등은 분명 소련말기와 민주 러시아 초기(열친 집권기) 때의 유라시아주의가 관심을 끌던 때와는 다른 모습이다. 최근의 유라시아주의에 대한 관심과 영향력은 러시아 경제의 회복과 국내 정치적 안정, 그리고 강한 러시아의 부활을 외치는 푸틴 세력의 약진과 함께 과거의 향수가 묘하게 결합돼 나타난다. 특히 서방과 러시아간의 저강도 긴장이 계속되면서 유라시아 주의가 현실적으로 힘을 얻는 묘한 결합이 현재 러시아에서 이루어지고 있는 것이다. 그러나 유라시아 국가로서 강대국 지위를 확보해야 한다는 유라시아주의는 지금까지는 러시아의 정책이라기 보다는 재야세력의 애국주의적이고 민족주의적 운동의 성격이 짙다. 물론 이런 경향이 우파 쪽으로 경도하는 중도파까지를 포함할 가능성이 높다는 점에서 결코 무시할 만한 흐름은 아니다. 그렇다하더라도 제국 러시아 시대와 소련시대 때와 비교해 보다 더 축소된 영토와 인구의 신생 러시아가 현실적으로 유라시아 대륙의 지정학적 중간자 역할을 계속 맡을 수 있느냐는 의문은 여전히 유라시아주의의 문제점이자 약점이다. NATO의 동유럽 확대 용인 문제를 둘러싼 서방과의 갈등과 대립은 결국 우크라이나에서 충돌했으며, 아시아·태평양지역에서의 영향력은 중국의 부상과 더불어 축소됐다. 러시아를 중심으로 한 독립국가연합의 통합은 정치적 구호의 차원에 여전히 멈춰서 있다. 관세동맹과 BRICS의 강화 등은 나름대로 경제적 버팀목을 해내지만 그렇다고 해서 서구 경제권을 압도하는 대체적 경제 체제나 거버넌스가 될 수는 없다.

소련이 초강대국이 될 수 있었던 것은 △ 러시아제국의 유산 △ 2차 대전 이후 획득한 영토와 문화, 인구 등에 있어서 구축한 제국적 지위 △메시아적인 동원력을 갖춘 사회주의 이데올로기 △ 경제적 자원의 반 이상을 투여한 막강한 군사력 △ 원자력과 인공위성, 우주과학기술 등 발달된 과학 기술력 등이 작용했다. 그러나 소련붕괴 이후 지금 이 중 어느 영역에서도 러시아는 압도적 우월성의 지위를 차지하지 못하고 있다. 전반적인 군사력의 지속적 붕괴 속에서 유일하게 서방에게 있어 공포의 대상이자 넘볼 수 없는 영역으로 남아있는 것은 핵전력 뿐이다. 물론 푸틴 정권은 러시아 군산복합체의 재편과 군사력 현대화 계획 등을 실시하고 사회의 전 분야에서 신산업화 정책을 추진하고 있다. 하지만 이의 성패에 대한 판단은 다른 문제로 놓는다 하더라도 이는 많은 시간을 요한다. 이에 따라 러시아가 초강대국 지위를 차지했던 소련처럼 될 수 없다는 냉정한 현실론이 공감대를 넓혀가고 있다. 많은 지식인들은 탈냉전 이후 일시적으로 나타났던 미국 주도의 일국적 세계질서는 러시아의 전통적 영향력 상실이 빚어낸 필연적 상황이었으며 그렇다고 해서 이러한 일극적 체제가 지속될 만큼 미국의 제국적 지위가 강한 것도 아니어서 이와 같은 일국적·유일패권적 단극주의는 오래 지속되지 못했다고 말한다. 때문에 안드레이 멜빌 모스크바 국립국제관계대학 교수나 유리 아파나셰프 같은 이들은 제국적 패권이나 영향력 추구와 같은 생각에서 벗어나 오히려 러시아가 유럽에 더 가까이 가야 한다는 입장이다. 멜빌은 필자와의 인터뷰에서"러시아는 유럽과 아시아의 중간적 위치에 있지 않다"며 지정학적 요소가 지나치게 강조되는 것을 경계하면서 오히려 "러시아가 유럽국가로서 영향력을 확보할 수 있을 것"이라고 주장했다. 유럽적 정체성을 강조하는 점에선 역사학자인 유리 아파나시예프도 마찬가지다. 그는 "러시아는 전면적이고도 적극적인 대아시아 정책을 수행하는 유럽국가로서 자리매김 되어야 한다. 러시아의 전략적 발전을 견인해내는 것은 유럽이며 말 그대로 러시아가 유럽국가가 될 때 러시아는 위대해질 것이며 러시아와 함께하는 유럽도 더욱 강대해질 것이다"는 입장이다. 하지만 러시아 학계의 유럽주의적 흐름을 대표하는 이들과 많은 유럽주의자들도 소련 해체 후 한때 형성됐던 미국 주도의 일국적 질서에는 강한 반감을 갖고 있다. 이들 또한 이러한 현상은 일시적이며 다극주의, 다층주의로의 이행이 국제질서나 상황에 더욱 긍정적이며 안정을 가져올 것이라는 입장이 강하다. 중국의 역할을 인정하는 바탕 위에서 다극구조(아파나시예프), 다층적 다극구조(멜빌)를 구축해 다원화된 질서를 구축해야 한다는 생각이다.

중도적 정치노선에서 비유럽적 입장을 견지하고 있는 알렉산드르 파나린 모스크바대 교수도 유럽의 중립적 지위를 선호한다. 그는 유럽이 계속 미국의 영향권에 남을 경우 이에 대한 반동으로 러시아와 중국을 중심으로 한 대항세력이 형성돼 또다시 양극체제가 도래할 것이라고 경고한다. 이런 적대적 양극체제의 성립을 막기 위해선 유럽이 미국에 대해 일정 정도의 자율성을 확보하는 것이 선결과제라고 주장한다. 그의 이런 인식은 러시아 학계의 대외인식에 있어서 동·서 대립구도의 국제정치적 인식이 하나의 흐름으로 면면히 이어져 오고 있음을 확인시켜주는 것이다.

러시아에서 유럽에 대한 사고는 매우 복잡하다. 냉전 종식 후 러시아의 유럽관계는 한동안 고르바초프의 신사고 외교정책의 근간에 기초해 러시아도 서방의 일원이 될 수 있고 유럽은 러시아를 포함한 대유럽으로 변모할 것이라는 기대에서 출발했고 한동안 이러한 흐름이 관철됐다. 하지만 이는 국제 정치에 있어서는 '얄타-포츠담' 체제를 해체하는 작업이기도 했고 당연히 바르샤바 조약기구(WTO)나 경제상호원조회의(COMECON)의 해체와 함께 그 대항체제의 해체 즉 NATO의 해체와 러시아의 EU 가입 등은 이루어지지 않았다. 과거 옛 소련권, 사회주의 진영 국가들의 공간은 대부분 중립국 지위 혹은 중립지대로서의 지위를 원하지 않았고 서유럽이라는 구심력에 급격히 빨려 들어갔다. 이들은 특히 동유럽과 중부유럽 지역에서 서구 진영과 러시아 사이에서 교량역할을 할 생각이 별로 없었고 러시아를 배제한 새로운 서구체제의 확산의 일원이고자 했다. 지난 4반세기 동안 러시아의 유럽에 대한 환상은 이러한 과정에서 서서히 현실의 도전을 받고 그러한 도전 중 하나가 유라시아주의의 득세였던 것이다. 러시아는 '얄타-포츠담 체제'의 해체의 시발이 서구와 소련권이라는 두 진영의 대립적 사고방식과 정책에서 벗어나고자 하는 신사고로부터의 출발할 수 있고 이러한 정치적 선택에 의해 달성될 수 있다는 환상에서 벗어났다. 대외정책의 패러다임 교체에 대한 압력이 코소보 사태 등을 계기로 강화됐고 변화에 대한 압력은 중국과 인도의 부상으로 인해 더욱 공고화하기 시작했다. 러시아 세계경제 및 국제관계연구소(IMEMO)의 알렉산드르 딘킨 소장과 바실리 미헤예프 부소장 등과의 대담 및 인터뷰를 비롯해 필자와 면담한 다양한 러시아 학자들의 견해를 종합하면 러시아는 자신들의 정치적 선택과 자신들만의 변화로는 문명국가들의 공동체에 소속될 수 없다는 사실을 깨닫게 됐으며 이 지점에서 새로운 대외관계 정책을 수립하고 변화하기 시작했다고 말하고 있다. 하지만 그렇다고 해서 이러한 전략의 수정과 대응이 반유럽적인 것은 아니다. 러시아 대외관계 전문가들의 전략에 대한 지향점은 중국의 부상과 중국의 역할에 대한 평가의 정도에 따라 국제사회의 미래를 보는 입장은 약간의 차이를 드러내지만 러시아 지식인의 전통적 흐름인 '유럽에 대한 짝사랑'은 약화되지 않고 있다. 러시아와 중국관계의 미래에 대해서는 뒤에 다시 자세히 분석하고자 한다.

러시아의 유럽주의자들은 유럽과 러시아의 또 다른 대립을 초래할 가능성이 있는 우크라이나 사태에 대해서도 러시아의 현 입장을 이해하면서도 이것이 장기화돼 러시아를 중국이나 이란 쪽으로 접근을 강화하게 하는 동력이 되어서는 안된다는 입장이었다. 이들은 러시아가 미래 세계체제의 한 축으로서 다시 일어서기 위해 "민주화와 경제발전이라는 내부적인 개혁을 최우선 과제"로 삼아야하며 이는 러시아가 유럽과의 협력을 통해서 달성될 수 있다고 말했다. 마찬가지로 글로벌 금융위기 이후 이것이 글로벌 체제 위기로 전염되고 있는 현재의 상황에서 유럽과 미국도 러시아를 잃고서는 문명적 도전과 글로벌 사회의 안정을 유지할 수 없다는 점을 인식해야 한다고 말했다. 유럽과 러시아의 협력과 화해, 미국과 러시아의 협력 확대는 현재 테러리즘과 극단적 종교주의 그리고 글로벌 재균형화의 도전에 직면한 글로벌 사회에서 필수적이라는 것이었다. 이 책을 집필하는 과정에서 만난 많은 러시아 지식인들은 러시아에서 중국의 부상과 미국의 아시아 회귀, 이란 등의 영향으로 러시아에서 유라시아주의가 관심을 받는 것은 사실이지만 이것과 러시아의 현실주의·실용주의적 외교와 신동방정책 등이 반드시 같은 것은 아니라고 주장했다. 이들은 러시아의 냉전 후의 대외정책은 현실주의·실용주의·전통주의를 혼합한 형태로 이해하는 것이 더 효과적이라고 말하면서 글로벌 리더십 위기 속에서 러시아 뿐 아니라 서구 문명이 주도권을 상실하지 않고 지구적 도전에 대응하는 실존적 선택의 옵션은 여전히 러시아와 유럽의 협력 강화, 미국과 러시아의 협력 강화에 있다고 생각하고 있었다.

제2장

# 포스트 냉전기 유라시아의 변화의 흐름과 방향 지정학과 구조

# 제2장

# 포스트 냉전기 유라시아의 변화의 흐름과 방향 지정학과 구조

## ◎ 인류 역사와 국가의 성패를 좌우한 3가지 변화 – 기술, 신 물류루트, 에너지

기술과 새로운 물류 루트, 에너지 그리고 창의적인 정책 아이디어는 그동안 인류의 역사와 국가의 성패를 좌우해왔다. 지중해, 대서양에 대한 지배력에 따라 유럽의 패권이 바뀌고 새로운 물류 루트의 개발과 석탄, 원자력과 같은 신에너지와 기술 도입 정책에 따라 국가의 흥망성쇠가 좌우됐던 예는 역사에만 존재하는 것이 아니다. 지금도 역사적 성패를 가를 수 있는 중요한 일들이 곳곳에서 벌어지고 있다. 문제는 '결정적 시점'과 '결정적 판단'의 흐름을 놓치지 않는 것이다.

1990년 10월 3일 독일의 통일과 1991년 12월 24일 소련의 해체는 냉전을 종식시켰다. 동시에 가상의 공간으로 나누어져 있던 유라시아 공간의 분열과 단절성도 해체됐다. '결정적 시점'에 '결정적 판단'을 내린 독일은 통일을 이룩했고 이후 유라시아 공간의 역동성을 최대한 활용해 국익을 극대화하고 있다. 반대로 일본은 그 결정적 시점에 제대로 된 외교역량을 발휘할 기회를 놓쳐 쿠릴열도 남단 4개섬 문제를 한 치도 진전시키지 못했다. 판단의 근거가 된 정보 자료는 엄청나게 넘쳐났지만 이를 종합해 결정적 순간에 결단을 내릴 리더십이 존재하지 않았기 때문이다. 리더십의 실패와 정보의 실패가 겹친 이와 같은 장면들은 냉전 종식 후 쇠락하는 일본의 국력과 상승하는 독일의 국력 차이가 왜 발생하는 가를 사실상 데자뷰(deja-vu) 형태로 극명하게 보여주고 있다.

지난 4반세기 동안 유라시아 지역의 큰 흐름은 과거 냉전으로 분단됐던 공간이 하나의 역동적 공간으로 재탄생하고 있다는 것이다. 서쪽에서는 유럽연합(EU)의 동진이 빠른 속도로 이루어졌다. 동쪽 끝에서는 아시아 태평양지역의 경제적 역동성에 러시아 극동과 시베리아를 통합시키려는 시도가 이루어져왔다. EU의 동부 파트너십 프로그램, 자유무역협정(FTA) 형식의 경제동맹 추진, 대두만강 개발계획(GTI), 2012년 아태경제공동체회의(APEC)의 블라디보스토크 개최는 이러한 흐름의 한 상징이다. 또 동유라시아와 중앙 유라시아를 연결하는 상하이 협력기구(SCO)와 아시아시뢰구축 및 협력 대화(CICA)도 탄생했다. 1998년의 아시아 경제위기와 2008년 글로벌 경제위기 이후엔 상대적으로 잘 보이지 않던 다른 흐름도 명확해지고 있다. '러시아-중국', '러시아-인도'의 '중앙아시아-중국'의 협력 확대와 러시아 중심의 '관세동맹'과 '유라시아 경제연합체 구성'의 시도 등이다.

유라시아 대륙의 공간 재구성을 통해 국익을 극대화하려는 각국의 전략이 꾸준히 시도되고 경합하고 있는 것이다. 이러한 각축은 중국몽(中國夢), 신실크로드 경제 벨트 전략, 유라시아 이니셔티브 구상, 동시베리아 개발 및 아태지역과의 통합을 강조하는 러시아의 신동방정책 등이 이름으로 나타나고 있으며 경쟁하듯 출현하고 있다. 이러한 각국의 전략은 유라시아 공간에 불어오고 있는 2차 후폭풍을 염두에 두고 있기 때문이다. 소련 해체 후 유라시아 공간에 신생 국가가 탄생하고 분절됐던 유라시아가 다시 '하나의 공간'으로서 역동성을 회복해가면서 나타났던 지난 25여년의 1차 후폭풍이 이제 질적으로 변모하는 결정적인 변환의 시점을 맞고 있기 때문이다.

유라시아 공간엔 최근 고속철도망과 파이프 라인망이 깔리면서 유라시아 내륙과 북방, 남방의 연결이 훨씬 더 촘촘해지고 빨라지고 있다. 세계 물류의 판도를 바꿀 북극해 루트도 열리고 있다. 냉전 종식 이후의 2차 후폭풍이 에너지와 물류 등을 중심으로 유라시아 공간에 불어오고 있는 것이다. 현재 이러한 변화를 가장 잘 활용하고 있는 국가는 중국이다. 중국은 경제, 역사, 안보적 측면에서 유라시아의 변화에 대해 가장 민감한 국가 중 하나다. 중국의 역대 왕조는 중앙 유라시아와 북만주 지역의 변화에 따라 흥망성쇠를 거듭했고 중국의 경제 또한 유라시아의 단일성과 역동성이 강화됐을 때 번창했다. 실크로드와 초원의 길 같은 통상로와 물류망이 정비되고 안정성이 보장됐을 때 중국은 서역과 동아시아를 잇는 교역의 허브이자 생산의 허브로서 번영을 누렸다.

물류 루트의 안정성과 무역 및 교류의 촉진은 과거에나 현재에나 중국의 경제 성장과 연구 개발 능력을 높이는 데 결정적인 요인이다. 특히 현대에 들어서서는 지속 가능한 성장을 위해 에너지와 물류 경쟁력을 확보하는 것이 필수적이다. 이런 점에서 소련 해체 후 중국이 과거에는 접근하지 못했던 유라시아 단일 공간 내의 에너지 허브들인 중앙아시아 및 카스피해 지역 그리고 러시아의 에너지와 자원에 접근할 수 있게 된 것은 의미가 크다. 특히 미국 등 서방 국가의 군사력이 압도적 우위를 점하고 있는 해상 루트가 아닌 유라시아 내부 육상 루트를 통해 공급 받을 수 있게 된 것은 지전략 및 지경학적 측면에서 엄청난 후폭풍을 몰고 올 것이다.

현재 중국은 중국 경제의 성장에 따라 에너지 소비가 급속도로 증가하고 있다. 특히 천연가스를 비롯한 청정 에너지의 소비는 환경 문제 및 장기적 국가 산업의 변환과도 연결되어 있어 전략적으로도 매우 중요하다. 중국의 천연가스 소비량은 2015년에 현재보다 1,000 억$m^3$ 정도 증가 할 전망이다. 이 때문에 중국은 국내 간선 파이프라인 및 LNG 수입 기지, 천연 가스 지하 저장 등의 인프라 정비를 빠른 속도로 진행하고 있다. 중국은 필요한 에너지를 주로 중앙아시아와 신장 등 중국 서부, 그리고 미얀마 등지에서 수입·충당하고 있다. 중국은 이들 지역에서 생산한 천연가스를 상하이 등 동부와 광동, 푸젠 등 남부 연해 지역에 공급하는 파이

[그림 12] 중국의 가스 소비량의 지역적 차이와 수입구조 및 중앙아시아와의 연계도

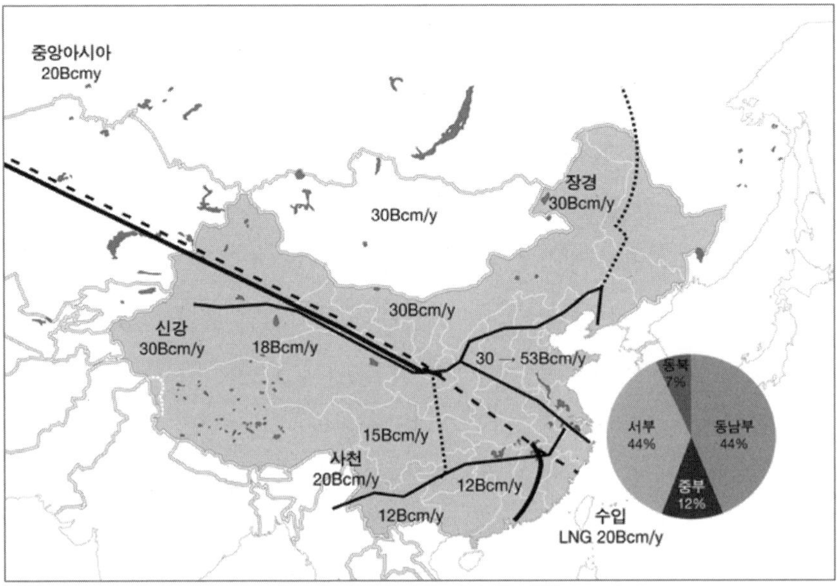

프라인 건설 및 파이프라인의 상호 연결을 추진해 효율성 증대에도 노력하고 있다. 현재 중국의 Petro China는 천연 가스 파이프라인 사업에 2013년 10조원 안팎을 투자해 연 4,000 km라는 믿을 수없는 속도로 파이프라인을 건설하고 있다. 아래의 그림에서도 알 수 있듯 중국은 중앙 아시아로부터 2012년에 200억$m^3$/년 정도의 천연가스를 공급받았지만 2013년 9월 투르크메니스탄의 갈키니쉬(Galkynysh · 남욜로탄) 가스전 1기 (250억$m^3$/년)의 생산이 시작되면서 중앙아시아의 공급 여력도 확대되고 있어 수입량은 앞으로도 계속 증가할 전망이다.

유라시아에서 과거에는 볼 수 없었던 이러한 대규모 에너지 협력이 나타나는 것은 역사적으로 뿌리가 깊은 실크로드(비단길)가 이제 '에너지로드'로 변환하고 있으며 유라시아 지역의 역동성과 통합성이 가치 사슬(value chain) 및 경제적 분업구조를 통해 확대될 수 있음을 예고하는 것이기도 하다. 또한 하나의 대륙으로 엮여 있는 유라시아의 지리적 특성으로 인해 카자흐스탄, 키르기스스탄, 우즈베키스탄, 투르크메니스탄, 타지키스탄과 같은 내륙 유라시아 국가들(중앙아시아 국가들)이 점점 더 중국과 가까워질 것임을 의미한다. 또한 중앙아시아의 미래와 관련해 이들 국가들이 중국과 러시아와 점점 더 긴밀해지고 경제적 의존관계의 구조도 강화될 것임을 의미한다. 실제로 지난 20여년의 독립 이후의 역사는 이들 국가들이 비록 소련에서 독립해 역사상 처음으로 '영토-민족' 단위의 근대국가 체제로 독립을 유지했다 하더라도 중국과의 역사적 전통적 유대관계를 재복원하는 한편, 다른 한편으로는 한 때의 '지배-피지배' 혹은 '주도-변방' 관계의 우열에 대한 소원함 보다는 점점 더 러시아와 긴밀하고도 새로운 협력 관계를 형성할 것임을 보여주고 있다. 때문에 '러시아-중앙아시아-중국' 관계의 미래는 이러한 긍정적 에너지와 방향을 되돌릴 이슬람 극단주의와 같은 특이하고도 급작스러운 변수의 출현과 그에 대한 억제력의 상실이 동시에 초래되지 않는 한 크게 보아서는 긍정적으로 진행될 것이다. 지난 20여년의 유라시아 공간의 흐름은 이러한 예측이 큰 틀에서 올바른 것임을 입증하고 있다. 소련 해체 후 한동안 세계는 유일 초강대국 미국의 '팍스 아메리카나'의 재출현을 목도했으며 이의 지속 가능성에 대한 의심을 거의 품지 않았다. 하지만 이러한 예측은 테러와의 전쟁과 국제 고유가, 그리고 글로벌 금융위기 등을 겪으면서 전혀 현실적이지 못한 것임이 드러났고 이제는 글로벌 초강대국의 부재(G0시대)에 의한 진공 상태에 대한 불안감을 강조하는 분석들이 나오고 있는 상황이다.

이 기간 유라시아 공간에서 일어난 큰 변화 또한 이러한 흐름과 다르지 않다. 중앙아시아 지역과 중국, 러시아는 역사상 처음으로 '테러와의 전쟁'을 자신들의 뒷마당과 턱밑에서 겪으면서 냉전적 적대국이자 반공산주의 군사동맹체였던 북대서양조약기구(NATO)의 핵심 행위자인 미군과 나토군이 유라시아 공간 내부, 중국 국경의 서쪽과 남쪽에 진출하는 모습을 지켜보아 왔다. 일부에서는 이러한 나토의 동진과 미군의 중국 국경 서쪽 지역에 대한 출현의 영속성을 강조하기도 했지만 미국의 아프간 전쟁 및 이라크 전쟁에서의 실패 등의 모습이 보여주듯 불과 10여년 만에 이러한 예측은 점점 더 힘을 잃어가고 있으며 오히려 유라시아 내 중국, 러시아의 영향력 복원이 더 두드러지고 있다. 결국 유라시아 공간의 운명은 유라시아 대륙 내 세력인 러시아와 중국의 영향력 및 관계 그리고 유라시아 신흥 독립국들의 활용 및 대응 능력에 달려있다고 할 수 있다.

이러한 측면을 십분 활용해 중국은 중앙아시아 지역 국가들은 물론이고 러시아와의 협력에 적극적이다. 특히 에너지, 군사 기술, 금융 등 전방위적인 측면에서 협력을 강화하고 있다. 2000년 이후엔 국제적 에너지 수급 및 필수 자원의 원활한 수급구조의 구축이 중국의 지속가능한 성장과 안정에 도움이 된다는 판단을 굳히고 러시아와의 에너지 및 자원 협력에 박차를 가하고 있다. 이러한 속도와 협력의 전방위성은 셰일 가스 혁명으로 인한 국제 에너지 시장의 변화에도 불구하고 계속해서 진행되고 있다. 이러한 모습은 지난 2014년 5월 상하이에서 열린 블라디미르 푸틴 대통령과 시진핑(習近平) 중국 국가주석 간의 회담에서도 확인된 바 있다. 당시 발표된 성명을 보면 러시아는 2018년부터 30년간 중국에 연간 380억㎥의 천연가스를 공급하고 700억 달러를 투자해 동부지역의 천연가스를 중국으로 수출하기 위한 새로운 파이프라인을 건설하기로 했다. 또 인터넷 등 첨단 분야에서도 양국의 협력을 강화하기로 했다. 동시베리아 석유의 대중국 수출이 이미 이루어지고 있는 상황에서 나온 중국과 러시아의 이와 같은 에너지 밀월과 첨단분야의 협력 강화 선언은 앞으로 양국의 경제적 상호 협력이 더욱 강화될 것이며 서방의 대중, 대러 고립전략이 효과를 보기에는 상당한 현실적 난제가 있음을 보여주는 것이다.

유라시아의 동쪽과 서쪽의 방대한 영토를 확보하고 있는 중국, 러시아는 유라시아 대륙이라는 단일한 대륙의 지리적 인접국이자 서방의 고립전략을 무용화시킬 만한 시장과 자원의 상호 보완성을 가지고 있다. 여기다 안보적 측면에서도 그리고 국제정치적 측면에서도 서방과 견줄 군사력과 외교력을 가지고 있다. 유라시아의 두 거인의 이와 같은 접근과 밀월은 냉전기 때 두 나라의 갈등과 이로 인한 틈새를 통해 대소 봉쇄정책을 성공시켰던 지난 세기의 대유라시아 전략의 변경이 불가피함을 보여준다. 물론 이와 같은 중러 밀월의 지속 가능성에 대해 회의적인 시각들도 있다. 셰일 가스 등 대체 에너지와 서방과 중국, 서방과 러시아간의 상호 의존성이 중국 러시아의 상호 의존성 보다 더 강력하거나 크다는 주장들이 그것이다. 하지만 이러한 발전의 모습과 달리 중러간 상호보완성과 유라시아 대륙의 역동성 그리고 오랜 역사적 전통의 복원성은 서방의 희망과 달리 중러간 갈등의 모습이 그렇게 강력하게 작동하기 보다는 오히려 협력의 모습이 더 강화될 것임을 보여주는 그림이 더 많다.

중국과 러시아의 밀월의 지속성을 담보할 협력 요인의 한 측면은 양국 지도부와 엘리트 간의 오랜 친분이다. 지난 2014년 5월 푸틴의 방중시 푸틴의 행보는 그런 측면에서 중러간 엘리트 유대의 한 측면을 보여준다. 당시 푸틴은 시진핑과의 정상회담과 별도로 장쩌민(江澤民) 전 중국 국가주석과도 환담을 가졌다.[12] 시진핑이 주석직 취임 후 최초로 방문했던 외국이 러시아였고 그에 대한 답방 형식으로 그의 주석직 취임 후 이루어진 최초의 방중 정상회담이라는 상징성이 강한 상황에서도 푸틴은 시진핑과 갈등 관계에 있는 중국 석유방(石油幇)의 후원자인 장쩌민을 만난 것이다. 잘알려져 있듯 중국 에너지 산업계를 장악하고 있는 석유방은 저우융캉(周永康) 전 정치국 상무위원 겸 정법위 서기가 대표적인 인물이다. 그는 시진핑 등장 후 부패 혐의로 조사를 받고 있고 이로 인해 저우융캉의 '후견인'으로 알려진 장 전 주석과 시진핑의 관계도 삐걱거리고 있다는 관측들이 난무하고 있던 상황이다. 그런데 이런 시점에 푸틴이 장쩌민을 만난 것이다. 은퇴한 중국 지도자가 그것도 현 국가 원수가 사정의 칼날을 겨누는 산업계의 후원자가 외국의 현직 국가 원수를 만나는 것은 중국 뿐 아니라 국제 외교계에서도 매우 이례적인 일이다. 당시 중국 언론들은 87세의 고령인 장 전 주석이 푸틴과 회동한 것은 중국 공산당 내

12) 'Встреча с Цзян Цзэминем', 20 мая 2014 года, 13:00 Шанхай http://news.kremlin.ru/news/21049

부의 권력투쟁과 관련해 시진핑(習近平)을 비롯한 신임 지도부에 대해 건재를 과시하는 한편 국내 정치계에도 메시지를 전하려는 것이라는 해석들을 내놓았다. 하지만 이러한 의도를 당연히 알고 있을 러시아의 푸틴 대통령이 장쩌민과 회동한 것은 다른 목적이 있었다는 분석들도 있다. 즉 장쩌민-푸틴 회담은 양국 간 정상과 양국 엘리트간 친밀성과 양해가 전제되지 않고는 시도가 어려운 일로서 양국의 깊은 유대 관계를 과시하는 것이라는 분석이다. 이런 점을 과시라도 하듯 장쩌민은 푸틴을 만나자마자 러시아어로 "어떻게 지내느냐, 별일 없죠?"(Как дела?)라고 반갑게 인사했고 푸틴도 러시아어로 "감사하다. 아주 잘 지낸다, 다 좋다"(Спасибо, всё отлично!) 라고 답하면서 친분을 과시했다.[13)] 서방과의 갈등으로 인해 에너지 수출 지역 다변화 압력에 직면한 러시아 입장에서는 중국 석유산업을 움직이는 장쩌민과의 관계를 과시하는 것이 손해 보는 일은 아니다. 러시아는 셰일가스 및 알제리 가스 등의 경쟁력 증대로 인해 장기적으로 극동 및 아태 지역에 대한 판로를 개척하고자 한다. 특히 동시베리아 및 사할린 등지의 신규 가스전 등이 글로벌 천연가스 수입 1, 2, 3위를 차지하는 중국, 한국, 일본과 지리적으로 가깝게 위치하고 있다는 점도 이러한 전략적 입장을 가능케 하고 있다. 하지만 중국의 Petro China는 중국 정부의 가격 통제로 천연 가스 사업이 적자인 상황이다. 베이징 등을 강타하고 있는 대기오염과 환경에 대한 중국 국민들의 불만감의 증대, 천연가스에 대한 수요 증가 등이 문제이기는 하지만 Petro China의 입장에서는 정치적인 판단에 의해 시급히 계약을 체결해야 되는 상황이 아니라면 러시아와의 대량의 가스 매매 계약을 지연시키고 싶은 상황이다. 여

13) 'Встреча с Цзян Цзэминем', 20 мая 2014 года, 13:00 Шанхай http://news.kremlin.ru/news/21049

기다 중국은 중앙 아시아와의 가스 협력을 추진하면서 중국향(向) 가스 공급원인 중앙아시아의 가스전 개발 및 연결 파이프 라인 사업에 참여하고 있지만 러시아는 가즈프롬의 독점을 훼손하는 이러한 참여를 허용하지 않고 있다는 점도 협상의 장기화를 불러왔다. 이 때문에 중국과 러시아의 수뇌부가 중국 개발 은행에서 가즈프롬(Gazprom)의 대출을 선지불하고 이와 연동해 Petro China의 수입 가스 가격을 겉으로 인하해 주는 듯한 모습을 띄는 형식으로 타협을 했다고 볼 수 있다.

하지만 모스크바와 베이징, 그리고 서울 등에서 접촉한 중국과 러시아의 정통한 소식통들은 필자에게 양국의 가스 협상은 겉으로 알려진 것과 다르게 중국 측의 입장에서도 매우 긴급히 요구되는 측면이 있었다고 말했다. 즉 베이징을 비롯한 동부 지역의 환경 오염 문제가 점점 정치적 이슈가 되어가고 있다는 점도 매우 중요하다는 것이다. 여기다 주석 직을 놓고 시진핑과 권력 쟁탈전을 벌였던 보시라이 전 충칭시 서기 세력 중 하나인 저우양캉이 중국 석유방의 핵심 인사이며 석유 및 에너지 이권 사업이 이들의 큰 돈 줄이라는 측면도 작용하고 있다는 것이다. 특히 중앙아시아 가스는 이 가스의 주 소비지역인 중국 동부 지역으로 공급하기 위해서는 장거리 수송이 필수적이다. 이는 러시아 서시베리아에서 도입할 알타이 가스 파이프라인과 경합의 성격이 강하고 경쟁력도 약하다. 때문에 이는 중국의 중앙아시아 및 유라시아 전략 관점에서 볼 때 정치적으로도 매우 민감하다는 것이다.

푸틴과 장쩌민의 회동 이전에 푸틴-시진핑이 합의 발표한 에너지 관련 성명 내용은 이러한 배경을 갖고 나온 것이다. 때문에 "러시아는 2018년부터 30년간 중국에 연간 380억㎥의 천연가스를 공급하고 700억 달러를 투자해 동부지역의 천연가스를 중국으로 수출하기 위한 새로운 파이프라인을 건설하기로 했다"는 공동 성명 후 푸틴이 장쩌민을 만난 것은 다양한 추측과 배경에 대한 관심을 불러일으켰다. 결국 중국과 러시아는 양자의 필요에 의해 이러한 합의를 상하이에서 발표해 서로 이득을 챙겼다는 분석이다. 물론 러시아의 크림 반도 합병이 이루어진 직후의 일이기 때문에 유라시아의 두 강국의 유대감의 과시가 필요했다는 분석도 가능하다. 하지만 시진핑 및 장쩌민과의 회동, 그리고 시진핑의 권력 숙청과 중국 에너지 마피아(석유방)에 대한 단죄 및 세력 재편 등 일련의 흐름을 보면 이 문제는 그렇게 간단하게 분석될 일은 아닌 것이 확실하다. 때문에 장쩌민과 푸틴의 회동은 상하이를 주목하고 있던 면밀한 관찰자들의 큰 관심을 끌었다. 당시 양자 회동을 보도한 러시아 언론에 따르면 이날 회동에서 푸틴 대통령은 중·러 관계 발전을 위한 장 전 주석의 노력에 감사를 표하고 현 중국 지도부도 그러한 방침을 계속 계승해 나가야 한다고 강조했다. 또 "양국 간에는 어떤 모순도 존재하지 않는다. 오히려 실현할 수 있는 계획이 많다"고 강조했다.

중국과 러시아 사이의 세기의 계약으로 불리는 천연가스 공급 합의는 그 파장이 앞으로 계속될 것이다. 특히 이 계약에 따른 물량 공급이 실제로 이루어지는 2019년 이후에는 한국과 일본, 중국 등 아시아 국가들이 부당하게 부담해온 중동산 가스나 석유에 대한 아시아 프레미엄은 사실상 종언을 고할 가능성이 크다. 이 때문에 이 계약을 좀 더 심도 있게 분석해 볼 필요가 있다.

## 러시아와 중국간 가스 협정이 의미하는 바와 동북아에 미치는 파장

위에서도 언급했듯 푸틴과 시진핑은 우크라이나 사태가 진행 중인 가운데 2014년 5월 20일 상하이에서 정상회담을 가졌다. 당시 두 사람은 경제 안건을 중심으로 46개의 합의문을 체결했다. 하지만 가스프롬과 CNPC간 천연 가스 공급에 관한 합의는 정상회담 당일 마무리되지 못했다. 합의는 모든 관계자들이 초초하게 밤을 지새운 후 5월 21일 새벽 4시에야 나왔다. 8 년여를 끈 협상의 막바지 답게 마라톤 협상으로 밀고 당기기를 몇 차례 반복한 끝에 새벽이 되어서야 가까스로 합의가 이룩된 것이다. 이로써 2006년 양국 정상 간에 가스 공급에 대한 합의를 이룩했던 기본 합의 이후 8년간에 걸친 협상이 마무리됐다. 이날 발표는 유라시아 지역에서 중요한 의미를 갖는 초국경간 에너지 협력이 얼마나 민감한 이슈이며 복잡한 정치·경제적 셈법이 필요한 지를 잘 말해준다. 협상 기간 만도 8년이 흘렀고 기술적, 세부적 이슈를 둘러싼 양국 전문가들의 한 치 없는 전문성 대결과 협의가 지속됐다. 하지만 러시아와 중국은 이 협상을 마무리했다. 기본 합의가 이루어진 게 2006년이었고 필요성에도 다 동감했지만 가스 공급 가격 및 중국 측의 선불금 규모 때문에 지리한 협상이 이어졌다.이 협상의 세부 내용과 이면에 관한 사항은 사실 별로 알려진 것이 없다. 하지만 한국이 앞으로 러시아와 가스 도입 계약을 맺을 것이고 남북러 파이프라인 건설 등도 계획하고 있어 가급적 자세한 내용을 살펴볼 필요가 있다. 아래 사항은 러시아, 중국 측이 발표 내용과 관련 보도 그리고 필자가 취재한 내용 등을 종합한 것이다.

중국과 러시아의 가스협정 체결 후 발표된 내용은 다음과 같았다. 가스 공급량은 380억 m$^3$/년이며 공급은 2018년~2020년 사이에 개시하고 기간은 30년간이다. 가스 공급원은 동시베리아의 차얀다(Chayanda) 및 코빅타(Kovykta) 가스전이다. 또한 공급 경로는 동부 루트(동부 가스 노선)로 '시베리아의 힘'(씰라 시비리, Power of Siberia) "파이프 라인을 통해 블라고베센스크(Blagoveshchensk)와 아무르 강 건너 헤이허(Heihe)를 경유해 중국 동북 지방(그림 1참조)으로 이어지는 것이다. 계약은 석유 및 석유제품 연동 가격으로 장기 합의 금액 방식인 'take-or-pay' 방식이며 가스프롬에 대한 중국 측의 선불금은 양사 간 합의에 따라 이번에는 발표하지 않았다. 투자액은 770억달러 규모이고 러시아 측이 가스전 개발, 파이프라인 건설, 컴프레서 설치 등에 $550억을 중국 측이 $220억을 투자하는 것으로 되어있다. 공급 총액은 4,000억$이며 공급 가격 역시 양사 합의로 공표하지 않기로 했다.

이번 협정은 우크라이나 사태로 서방의 대러시아 제재가 논의되는 와중에 이루어졌다. 때문에 정치적 고려가 크게 작용했다는 평가가 많았다. 하지만 협상 조건과 이후 알려진 가격 내용 등을 분석한 전문가들은 중국과 러시아가 유라시아내 협력의 강화 필요성에 대한 전략적 고려를 우선시 했지 우크라이나 사태와 연관된 경제 제재에 대한 정치적 고려는 큰 영향을 미치지 못했다고 평가했다. 중국과 러시아는 이미 1년 여 전 합의의 막바지 단계까지 이르렀으며 이번 합의는 당시의 합의 내용과 크게 다르지 않은 것으로 알려졌기 때문이다.

일부 분석가들은 경제 제재에 몰린 러시아가 중국과 협상을 서둘러 가격에서 많은 양보를 하지 않았을 까 하는 추측을 했다. 하지만 나중에 알려진 가격에 따르면 러시아가 중국에 그렇게 양보를 한 것은 아닌 것으로 보인다. 러시아 전문가들은 러시아는 자신들이 경제 제재를 우려해 중

3국에 양보를 했다는 인상을 주게 되면 약점을 노출하게 되고 이는 추가 제재를 불러올 수 있다고 생각해 협상을 서두르지 않았으며 당연히 양보도 없었다고 주장한다.

이는 결국 가스 공급가격의 수준에 달려있는 데 현재 알려진 가스 가격들은 양측이 공식적으로 밝히지 않기 때문에 정확하지 않다. 일부에서는 \$350/1,000m$^3$(\$9.7/MMBtu)라고 보도되고 있지만 이는 단순히 계약의 총금액을 공급 기한과 연도별 공급량을 감안 해 계산한 것이다. 즉 \$4,000억 ÷ (380억 m$^3$/년×30년) = \$350.9/1,000m$^3$이런 식으로 구한 것이다. 하지만 이런 식의 계산 법은 논리적이지도 현실적이지도 않다. 러시아의 생산량과 공급량이 계약 첫 해부터 최고 능력단계(full capacity)가 될 수 없기 때문이다. 러시아의 많은 전문가들은 최고 능력단계에 이르러 합의한 연산 380억 m3이 되려면 통산 가스 생산 개시 후 3-4년이 걸릴 것으로 보고 있다. 이 때문에 투자컨설팅회사인 르네상스 캐피탈(Renaissance Capital) 등은 가스 가격이 \$370-380/1,000m$^3$(\$10.2~\$10.5/MMBtu)정도가 될 것으로 전망하고 있다. 이와 관련 러시아의 경제지 베도모스티(Vedomosti) 는 협상에 참여한 소식통을 인용해 최초 5년간 생산할 양이 820억 m3이며 6년째부터 연간 380억 m$^3$가 될 것으로 예상한다고 전했다. 이러한 내용을 기초로 하면 양국의 총 계약 가스량은 1조 320억 m$^3$이며 가격은 \$4,000억 ÷ (820억 m$^3$ + 380억 m$^3$/년 × 25년) = \$387.6/1,0000m$^3$(\$10.7/MMBtu)로 추정할 수 있다.

가격이 중국과 러시아간에 타결된 세기의 협상의 핵심적 쟁점이었기 때문에 가격과 관련한 추측은 매우 다양하게 나왔다. 러시아의 Investcafe는 \$350-370/1,000m$^3$으로 추정했으며 블룸버그(Bloomberg)통신은 2명의 러시아 정부 관리를 익명으로 인용해, CNPC에 대한 기본 가격(base price)

은 $360/1,000m³($10.0/MMBtu)라고 전했다. 블룸버그는 특히 이 소식통 중 한명이 이러한 공급가격은 러시아가 2013년 독일에 공급한 가격의 평균인 $366/1,000m과 근사한 값이라고 말했다고 전했다. 그동안 전문가들은 러시아가 동시베리아 가스 개발을 통해 얻을 적정 마진과 추진의 경제성 등을 감안하면 공급 가격은 $360-$370/1,000m³ 정도가 되어야한다고 전망해왔다.

가스 가격 협정에서 초조함을 느낀 쪽은 러시아 뿐 아니라 중국도 마찬가지였다. 중국은 갈수록 심각해져가는 대기오염, 급등하는 국내 가스 수요로 인해 공급 협상을 계속 미룰 수 없었던 측면이 있다. 당시 협상의 또다른 현안은 중국의 선지불금이었다. 중국의 선불금에 관해서는 "중국에서 러시아로 $250억의 선금 지불의 스케줄에 관한 협정은 2014년 9월에 체결될 가능성이 있다"와 러시아의 정부 고위 관리의 말을 전하고 있다. 선불금이 가스 가격에 더욱 영향을 미칠지 여부는 불명이다. 한편 중국의 한 고위 관리는 익명을 조건으로 "가스프롬과 CNPC와 금전적 조정으로 CNPC측의 계산에 의하면 가스 공급 가격은 $350/1,000m³가 된다"라고 말했다. 중국은 투르크메니스탄 등 중앙아시아에서도 가스를 수입하고 있는 데 이번에 합의한 가격과 비교해 보면 이번 가격, $360-387/m³ 즉 1천$(10.0~10.7/MMBtu)은 중국이 중앙 아시아 국가로부터 수입하는 가스 가격과 비슷한 수준으로 합리적 이라는 평가를 하고 있다.

중국은 투르크메니스탄에서 가스를 수입해 신장 위구르 자치구의 국경 마을 Korgas를 통과해 유통을 시키는데 이 지역 통관 통계 기준으로 2013년의 평균치가 $386/1,000m³이다.

때문에 중국과 러시아가 이번에 합의한 동부가스루트의 가스 가격이 비슷한 것으로 평가된다. 이 때문에 이번 합의에 대해 IHS Energy는 최종

합의된 가격은 중국이 원했던 것보다 러시아가 바라던 수준에 가깝다고 했다.

이번 합의는 ① 동북아의 천연 가스 가격 형성에 영향을 미치는 아시아 프리미엄 해소의 계기가 되고 ② 동시베리아 가스전 개발을 추진해 ③ 한국 및 일본, 중국 기업의 대러시아 투자 기회가 늘어나고, ④ 한국, 일본에 대해서도 파이프 라인(PNG)를 활용한 러시아산 가스 수입의 논의를 촉진할 것이다.

## 서부 가스 노선에의 영향

비록 8년을 끌었지만 러시아는 동부 가스 노선을 통해 중국이라는 최대 시장을 안정적으로 확보했기 때문에 이제 다음 수순은 서부 가스 노선에 관한 협상이라고 할 수 있다. 사실 2006년 3월 푸틴 방중 때부터 논의됐던 중러 양국간 가스협력에 관한 기본 합의는 두가지 노선 모두를 포함하고 있었다. 당시 양국은 동부 가스 노선을 통해 380억 $m^3$, 서부 가스 노선을 통해 300억 $m^3$을 러시아가 중국에 공급한다는 것이었다. 서부 가스 노선은 러시아 알타이 공화국 바로 북쪽의 케메로보 주의 프로스코보(Proskokovo)에서 100km의 송유관을 부설하면 되기 때문에 경제성 및 시간 절약 차원에서도 매우 유용한 것으로 판단되었다. 특히 이러한 서부 노선은 서시베리아 가스전에서 가스를 수송하기 때문에 자원공급 여력이 충분하다. 때문에 러시아는 서부 가스 노선을 처음부터 우호적으로 생각하고 이의 현실화를 가급적 서두르고자 했다. 특히 서부 가스노선은 중국이 투르크메니스탄으로부터 도입하기로 한 가스 보다 먼저 공급을 결정할 수 있다면 중앙 아시아산 가스가 중국에 공급되기 이전에 시장 선점을 할 수 있고 장기적으로 유라시아 에너지 공급망 및 공급 물량에 대한 통제를 러시아가 좌우할 수 있기 때문이다.

중국의 입장에서도 투르크메니스탄 등 중앙아시아 가스는 신장 위그르 자치주를 거쳐야 하는데 이 지역은 가스를 자급자족 하고 있기 때문에 동부 지역까지 공급하지 않고는 가스 소비처를 찾을 수가 없다. 특히 타림 분지에서 생산된 가스의 경우 생산 및 공급가가 중앙아시아 및 러시아에서 수입하는 것보다 훨씬 저렴하기 때문에 중앙아시아 가스가 현재로서는 그렇게 큰 매력이 있는 것은 아니다. 현재 중국내 타림분지 생산가는 3$/MMBtu, 상하이 공급가 7$/MMBtu, 상하이 소매가 16$/MMBtu이다.[14] 때문에 서쪽의 가스를 동쪽으로 수송해 연료로 사용한다는 서기동수(西氣東輸) 계획이 입안되어 있지만 그 세부적 내용을 따지고 들어갈 경우 복잡한 현실이 숨어 있는 것이다. 중국의 입장에서는 중앙아시아 가스와 달리 러시아 가스는 러시아의 알타이 산맥을 넘어 들여오면 동부 지역에 대한 접근 및 판매에 훨씬 유리한 측면이 있다. 때문에 중국은 기본적으로 중앙아시아 가스 노선 보다는 동부 가스 노선에 대한 관심이 더 높다. 하지만 PM2.5문제로 대표되는 동부 지역 및 중국 공업지역의 대기 오염의 심각화를 감안한다면 향후 가스 수요 및 소비가 기하급수적으로 늘어날 수가 있다. 이 때문에 중앙아시아 및 서부 가스 노선을 통한 추가 가스 도입은 당연히 이루어질 것이다. 그리고 이 경우 서부 가스 노선에 대한 공급 물량 등을 놓고 러시아와 중국, 중국과 중앙아시아, 그리고 러시아와 중앙아시아 국가간 이해의 대립이 매우 첨예하게 나타날 것이다.

가스 공급 계획과 연관해 또 다른 이슈는 파이프라인 부설과 관련한

---

14) '中国の天然ガスパイプライン整備の現状と計画', JOGMEG, 2013.6.21 보고서 참고

것이다. 러시아는 파이프라인에 대한 외국 기업의 접근을 거부한다. 건설도 비슷하다. 하지만 중앙아시아 국가들은 중국의 장기 수급 물량 보장 및 선융자금의 압력에 밀려 중국 기업의 파이프라인 건설 에 대한 접근을 허용하고 있다. 그러나 러시아는 여전히 이에 대해 거부감이 강하고 실제로 현재까지는 중국 기업들이 러시아 국경 지역 내의 공사에 참여할 가능성은 없는 것으로 알려져 있다. 파이프라인 공사는 가스전 개발 완료 이전에 완성되어야 한다. 러시아와 중국의 가스 공급 계약에 따르면 중국에 대한 가스 수출은 2019년 무렵 시작할 예정이지만 어느 한쪽의 재량에 따라 2년 유예할 수도 있다. 건설 사업이 당장 시급하다는 이야기다. 현재 러시아산 가스 공급 파이프라인 건설과 관련해 러시아의 대형 3개 건설사인 스트로이가스몬타주(Stroigazmontazh), 스트로이트란스가즈(Stroitransgaz), 스트로이가스컨설팅(Stroigazconsulting)이 사전 자격 심사를 받고 있다. 그런데 이중에서 스트로이가스몬타주((Stroigazmontazh)의 경우는 오너인 아르카디 로텐베르그(Arkady Rotenberg) 및 그의 동생 일가가 소유한 회사 및 은행 2개가, 그리고 스트로이트란스가스(Stroitransgaz)의 경우는 오너인 겐나디 팀첸코(Gennady Timchenko)가 우크라이나 사태의 후폭풍으로 인해 서방 측의 제재 대상에 올라있어 변수가 될 수도 있다.

파이프라인 건설비용도 장기적 측면에서 관심을 끈다. 2014년 7월 9일 세르게이 이바노프 (Sergei Ivanov) 러시아 대통령실 행정실장은 베이징에서 '시베리아의 힘' 가스관 건설비는 $600-$700억이 될 것이라고 말했고 알렉산드르 노박(Alexander Novak)에너지부 장관은 2014년 5월 22일 중국과의 계약 체결 시에 파이프라인 및 이에 부수하는 인프라 건설 투자액에 대해서 $550억이라고 말한 바 있다.

## ◎ 동북아 시장에 대한 영향

중국과 러시아의 가스 계약에 대해 국제사회가 관심을 갖는 이유는 이 거래가 단순히 양국간 에너지 거래가 아니기 때문이다. 이 거래는 국제사회 특히 중동 국가의 대아시아 가스 및 에너지 시장 가격 형성에 직접적인 영향을 미친다. 지금까지 아시아 국가들은 유럽 및 다른 중남미 국가들에 비해 배럴당 1-2$ 정도 씩 비싼 가격으로, 일명 아시아 프레미엄이라는 이름으로 비싸게 에너지를 수입해왔다. 이러한 불리함을 딛고도 아시아의 동북아 3개국, 한국, 중국, 일본이 산업 경쟁력을 확보해 온 것이다. 하지만 이번 중러 에너지 협정으로 인해 이러한 아시아 프레미엄 가격은 종언을 고할 날이 멀지 않게 됐다.

지난 2014년 2월 아시아 태평양 지역에 대한 LNG 현물 가격은 $19.70/MMBtu이었다. 통상적으로 LNG가격이 $15/MMBtu 안팎이었던 것을 감안하면 이는 기록적인 수준이다. 그런데 중국과 러시아는 동북 아시아 시장에 $10/MMBtu대 가격의 가스를 연간 380억 $m^3$(LNG로 따질 경우 연간 2,770만 t)를 공급하는 협정을 맺은 것이다. 현재 러시아가 '사할린 2'를 통해 한국과 일본 등에 가스 공급량을 늘려가고 있지만 (그림 13 참고) 이번 합의된 양은 이의 3배에 가까운 양이다. 당연히 동북아시아 시장에 공급 능력 향상이 초래되고 이는 가스 가격의 하향 압력으로 작용할 것이 확실하다. 그리고 그 영향은 지금 당장은 눈에 보이지 않겠지만 중국에 가스가 공급되기 시작하는 2019-2020년 께 부터는 확실하게 나타날 것이다. 만약에 한국이나 일본이 러시아와의 에너지 협력을 확대하지 못하거나 다른 확실한 저렴한 가격의 가스 공급망을 확보하지 못한다면 이는 중국에 대한 경쟁력의 저하를 국가적으로 초래하는 일이 될 것이다.

[그림 13] 한중일 3국의 lng 수입가격 및 유럽의 파이프라인 가스 수입가격 추이

(단위 : 달러/mmbtu)

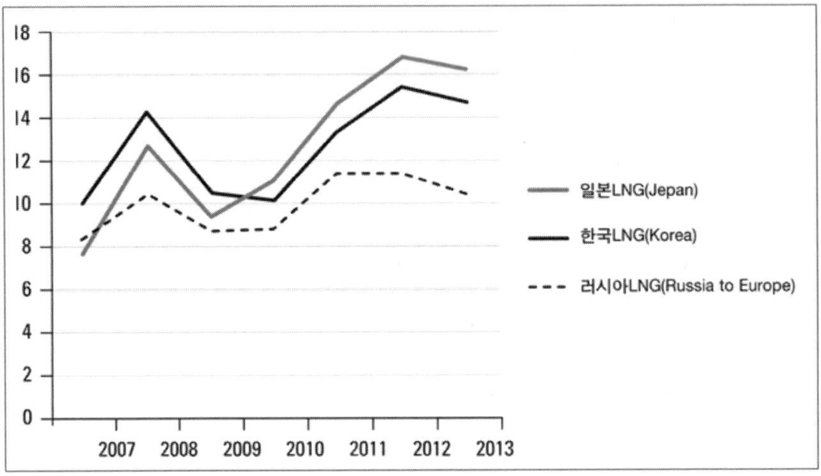


자료 : iea

결국 정책의 실기로 인해 국가 경쟁력이 장기적으로 저하되는 결과를 초래하게 될 것이기 때문에 한국은 남북러 파이프라인 건설 및 러시아와의 에너지 협력 문제를 심도있고 속도감 있게 결정해야 할 것이다. 특히 에너지의 경우 한번 결정하면 경로 의존성이 강한 측면이 있고 실기할 경우 만회의 시간이 오래 걸린다는 점을 감안해야 할 것이다.

이미 일본에서는 자민당과 공명당 의원 33명이 '일-러 천연 가스 파이프 라인 추진 의원 연맹'을 결성, 러시아의 사할린 섬과 일본의 이바라키현을 잇는 천연 가스관 건설 방안을 추진하겠다고 말한다. 이것이 현실화되면 총연장 1,350km에 사업 규모 6,000억엔 짜리의 신규 국책사업이 탄생하게 되고 이는 일본 재생프로그램의 하나로서 기능하게 될 전망이다.

## 동시베리아에서 가스 개발의 영향

이번 중-러 가스 협정은 또 다른 측면에서도 동유라시아의 협력 지도를 바꿀 가능성이 있다. 우선 '시베리아의 힘' 파이프라인이 본격 가동하게 되면 파이프라인이 통과하는 지역 인근의 중소 규모 가스전에 대한 투자의 기회가 생긴다. 이는 일본, 한국 등 동유라시아 국가나 인접 국가들에게 동시베리아 가스전 탐사의 기회비용을 줄이게 될 가능성이 크다. 현재까지는 동시베리아 가스전 투자의 경우 현장 인근에 대형 수요처가 없기 때문에 투자 타당성이 한참 떨어졌다. 하지만 앞으로는 '시베리아의 힘' 파이프라인 노선이 통과하는 인근 가스전의 경우 상당한 수익성을 낼 가능성이 높아진다. 이는 차얀다 및 주변 공단, 야쿠트 천연가스전 개발 및 가스 플랜트 건설 등에도 긍정적이라고 할 수 있다. 때문에 한국은 대러 에너지 외교에 새로운 노력을 경주할 필요가 있고 국내 기업들도 좀 더 시각을 넓혀 새로운 수익원으로서 에너지 투자 문제를 검토할 필요가 있다.

'시베리아의 힘' 파이프라인이 통과하는 가스전에 새로운 기회가 보장된다는 것은 러시아 에너지 기업들에게도 반가운 소식이다. 이 때문에 새로 건설될 '시베리아의 힘' 전 구간에 대한 접근 보장을 위해 로스네프치 및 가스프롬간 신경전이 치열하게 전개되고 있다. 동시베리아 및 극동의 신규 광상 및 가스전을 비교적 많이 확보하고 있는 로스네프치(Rosneft)의 이고르 세친(Igor Sechin)사장은 지난 2014년 5월 20일 시베리아의 힘 파이프라인이 건설되면 이 파이프라인에 대한 접근에 대한 보장이 필요하다며 로스네프치는 약 160억~200억 $m^3$/년의 가스를 운송, 판매할 능력이 있으며 이미 로스네프치 가스전에서 이 파이프라인을 통해 공급할 양

유라시아 대륙의 파이프라인 노선도

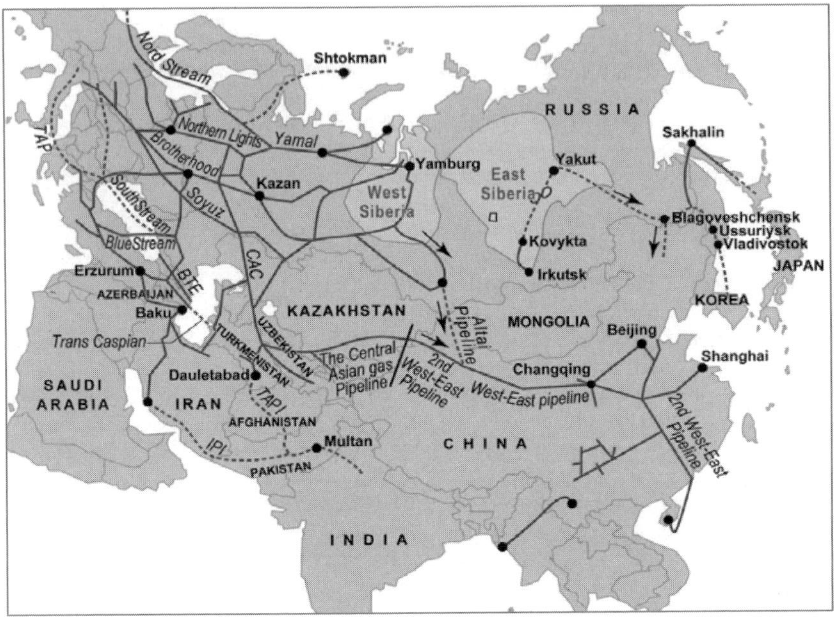


자료 : JOGMEC

을 에너지 부에 제시했다고 밝힌 바 있다.15)

현재 러시아 분위기로는 푸틴 대통령의 신극동정책에 따라 아시아 태평양 지역에 대한 신규 수요 창출 및 러시아의 공급 능력 확대와 신규 시장 확보가 절실히 필요하기 때문에 로스네프치의 '시베리아의 힘' 파이프라인에 대한 접근권은 보장될 가능성이 높다. 또한 로스네프치 뿐 아니라 이르쿠츠크 지역에 위치한 에너지 회사들 또한 '시베리아의 힘' 파이프라인에 대한 접근을 요구하고 있다. 대표적인 것이 이르쿠츠크 석유

15) 로스네프치와 가스프롬 사이의 파이프라인 접근권에 대한 논쟁 등은 Reuteur, 'UPDATE 1-Rosneft challenges Gazprom monopoly to export Russian pipeline gas', Mar 7, 2014, http://uk.reuters.com/article/2014/03/07/russia-rosneft-gas-idUKL6N0M412120140307 및 Reuters, 'Putin Signs Order Challenging Gazprom Pipeline Monopoly', Jul. 22 2014, '인테르팍스' 2014.5.20., '인테르팍스' 20145.22 등 참조.

회사, INK인데 INK는 자신들이 시베리아에 보유하고 있는 가스전 및 광상에서 추출한 가스를 '시베리아의 힘' 가스관을 거쳐 50억 $m^3$/년 정도를 공급할 수 있다며 이에 대해 가스프롬 및 에너지부와 협의하고 있다고 밝힌 바 있다.

이처럼 중국과 러시아의 에너지 협력은 동유라시아 및 유라시아 전체 그리고 러시아 내부의 다양한 반응과 변화를 초래하고 있다. 때문에 한국은 이러한 변화의 추이를 정확하게 파악하고 그 의미를 이해해야 할 것이다. 특히 중국과 러시아간 협력의 확대가 곧바로 제 3국에 대한 배타성을 의미하는 것이 아니기 때문에 한국은 일본 등과 함께 대규모 수요국으로서 러시아와의 협력의 기류를 조성할 필요가 있다. 러시아 또한 동시베리아 및 동유라시아 지역에서 중국의 과도한 영향력 확대에 대한 거부감이 강하기 때문에 이는 한국, 일본에 대한 신규 투자의 기회로 작용할 것이다. 이러한 점에서 2013년에 한국과 러시아가 합의해 조성한 한러 직접 투자펀드 등을 활용해 여기에 민간 기업들의 투자를 포함한 실질 투자의 시도가 필요하다. 또한 GTI 후속 사업으로서 동유라시아 인프라 건설 등에 한국이 좀 더 주도적이고 창의적인 협력 아이디어를 제시하고 선도할 필요가 있다고 할 수 있다.

## 유라시아의 역동성 강화와 한국

한국의 입장에서는 유라시아 공간의 역동성 강화는 국력의 신장과 직결된다. 유라시아의 역동성이 강화 될수록 상징 관문으로서 한국의 중요성이 커진다. 지정학적으로는 스파이크맨이 말한 대륙과 해양의 경계국가라 할 수 있는 림랜드 국가로서의 역할이 극대화될 새로운 가능성이 열리는 것이다. 한국은 지난 20여년 동안 북방정책을 통해 러시아, 중앙아시아, 중국 등의 변화를 효과적으로 대응해왔다. 이들 국가들은 한국 경제의 질적 도약의 중요한 파트너가 됐다. 진영적 안보의 대립 구도가 완전히 허물어지지는 않았지만 경제적 상호의존과 협력의 효용성에 대한 확신도 커지고 있다. 이제 이 지역에 불고 있는 2차 변화의 흐름을 한국이 놓치지 않고 새로운 도약을 하려면 질적으로 성숙한 새로운 협력 전략이 필요하다.

헤로도토스는 "역사는 유라시아 대륙 안에서 동양과 서양을 가르는 가공의 선을 넘나드는 운동이다" 라는 명언을 남겼다. 21세기 유라시아 대륙내 가공의 선을 넘나드는 운동은 지식과 창의성에 기초한다. 한국은 유라시아 공간이 강대국 중심의 '지정학 게임', '분절적 경제 블록의 게임'이 아닌 역내 모든 국가가 상생 협력 할 수 있는 '공간'이 될 수 있도록 촉진하는 '협력 선도국가'가 될 수 있을 것인가?

그러기위해서는 한국은 유라시아 공간에서 벌어지고 있는 각국의 정책을 면밀히 분석하는 한편 리더십, 에너지 변환, 시장의 통합, 문화적 연대 등이 동시 다발적으로 벌어지고 있는 유라시아 공간과 전 지구적 차원의 상호 작용에 적절한 대응을 해 내야 한다. 유라시아 공간은 이제 막 새로운 변곡점(變曲點)을 향하고 있다. 하지만 우리는 아직도 이 지역에서 일어나고 있는 정치, 경제의 변화에 대하여 피상적인 이해의 수준에 머물고 있다. 2014년 러시아는 크림반도에 대한 전격적인 합병을 결정했다. 에너지 지정학의 변화도 동시에 초래했다. 서방과 러시아의 대립은 세계가 새로운 상황에 직면할 수 있음을 보여준다. 한 지역에서의 충돌이 관리를 잘못할 경우 연쇄적인 반응을 일으켜 불과 10여년 사이 세계 전체를 혼란스럽게 만든 사례는 역사상 수없이 존재한다. 가장 가깝게는 이런 모습은 1990년대 초에서 2000년 초기까지의 국제적 충돌의 발생 및 그 이후 진행됐던 지난 20여년의 패권의 흐름 및 변화의 방식과 매우 유사하다. 1990년 이라크는 쿠웨이트를 침공했다. 이라크의 쿠웨이트 침공과 이에 따른 서방의 대응은 곧바로 에너지 위기를 증폭시켰다. 1991년 세계 유수의 에너지 공급국 소련이 해체됐다. 반면 서유럽과 미국은 소련이 해체 된 후 동유럽과 옛 공산권 지역에 급속히 진출했다. 특히 서유럽은 중동부 유럽의 값싼 노동력을 활용해 경쟁력을 강화했고 새로운 시장을 장악했다. 유럽의 산업생산이 증가했고 공장 가동율도 높아졌다. 하지만 이 시기의 산업 생산의 증가는 동쪽에서도 동시에 속도를 내기 시작했다. 본격적인 개혁·개방에 나선 중국도 1990년대를 전후 해 급속히 세계의 공장으로 떠올랐고 막대한 에너지를 수입하기 시작했다. 세계 에너지 시장은 추가 생산이 필요했다. 이때 중동에서 발생한 혼란과 이슬람 극단주의의 발호가 통제의 범위를 넘기 시작했다. 2001년 9·11테러가 발생했다. 테러와의 전쟁과 함께 글로벌 경제는 급격히 흔들리기 시작했다. 에너지 가격의 상승은 2008년 극점에 달했고 막대한 오일 머니가 추가적으로 산유국에 흘러들어갔다. 한편에서는 이러한 위기가 득이 되기도 했다. 전통적인 에너지 대국 러시아는 회생의 계기를 잡았고 소련에서 막 독립한 아제르바이잔과 카자흐스탄은 국가 건설(nation building)의 위업을 달성할 자금을 확보할 수 있게 됐다. 당시까지 아제르바이잔과 카자흐스탄, 특히 카자흐스탄의 텡기즈 및 카샤간 유전에 대한 투자는 우선 순위에서 밀려있었다. 하지만 쿠웨이트 전쟁과 잇달아 발생한 세계적 사건들은 에너지의 안정적 공급에 대한 관심을 촉발시켰고 '세기의 거래'(deal of century)라 불리우는 카스피해 지역에 대한 투자를 성사시켰다. 세계는 새로운 에너지 공급원을 확보했다. 그리고 이는 소련 그리고 러시아가 독점하고 있던 유라시아 지역의 내륙에 대한 에너지 공급 공간, 러시아의 전통적 에너지 공급 시장이던 유럽, 신흥시장인 아시아에 대한 새로운 경쟁의 출현을 가능케 했다. 그리고 석유와 지정학 그리고 국제정치의 상관관계로 인해 러시아, 중국, 중앙아시아의 신생국가들, 유럽 및 미국의 경제와 산업 외교가 부침을 겪고 복잡한 방정식을 그리기 시작했다.

이는 소련 해체 이전의 글로벌 자원수급 구조를 근본적으로 바꾼 계기가 됐고 이제 유라시아 공간은 새로운 단계의 자원수급 구조와 산업 밸류 체인의 결합을 눈앞에 두게 됐다. 냉전기 자본주의 국가와 공산주의 국가로 나뉘어져 있던 유라시아 공간은 공간 내 국가들의 진영적 이데올로기 차이로 인해 자원의 수급 구조 및 경제적 상호의존성을 전혀 구현해 내지 못했다. 자본주의 국가 중 유라시아 내 최대 에너지·자원 수입국인 일본과 역시 해외에 전적으로 에너지를 의존하는 한국은 중동 국가들로부터 에너지 자원을 주로 수입했다. 이는 중동과 아시아 국가들 간의 관계를 긴밀하게 했다. 중동 지역과 아시아의 관계는 아시아 경제의 성장에 따라 꾸준히 증가했다. 반면 서방 세계에 대한 중동의 무역은 그 비중이 감소하기 시작했다. 유럽연합 국가들은 러시아의 천연가스 특히 영국과 노르웨이의 석유 등을 통해 지역 내 자원수급 특히 에너지 수급의 비중을 바꾸었고 그 결과 1980년대 중동 수출 물량의 30% 정도를 차지하던 중동의 대유럽 수출량이 2008년에는 15% 정도로 낮아졌다. 중동의 대미 수출 물량은 지난 30여년 동안 큰 변화 없이 유지됐지만 최근의 셰일 가스 및 셰일 오일의 출현으로 이도 급격한 변화가 예상되고 있다. 현재 미국의 중동산 에너지 의존 비율은 아시아의 1/7도 안된다. 하지만 1990년 초만 해도 미국과 아시아의 대중동산 에너지 의존 비율은 거의 비슷했다.

현재 중국과 일본이 미국보다 사우디에서 더 많은 에너지를 수입한다. 이는 미국이 그리고 유럽연합을 포함한 서방이 1990년 이후 중동에서 군사·정치적 관여를 증대시켰던 흐름과 반대의 결과이다. 결국 통계가 보여주듯 이러한 정치·군사적관여의 증대와 경제적 의존 비율의 감소, 특히 에너지 수급에 있어 비중의 감소는 오바마 행정부 들어 미국의 중동에서의 관여를 축소시키는 방향으로 나아가게 하는 압력으로 작용했다고 볼 수 있다.

이처럼 특정 지역에 대한 관여와 수급 구조는 시대에 따라 바뀌며 이러한 변화를 읽고 대응전략을 잘 짜는 나라와 그렇지 않은 나라간 국력과 산업의 운명을 바꾼다. 냉전의 종식은 유라시아 공간에 분명 새로운 흐름을 만들어내고 있다. 그리고 이는 유라시아 공간 내에 위치했던 국가들 간의 전통적 상호의존성과 이들이 원시시대부터 교류하고 공유했던 역사적 연관성을 경제 측면에서 복원해 내고 있다. 유라시아 공간의 에너지 대량 수입국들인 한국, 일본, 중국, 인도는 이데올로기적 장벽을 걷어내면서 같은 공간, 같은 대륙 내에 위치한 에너지 생산국들인 러시아, 카자흐스탄, 투르크메니스탄 등과 긴밀한 관계를 복원해 내고 있다. 석유를 비롯한 주요 에너지의 수입 흐름도 과거에는 주로 바다를 통한 것이었지만 이제는 육로를 통한 파이프라인에 의존하는 비율이 높아가고 있다. 과거에는 생각도 못했던 유라시아 대륙 공간 내의 통합 전력망 구축 작업도 다양한 수퍼 그리드 프로젝트를 통해 점점 탄력을 받고 있다. 그리고 이러한 에너지 수급 및 의존성의 변화는 경제 협력의 구조를 바꾸고 유라시아 대륙 내 전략적 역학 관계도 바꾸고 있다. 냉전 종식 이후 유라시아 공간에서 보여진 지난 20여년 동안의 변화는 유라시아 대륙을 구분짓고 격리해냈던 이데올로기에 의한 지정학적 장벽이 이제 북극 해빙과 함께 서서히 녹아 내리고 있음을 분명히 보여주고 있는 것이다.

이러한 변화는 분명 지금까지와는 차원이 다른 새로운 것들이다. 하지만 우리는 아직도 이러한 사건들의 보여주는 종합적인 흐름을 놓치고 있다. 때로는 아직도 나이브한 판단을 하고 있고, 때로는 현실과 거리가 먼 거대한 게임 시나리오에 입각한 지난 세기의 판타지에 사로 잡혀 있다. 미국이나 러시아, 중국과 같은 거대한 나라들은 유라시아에서 벌어지고 있는 이러한 변화들에 대해 때로는 불완전하게 대응하고 때로는 천천히 움직여도 될 만한 지정학적 이점과 글로벌 지도력이 있다. 하지만 한국과 같은 나라는 그러한 여유가 없다. 미국의 아프가니스탄과 이라크에서의 실패는 유라시아 대륙에서 미국의 힘과 영향력이 서서히 약화되고 있음을 상징한다. 그리고 지난 20여년 동안의 러시아의 대응 능력 또한 이 지역에서 서서히 쇠퇴하는 러시아의 영향력과 힘을 보여준다. 미국과 러시아가 유라시아 대륙에서 영향력을 제대로 발휘하지 못하거나 쇠퇴하는 동안 중국과 인도가 폭발적인 경제 성장과 정치적 안정을 지속해 영향력과 힘을 확대해왔다. 물론 이러한 경향은, 이러한 게임의 흐름을 순식간에 뒤바꿔 놓을 수 있는 수단과 잠재력을 가진 거대한 세력들인 미국, 러시아의 대응전략에 따라 변화할 수도 있다. 하지만 한국은 다르다. 유라시아의 변화에 대한 면밀한 관찰과 대응이 없이는 한국은 세계적 흐름을 놓치고 대단히 혼란스러운 대외 변화의 종속 변수로 전락할 수 있다. 이러한 측면에서 한국의 유라시아 지역에 대한 관심은 매우 중요하다고 할 수 있다. 그리고 이러한 움직임은 지난 세기 한국의 전략적 특징을 상징해온 '동유라시아의 전략적으로 매우 중요한 섬'이라는 성격에 대한 정확한 판단과 함께 유라시아의 변화에 따른 지정·지전략적 측면에서의 새로운 위치 설정에 대한 시도에서 출발해야 한다.

한국은 유라시아 대륙 동쪽의 핵심적 반도에 위치해 있다. 하지만 지난 세기 한국은 유라시아 대륙과 직접적으로 연결되는 통로를 상실한 채 지정·지전략적으로 동유라시아의 중요한 섬의 위치로 자리매김했고 이러한 입지에 기초해 국가 발전을 이룩해 왔다. 이러한 상황은 동서 냉전의 영향도 크게 작용했다. 북한에 의해 유라시아 지역에 직접 진출할 수 있는 통로를 차단당하는 동시에 냉전 이데올로기에 의해 유라시아의 핵심 강국들인 소련, 중국과 교류를 단절해야 했기 때문이다. 하지만 한국은 유라시아의 핵심 강국들 및 주요 국가들과의 교류를 제외하고는 발전 할 수 없다. 대륙의 자양분을 먹고 자란 한반도의 유구한 역사는 냉전기의 단절을 극복하고 새롭게 신유라시아와의 관계 복원을 강력하게 요구하고 있다. 고구려와 발해의 역사를 한국사에서 배제할 수 없듯 알타이 문명과의 교류를 한국 문화에서 배제할 수 없다. 마찬가지로 한국은 한국과 유라시아 공간과의 교류의 역동성을 배제하고는 해양 세력과의 교류만으로는 지속적으로 발전할 수 없다. 한반도 평화와 대륙과의 소통, 이 두 가지가 한국의 지속적인 평화와 번영을 위한 핵심적 단어다. 평화는 강력한 안보와 세계와의 협력 속에서 가능하다. 대륙과의 소통 역시 유라시아 공간과의 통합과 교류의 확대 및 신뢰 구축 속에서 가능하다. 한국에게 있어 중국, 러시아를 제외한 국가전략의 수립은 미국과 일본을 도외시한 전략의 수립만큼 불안전하다. 1991년, 그리고 1992년 각각 러시아, 중국과 수교한 이후 이들 국가가 한국의 경제 및 안보에서 기여한 정도를 생각해 보라. 이는 한국의 지정학적, 지전략적 고려에도 절대적이며 결정적인 영향을 미친다. 한국은 유라시아의 인접국인 중국, 러시아, 중앙아시아 국가들을 배제해 놓고 국가의 운명을 논할 수가 없다. 이것이 한국의 지정학적, 지전략적 그리고 문화적 운명이다. 한국은 이러한 운명을 심각하게 고민하고 대응해 내면서 운명의 주인이 되어야 한다. 한국은 유라시아 대륙, 특히 동유라시아의 중견국으로서 첨단기술과 수준 높은 문화 그리고 도덕적이며 가치 지향성이 높은 '품격 국가'의 이미지를 고양시켜야 한다. 이를 통해 이 지역 내 거대 국가들인 중국, 인도, 그리고 중앙아시아 제국들의 고민을 해결할 문제 해결의 선도국가이자 협력 대상국가로서 유라시아 대륙과 세계의 선진국가들과 후발 국가들 사이를 연결하는 가교 국가 역할을 담당해야 한다.

물론 그렇다고 해서 이러한 한국의 시도가 지난 세기 한국의 주요한 협력자이자 생명줄과도 같았던 해양세력과의 관계의 중요성을 무시하자는 것이 아님은 물론이다. 해방과 냉전을 맞이하면서 성장한 과거 한국은 바다를 중심으로 남쪽 세력들 그리고 자본주의 국가들과만 교류할 수 있는 상태였다. 바다는 해군력에 의해 보호되며 지난 세기 이래 현재까지 미국은 강력한 장악력을 가지고 바다의 안전을 지켜왔다. 미국의 해군력은 이 기간 한반도를 포함한 동아시아 국가들의 경제 성장의 버팀목이기도 했다. 한국은 이러한 해상 안전을 담보로 중동으로부터 안전하게 에너지를 공급받을 수 있었고 국가 안보와 경제 성장의 터전을 닦을 수 있었다. 미국으로부터 민주주의와 시장경제의 확고한 도덕적, 정치적 그리고 규범적 수혜를 받으면서 고도성장했다. 그 결과 아시아에서 그리고 2차 세계대전 후 식민지에서 해방된 국가들 중 유일하게 민주주의와 시장 경제를 성공적으로 단기간에 달성할 수 있었다. 한국의 미래에 있어 이러한 민주주의와 시장경제라는 가치는 매우 중요하며 포기할 수 없는 것이다.

하지만 고도성장하는 한국의 경제는 새로운 시장을 요구하고 있었다. 단순히 잡제품과 저가의 단순 가공품 공급 시장으로 만족할 수가 없었고 고도기술 제품을 생산해 내기 시작하면서 새로운 시장과 효율적이고 경쟁력 있는 새로운 협력 구도를 필요로 하게 된다. 이러한 상황에서 나온 것이 한반도가 소속해 있는 유라시아 대륙에 대한 회귀전략이다. 지난 세기 노태우 대통령 시절부터 시작된 북방정책, 김대중 정부의 남북화해 정책, 그리고 그 이후 노무현 정부의 동북아 평화협력 정책, 박근혜 정부의 유라시아 이니셔티브 정책들은 모두 한국의 유라시아 성에 대한 회귀전략의 하나다.

아시아 국가들은 성장을 위해 효율적인 에너지 수급구조와 새로운 시장이 필요하다. 물론 이는 다른 지역 국가들에게도 비슷하다. 현재 인도와 중국은 많은 인구와 빠른 경제성장에도 불구하고 1인당 에너지 소비에 있어 선진 경제국가와 비교해 1인당 석유 소비량이 현저하게 낮은 13배럴(중국), 3배럴(인도)를 소비하고 있다. 이는 1인당 29배럴을 소비하는 일본이나 54배럴을 소비하는 미국과 비교해 볼 때 현저하게 낮은 수준이며 경제의 성장과 산업의 고도화에 따라 점점 더 많은 양의 소비가 이루어질 것임을 의미하는 것이다.[16] 여기다 한국과 일본도 점점 더 많은 에너지를 수입해야하고(한국) 천연가스와 같은 새로운 에너지원으로 전환해야 한다. 이는 한국이 그리고 유라시아 공간의 중국이나 인도, 일본 같은 나라들이 유라시아 내 주요 에너지 생산국들과 더 깊은 관계를 가지게 될 것임을 예고하는 것이다. 물론 단기적으로는 이러한 더 긴밀한 협력관계의 진전 속도에 영향을 미칠 변수들도 있다. 대표적인 것들이 미국의 셰일가스 생산 및 수출 허용, 대체 에너지 개발 및 상용화의 시기, 아프리카와 호주와 같은 다른 지역의 대체 경쟁력 등도 영향을 미칠 것이다.[17] 하지만 중장기적으로 볼 때 유라시아 국가들간의 지리적·문화적

16) BP, 'Statistical Review of World Energy 2011'p.44
17) 미국은 셰일 가스를 공급함으로써 미국의 동맹국들의 에너지 안보를 강화하는 한

접근성은 점점 더 강화될 것이고 장기적으로는 유럽과 동아시아에 러시아, 중앙아시아 국가들과의 경제적 상호 의존성은 특히 에너지를 중심으로 커져 갈 것이다.

소련 그리고 소련의 뒤를 이은 러시아와 중국은 유라시아의 강력한 경제 세력임과 동시에 군사 대국이다. 또한 러시아는 에너지 대국이며 자원과 각종 식량자원의 공급지이기도 하다. 때문에 한국은 이들 국가와 지리적인 인접성에도 불구하고 지난 세기 살리지 못했던 이점을 되살릴 필요가 있다. 소련이 해체된 후 지난 25년여 동안 유라시아에서 진행 중인 거대한 실험은 몇 가지 중요한 힌트를 우리에게 주고 있다.

첫째는 유라시아 대륙의 경제적 상호의존성이 과거 어느 때보다도 강력해지고 있다는 사실이다. 주로 에너지와 자원을 중심으로 형성된 이러한 상호의존성은 이제 점점 기술과 시장의 공유로 나아가고 있다.

둘째는 정치적으로 유라시아 대륙은 점점 더 격렬한 영향력 중심의 재편의 구도에 휘말리고 있다는 것이다. 미국과 서방의 가치(value) 에 기초한 정권 교체 및 색깔 혁명지지, 러시아와 중국의 미국 중심의 유일패권주의에 대한 저항 및 다극화시도, 종교적 영향력 및 결속을 통한 세력 대결의 모습을 보이고 있는 이슬람 극단주의 세력과 온건 이슬람의 대결, 그리고 인구 이동 및 비중 변화에 따른 역내 역학 구도의 변화 가능성 등이 동시 다발적으로 일어나고 있다.

---

편 미국의 영향력을 지속적으로 유지하고자 한다. 이와 관련해서는 Nick Cunningham, 'The Geopolitical Implications of U.S. Natural Gas Exports', American Security Project, March 2013, http://americansecurityproject.org/ASP%20Reports/Ref%200116%20-%20The%20Geopolitical%20Implications%20of%20U.S.%20Natural%20Gas%20Exports.pdf 및 'U.S. Ruling Loosens Four-Decade Ban On Oil Exports', The Wall Street Journal, June 24, 2014 등을 참고

제3장

# 유라시아의 두 강대국 '중국－러시아' 관계의 미래

# 제3장 유라시아의 두 강대국 '중국 - 러시아' 관계의 미래

유라시아에서 일어나고 있는 변화의 핵심적 요소 중 하나는 중국과 러시아의 움직임, 특히 두 나라 관계의 복원이다. 냉전 종식 후 중-러 관계는 '에너지와 시장', '(생산)기술과 (원천)지식', '자본과 원료'의 상호 보완성을 바탕으로 점점 강력해 지고 있다. 특히 2014년 크림반도 사태 이후 러시아와 서방 간의 갈등이 격화되면서 중-러 관계는 협력의 새로운 전기를 맞고 있다. 이미 중-러 가스협정 등을 통해 러시아 동시베리아 지역 가스 사업에 중요한 추동력을 제공한 중국은 1990년대 후반부터 이어진 방산 협력을 심화 발전시키게 될 기회를 잡을 수 있게 된다. 이렇게 되면 중국은 러시아의 첨단 방산기술들을 확보해 미국과 유럽에 수적인 측면만이 아니라 군사기술 및 전략적으로도 서방에 직접적이고도 치명적인 타격을 입힐 수 있는 차세대 첨단전력을 구축할 수 있게 된다. 우주 관련 기술, 첨단 잠수함 관련 기술, 미사일 및 로켓 관련 기술, 레이더 관련 기술 등을 비롯한 다양한 핵심전략기술들이 에너지 협력과 함께 중-러 관계를 새로운 관계로 엮어 내는 시멘트와 같은 역할을 하게 될 것이다. 중-러 산업협력의 새로운 가치사슬을 형성할 수도 있다. 그리고 이는 유라시아 지정학에 큰 변화를 초래하게 될 것이다.

하지만 냉전 이후 최근까지도 서방-러시아 관계는 그렇게 나쁘지 않았다. 날카로운 설전(舌戰)과 차가운 대립의 모습이 보이기는 했지만 과거 냉전기 때처럼 본질적인 진영적 대립을 의미하는 것은 아니었다. 실용적 정책과 국가이익에 따라 서방 국가 내에서도 이합집산이 지속됐고 그 와중에 세계는 점점 다극화된 균형점을 찾아가고 있었다. 때문에 우크라이나 사태 이후 악화된 서방-러시아 관계 특히 유럽-러시아 관계의 미래가 본질적인 대립과 분열의 신호탄이 될 지는 아직 판단하기 어렵다. 서방과 러시아는 우크라이나 하나 만을 놓고 근본적 대립을 이어 가기에는 너무나도 복잡한 글로벌 거버넌스의 설계자이고 행위자다. 9·11이후의 글로벌 거버넌스는 미국과 러시아의 대테러전쟁에의 동맹, 러시아와 서방의 협력 강화, 러시아의 글로벌 거버넌스에 대한 참여와 국제화, 이란·시리아·이라크와 같은 중동 지역에서의 협력과 긴장 등 다양한 전선에서 이해와 협조를 주고받는 모습을 보여 왔다. 물론 브릭스(BRICS)와 상하이 협력기구(SCO)의 협력 강화, 유럽연합(EU)과 북대서양 조약기구(NATO)의 확산 등 서로에 대한 도전과 다극화 시도 등도 있었다. 그리고 이 기간에 중-관계의 발전도 이어져왔다.

서방과 러시아간 대립과 갈등의 지속은 중국에게 절대적 이익을 가져다주며 러시아의 동방정책을 가속화하게 될 것이다. 그리고 이는 중국의 글로벌 영향력 강화 및 동북아 정세에도 영향을 미치게 될 것이다. 중-러 관계의 미래는 유라시아 내 세력 변화 뿐 아니라 산업간 경쟁력에도 영향을 미치게 된다. 중국은 이미 중저가 제조업에 있어 세계적 경쟁력을 확보하고 있으며 세계의 공장으로 기능하고 있다. 그런데 이런 상황에서 러시아 시장을 중국이 강력한 경쟁력을 가지고 독식하고 러시아와 유럽 간 군사무기 및 방산협력이 장기간 중단될 경우 중-러 군사연대 및 방산 협력은 에너지 동맹과 결합되면서 새로운 단계로 진입할 가능성이 크다. 그리고 이는 유럽과 미국은 물론이고 러시아도 원치 않는 결과를 초래할 가능성이 높다. 한국은 이런 정세적 판단과 설득 논리로 동북아의 대표적인 자본주의, 민주주의, 산업주의 국가로서 레버리지를 높이고 유라시아 내 정세 변화를 유리한 방향으로 이끌어야 한다. 한국 기업 및 한국 정부의 대응 전략에 따라 유라시아 전역의 경제 협력 구도 및 중국 쏠림 현상이 어느 정도 완화될 수 있다. 일본이 우크라이나 사태 이후 서방의 대러 제재에 형식적 동참을 하면서도 핵심적 물품의 수출 규제 등에 동조하지 않았던 이유는 여기에 있다. 마찬가지로 러시아가 식료품 수입 금지 국가 리스트를 발표하면서 대러 제재에 동참한 국가들에 대한 보복전을 감행하면서도 일본을 제외한 이유도 상당부분 유라시아 내 세력의 균형에 관한 끈을 놓치 않으려는 차원의 고려라고 할 수 있다. 일본은 장기 전략적 차원에서 러시아와의 관계 강화 및 정상화의 길을 가게 될 것이다. 북극의 변화, 후쿠시마 원전 사고 이후 강화되고 있는 러시아와의 에너지 협력의 필요성, 쿠릴열도 4개 섬 문제 및 중국 억제전략 등이 복잡하게 얽혀있기 때문에 일본은 러시아를 잃을 수가 없다. 마찬가지로 러시아는 유라시아 대륙의 중앙 핵심지에 위치한 자국의 지정학적 이점을 최대한 살려 서쪽으로는 독-러 관계를 그리고 동쪽으로는 중-러 관계를 특수한 관계로 형성해 글로벌 거버넌스와 세계전략 차원의 게임을 하고 있다. 때문에 러시아로서도 독일을, 독일의 입장에서도 러시아를 잃을 수 없다. 때문에 중-러 관계의 밀월의 미래는 독-러 관계의 미래에 상당 부분 영향을 받게 된다. 잘 알려져 있듯 독일 경쟁력의 핵심적 파워의 하나인 중소기업들의 경쟁력 상당 부분은 러시아와 형성된 에너지 네트워크로부터 공급되는 안정적이고 값싼 에너지에 의존하고 있다. 여기다 독일 경제는 이미 6천개 이상의 기업이 러시아에 투자하고 산업적 가치사슬을 형성하면서 러시아 수입시장에서 기계류와 산업용 부품류 상당 부분을 장악하고 있다. 약 30만 명 이상의 일자리가 러시아 시장에 연동된다. 때문에 서방과 러시아의 관계가 악화일로를 겪게 되고, 독일이 유럽연합의 정책을 변경시키지 못하고 대러 강경 노선을 추종할 수 밖에 없게 된다면 이는 유라시아 내 균형추가 흔들리는 것을 의미한다. 그런 점에서 중-러 관계의 미래를 결정지을 핵심적 요인들을 살펴볼 필요가 있다.

## 이념 대신 경제와 실리로 엮어진 중－러 관계

현재의 중-러 관계는 밀월이라는 단어를 넘어서고 있다, 이제 양국 관계는 단순한 교역 중심의 경제관계에서 첨단 군사무기 제공을 넘어 정례적 합동 군사 훈련까지 실시하는 사실상 동맹에 준하는 준동맹의 단계로 진입하고 있다. 중국과 러시아의 접근과 밀월은 단순히 유라시아의 두 강대국의 관계에만 영향을 미치는 것이 아니다. 이는 유라시아 대륙이라는 같은 공간에 위치한 '자본'과 '에너지' 그리고 '시장'과 '지식'의 대국이 점점 긴밀한 관계를 맺고 새로운 표준과 영향력의 원천이 되어가고 있음을 의미한다. 여기다 인도와 한국, 일본 등이 중-러 양국의 밀월에 영향을 받으면서 서서히 유라시아의 역동성과 단일성이 회복되고 있다. 중-러의 밀월 혹은 협력의 복원은 이런 점에서 매우 역사적이며 의미가 크다. 양국은 이념의 시대라 일컬었던 20세기, 두 나라의 체제가 모두 같은 공산주의 국가 시절에도 이와 같은 밀월을 구가하지 못했다. 가히 역사적인 일이라는 평가가 나올 만한 일이다.

대부분의 전문가들이 동의하듯 현재의 러시아와 중국의 관계는 6·25 전쟁 직후인 1950년대 중반 이후 최고의 밀월기다. 이러한 밀월은 과거와 달리 '경제'가 '이념'을 앞서는 모양새로 형성되어 있다. 시장과 기술 그리고 자원의 결합이라는 실리와 경제성을 배제할 경우 양국 관계를 유지시킬 추동력의 원천인 공통의 이념이 없다. 이것이 과거의 중국- 러시아 관계와 다른 점이다. 이미 러시아는 공산주의를 포기했고 중국은 공산주의를 고수하기 때문이다. 하지만 이념이라기보다는 정책 방향에서 다극주의를 지향한다는 공통의 목적도 개재되어 있다. 그런 면에서 "양국관계의 밀월이 과연 지속 가능한 가?" 라는 의문이 끊임없이 제기된다. 이러한 질문에 대답하기 위해서는 국제관계 특히 중-러 양국 관계에 있어 "과연 이념의 역할은 끝났는가?" "경제와 실리는 이념을 앞서는가?"라는 질문을 던져보아야 하며 이를 양국 관계의 역사에서 검토해 보아야한다.

중국과 러시아는 제국 러시아 시절에 이루어진 러시아의 동진(東進) 정책 이래 계속된 갈등과 전쟁, 그리고 저강도(低强度)의 긴장을 이어갔다. 네르친스크 조약, 캬흐타 조약, 베이징 조약 등의 역사가 이를 말해준다. 그러다 1917년 러시아 로마노프 제국이 볼셰비키 혁명에 의해 몰락하고 새롭게 창설된 소련 공산당 정부가 1921년 중국공산당 창당을 지원하면서 긴밀해졌다. 이후 중국이 소련의 요청으로 6·25 전쟁에 참전하면서 공산주의 이념으로 건국된 소련과 중국의 밀월이 형성됐다. 소련은 한국전쟁 종전 후 미국을 상대로 전쟁을 치른 중국의 경제 부흥을 지원했고 중국은 1953년 중국의 1차 경제개발 계획을 시작하면서 소련식 공업화 모델을 채택했다. 양국의 경제적·정치적 밀월의 1차 시기이다. 하지만

1960년의 '중·소 이념 분쟁'과 국제 무기 시장을 놓고 미국과 경쟁하던 소련이 인도에 대해 최신무기를 공급하면서 양국 관계는 서서히 균열의 움직임을 보였다. 중국-인도의 긴장이 중국-소련의 협력에 영향을 미친 것이다. 로마노프 왕조 이후 형성된 공산주의 동일 이념국가간의 관계인 현대 중소 관계에서 '경제(실리)'가 '이념'에 영향을 미치기 시작한 최초의 사건이었다. 중국은 자신들과 국경분쟁을 벌이던 인도와 소련의 군사무기 협력에 격렬히 반발했으며 갈등의 골이 커졌다. 이런 갈등은 1969년 다만스키섬(珍寶島)을 놓고 총격전을 벌이는 국경 분쟁으로 번졌다. 흐루시초프의 노선을 놓고 수정주의 논쟁을 벌이던 양국은 고르바초프의 페레스트로이카 이후 공산주의 이념 논쟁을 또다시 벌였다. 공산주의 종주국의 공산주의 포기는 중국 지도부에 큰 위협이 됐고 양국 관계의 긴밀도는 현저하게 약화됐다. 소련 해체 이후 한동안 이어지던 러시아의 친서방 정책은 양국의 접근에 대한 장애물로 작용했다. 양국 관계에서 다시 '이념'이 '실리'를 압도하는 시대가 이어졌다.

하지만 이념과 실리의 교차 방정식은 정도의 차이가 있지만 어느 나라 외교에서나 그리고 어느 시기의 외교에서나 나타나는 모습이다. 문제는 그 전환의 결정적 시기와 결정적 계기를 어떻게 형성하고 제대로 포착하느냐의 여부라고 할 수 있다. 때문에 현재의 중-러 관계의 미래를 제대로 이해하고 예측하기 위해서는 1950년대 말부터 1980년대 말까지의 양국 관계를 살펴볼 필요가 있다. 왜냐하면 이 30년동안 중국과 러시아는 양국 관계의 냉전과 열전을 모두 경험했고 이후 정상화의 길을 가는 결정적 계기를 만들기 때문이다. 이 기간의 양국 관계는 크게 10년 단위로 3단계로 구분할 수 있다. 첸치천(錢基琛) 전 중국외교부장이 외교십기(外交十記)에서 한 표현처럼 1959년부터 1969년까지의 10년은 論戰(논전)의 시기였고 1969년부터 1979년까지는 對抗(대항)의 시기, 그리고 1979년부터 1989년까지는 談判(담판)의 시기였다.[18] 말 그대로 양국 관계의 긴장과 갈등의 부침이 교차된 시기였다. 하지만 이러한 양국 관계는 1980년대 초반으로 들어가면서 서서히 변화의 조짐을 보인다. 당시 소련이 직면한 국제정치적 상황이 중국-러시아 관계의 변화를 요구하는 압력으로 작용하기 시작한 것이다. 당시 소련은 레오니드 브레즈네프 서기장이 통치하던 시기였다. 브레즈네프 시기의 소련은 국제 유가가 비교적 높게 형성돼 안정적인 통치를 할 수 있었지만 아프가니스탄 전쟁과 고유가로 인한 착시현상으로 인해 경제의 구조전환을 제대로 진행하지 못했다. 특히 정보통신 분야의 혁명에 대한 대응을 제대로 하지 못했고 이로 인해 점점 미국과의 경쟁에서 뒤쳐지기 시작했다. 이런 상황에서 미국은 중국과 대만에 관한 무기 판매 협상에서 진전을 보이고 있었다. 미국과 중국관계에 있어 전기를 이룬 소위 3대 성명 가운데 하나인 '8·17성명'이 합의 막바지에 이르고 있던 시점이기도 했다. 때문에 소련은 중소 국경에 100 만명 이상의 병력을 유지하면서 중국과 갈등적 대립을 지속할 것인지 아니면 새로운 관계전환을 해야 하는 지에 대해 고민하기 시작했다. 중국 또한 마찬가지였다. 당시 중국을 통치했던 덩샤오핑(鄧小平)은 본격적인 개혁 개방을 앞두고 있었다. 마오쩌뚱 시대의 교조주의에서 벗어나 실용주의로의 전환을 이룩하려던 시기였다. 그는 중국의 발전을 위해서는 소련과의 대립을 해소하는 것이 필요하다는 것을 깨닫고 있었다. 몽골에 주둔한 소련군과 소련의 지원과 묵인 하에 캄보디아에 진주한 베트남 그리고 소련의 아프가니스탄 점령은 소련이 사실상 3면에서 중국을 압박하는 것이나 다름없는 모습이었다. 때문에 중국이 소련을 수정주의라고 비난하거나 소

18) 'Ten Stories of a Diplomat', Qichen Qian, 2003. World Affairs Press, Beijing.

련이 중국을 교조주의라고 비난하는 성명전을 끝낼 때가 됐다는 생각을 하고 있었다. 이데올로기의 대립이 아닌 실리에 기초한 양국 국익이라는 양측의 필요에 의한 전략적 조정은 1982년 3월 24일 브레즈네프의 타슈켄트 연설로 나타나기 시작했다. 당시 브레즈네프는 타슈켄트 연설을 통해 중국을 사회주의 국가로 분명하게 인정했고 대만에 대한 중국의 주권을 인정한다는 점을 강조했다. 중국의 반응도 곧바로 나왔다. 2일 후 중국은 외교부의 첸치천 신문국 국장을 외교부 대변인 형식으로 내세워 내외신 기자 70-80여명을 초청해 중국 역사상 최초의 외신 브리핑을 실시했다. 당시 첸치천의 성명은 세 문장의 아주 짧은 내용이었다.

"우리는 소련의 브레즈네프 서기장이 3월 24일 타슈켄트에서 발표한 종소관계에 관한 연설에 주목한다. 우리는 연설 중 중국에 대한 비난에 단호하게 반대한다. 중소양국관계 또 국제문제와 관련 우리가 중시하는 것은 소련의 실제 행동이다"

발표 내용이 지나치게 짧았지만 당시 베이징 주재 외신들과 서방, 그리고 소련은 성명 발표의 형식과 성명에 담긴 메시지의 방향성에 주목했다. 사실 중국은 이날의 기자 브리핑이 있기 전까지 정식 외교 브리핑 제도가 없었다. 외교부 대변인이라는 직제도 없었고 당연히 브리핑 실도 없었다. 때문에 당시 첸치천이 중국 외교부 대변인 자격으로 통역을 대동해 외신기자들을 초청해 내놓은 첫 번 째 브리핑은 매우 상징적일 수 밖에 없었다. 당시 통역은 후일 중국 외교부장(장관)을 지낸 리자오싱(李肇星)이었다. 외신기자들은 중국의 속내를 파악하고자했고 그것이 중소 관계의 전환의 희망을 주고받는 것이라는 의미를 놓치지 않았다. 성명 발표 후 질문도 추가적인 대답도 당연히 없었다. 하지만 이 메시지는 곧바로 외신을 통해 주목을 받기 시작했다. 바야흐로 교조주의와 수정주의라는 상호 비난전이 끝나고 상호 인정의 관계로 전환하는 계기가 마련된 것이다.

이후 양측은 물밑에서 메시지를 교환하다 공식적으로 관계 정상화 협상을 벌이기 시작했다. 제1차 관계 정상화 협상은 1982년 10월 5일 베이징에서 시작됐고 2차 협상은 1983년 3월 모스크바에서 열렸다. 양측은 이후 지루하고도 까다로운 협상의 난제들을 놓고 길고 긴 협상을 이어갔다. 하지만 양측은 관계 개선의 3대 난제라고 할 수 있는 소련군의 몽골 및 아프가니스탄 철군, 베트남의 캄보디아 철군 등의 문제에서 한 치의 진전도 이룩하지 못했다. 1986년 3월의 모스크바 8차 회의도 별다른 진전이 없었다. 사실 이러한 문제는 양국 최고 지도부의 결단과 전략적 전환에 의해서만 달성이 가능한 문제였다. 그런데 당시 소련은 후일 세계사의 새로운 장을 여는 격변의 과정으로 들어가고 있었다. 브레즈네프의 사망(1982년 11월 10일)에 이어 유리 안드로포프(1984년 2월 9일), 콘스탄틴 체르넨코(1985년 3월 10일)가 아주 짧은 통치와 사망을 반복하면서 핵무기를 가진 세계 최고의 군사강국 중 하나인 소련이 미증유의 리더십 혼란에 빠지고 있었던 것이다. 그나마 소련으로서 다행이었던 것은 안드레이 그로미코 외상이 소련 외교를 장기간 관장하고 있다는 점이었다. 결국 양국 관계의 정상화, 유라시아 대륙의 정세를 근본적으로 바꿀 전략적 전환은 미하일 고르바초프의 등장과 그의 새로운 외교를 기다려야만 했다.

중국은 답답했다. 덩샤오핑은 이를 해소하기 위해 중소정상회담의 필요성을 절감했고 이의 성사를 위해 소련과 친한 루마니아를 움직였다. 1985년 10월 9일 루마니아의 차우세스쿠가 베이징을 방문, 덩샤오핑과 정상회담을 가졌다. 덩샤오핑은 이날 회담을 활용해 고르바초프 소련 서기장에게 메시지 전달을 부탁했다. 후일 공개된 당시의 메시지는 다음과 같은 것이었다. "만일 소련이 중국과 협의해 베트남의 캄보디아 철군을 성사시키면 고르바초프와 회담할 용의가 있다" 차우세스쿠를 통해 전달된 메시지를 받았다는 답장은 얼마 지나지 않아 중국 측에 전달됐다. 하지만 정상회담이나 소위 3대 난제를 해결하겠다는 방향의 전환 같은 느낌은 전혀 나오지 않고 시간이 흘러갔다. 그러다 약 10개월이 지난 1986년 7월 28일 미하일 고르바초프 서기장이 러시아 극동 지방을 방문했다. 그리고 그 자리에서 그는 세계 와 아시아 정세 및 한반도에도 엄청난 영향을 미치게 되는 블라디보스토크 선언을 내놓았다. 이 자리에서 고르바초프는 소련군의 아프가니스탄 철군, 몽골 주둔 소련군의 철군, 중국과의 관계 개선 등을 언급했다. 특히 중국과의 관계에 대해 언급하고 최근 몇 년 사이 양국 관계에 매우 주목할 만한 진전이 이룩되었으며 소련은 언제든, 어떤 수준에서건 중국과 선린우호의 분위기를 조성하기 위한 추가적인 조치들을 위한 회담을 할 준비가 되어 있다고 강조했다.[19] 차우세스쿠를 통해 전달받은 덩샤오핑의 메시지에 대한 답변이었던 셈이다. 하지만 당시 세계는 중국과 소련 최고 지도자간의 메시지 정치를 이해하지 못하고 있었다. 비공개였기 때문이었다. 그러나 중-소 최고지도부간 직접적인 메시지 교환의 구체적 행위를 인지하지 못하고 있었을 뿐 앞서도 언급했듯 중국과 소련이 상호 국가 이익에 근거해 1950년대의 우호협력기로 관계를 복원하려 한다는 조짐은 감지하고 있었다. 중국은 이러한 선언에 환호했다. 분명한 대 중국 메시지라고 받아들였고 메시지의 방향성과 내용의 진일보에 대해 만족해했다. 하지만 캄보디아에서의 베트남군 철군 문제가 양국 문제라고 규정지은 데에 대해서는 실망을 감추지 않았다. 1986년 9월 2일 덩샤오핑은 미국의 마이크 월러스와 단독 회견을 갖

---

19) 'EXCERPTS FROM GORBACHEV'S SPEECH', Special to the New York Times, July 29, 1986

고 캄보디아에서의 베트남군 철군이 중소관계 개선의 핵심적 문제임을 또다시 강조했다. 덩샤오핑은 또 고르바초프가 이 문제를 제거하기만 한다면 소련의 어디에서든 고르바초프와 만나 정상회담을 갖겠다는 입장도 밝혔다. 1986년 9월 7일 중국 외교부는 덩샤오핑의 이런 발언을 정리해 정식으로 발표했다. 고르바초프의 블라디보스토크 선언에 대한 중국의 공개적인 답변이었던 것이다. 이렇게 양국의 정상화 과정은 힘겨운 여정을 끝내가고 있었다. 이제 조만간 양국은 정상회담을 앞두고 있었다. 그런데 여기서 잠시 당시 고르바초프가 내놓은 블라디보스토크 선언의 의미를 중-러(소) 관계의 틀을 벗어나 좀 더 크게 살펴볼 필요가 있다. 당시 '신사고 외교' 정책을 펼치던 고르바초프는 블라디보스토크 선언을 통해 중국에 대해서만 메시지를 던지지 않고 아태지역 전체 국가에 메시지를 던졌다. 아시아 안보회의 개최, 소련의 아태 중시정책 표명 등도 내놓았다. 당시 고르바초프의 블라디보스토크 선언은 그해의 10대 뉴스로 선정될 정도로 중요한 의미를 갖는 것이었다. 고르바초프는 이후 1988년 9월에 크라스노야르스크(Krasnoyarsk)에서 다시 아태 지역의 중요성과 아태 지역 국가들과 소련의 관계개선의지를 밝혔다. 중국과 일본과의 관계 증진 뿐 아니라 한국과의 관계에 대해서도 언급했고 한국은 그 기회를 놓치지 않고 북방정책으로 수교를 이룩해 내 유라시아 지역과의 관계 복원의 큰 발걸음을 내딛게 됐다.

다시 중-소 관계 정상화의 길로 돌아가 보자. 고르바초프의 블라디보스토크 선언은 한치의 진전을 이룩하지 못하던 양국 정상화 회담을 급속도로 진전시켰다. 1986년 10월 제 9차 회담이후 양국은 중소정상회담이 열리기 전날 밤까지 12차례의 협상을 가졌다. 그리고 중간 중간 양국은 미디어를 활용해 정상회담을 통한 전격적인 협상 타결을 선호하는 듯한 메시지를 보냈다. 1988년 8월 12일 소련 공산당 기관지 프라우다는 덩샤오핑의 사진을 게재하고 관련 기사를 통해 아무런 조건 없이 정상회담을 갖고자하는 소련 측의 의사를 보도했다. 이런 식의 다양한 물밑 작업과 메시지 교환 그리고 힘겨루기 끝에 마침내 양국 관계는 정상화의 막바지 관문을 돌파하는 모습을 보여주기 시작했다. 브레즈네프가 타슈켄트 선언을 통해 양국 관계 정상화를 위한 접촉을 요구하고 이를 양국 지도부가 놓치지 않고 추진한 지 거의 6년 반의 시간이 흐른 뒤의 결과였다. 1988년 12월 1일부터 3일까지 1957년 이래 처음으로 중국의 외교책임자가 소련을 방문해 양국 외교장관회담을 열었다. 당시 중소협상을 처음부터 준비하고 참여했던 첸치천이 중국 외교부장으로서 세바르드나제와 공식 회담을 가졌다. 이후 1989년 2월 2일 세바르드나제가 중국을 답방했다. 역사적인 양국 정상회담의 마지막 준비 단계가 이제 종점을 향한 마지막 관문을 돌파한 것이었다. 물론 이 과정에서 베트남군의 캄보디아 철군과 관련해 셰바르드나제와 첸치천 그리고 양국 외교부와 최고 지도부 간의 갈등과 번복의 모습들이 있었다. 이 부분은 이 책의 주제가 아니므로 다음 기회로 미루기로 한다.

1989년 5월 15일부터 고르바초프의 역사적인 중국 방문이 시작됐다. 같은 날 몽골-중국 국경에 배치됐던 소련군의 탱크와 야포 그리고 주둔 병력 일부가 기차를 통해 소련으로 철군하기 시작했다.[20] 1959년 이래 처음 이루어진 중소 양국 지도자의 정상회담은 30년간에 걸친 유라시아의 두 대국, 공산진영의 양 강국의 대립과 갈등이 막을 내리고 새로운 단계로 접어드는 상징이었다. 실제로 18일까지 이어진 당시의 정상회담은 현대 중국 외교사는 물론이고 중-러 관계사에서도 이정표를 긋는 역사적

20) 'SOVIET TROOPS LEAVE BORDER, MOSCOW, May 15. 1989, AP.

인 회담이었다. 그만큼 의미도 컸고 회담의 합의 영역도 광범위했다. 하지만 이 역사적인 사건은 그 중요성에도 불구하고 곧바로 이어진 비극적인 텐안먼 사태로 인해 대중의 관심의 영역에서는 사라져갔다. 중국은 한동안 텐안먼 사태의 후폭풍에 시달려야 했고 소련도 점점 개혁과 개방의 후폭풍에 몰려가고 있었다.

고르바초프의 역사적인 방중은 양국 관계 및 아태 정세 그리고 유라시아 정세에 일대 변혁을 몰고 왔다. 양국은 이 정상회담을 계기로 관계를 정상화 했으며 국경협정 등에도 속도를 냈다. 하지만 이 역사적인 관계정상화는 정상회담 기간 중 점점 커지기 시작한 중국에서의 대학생 시위와 보수파와 개혁파간 갈등의 격화 그리고 종국에는 수많은 인명피해가 발생한 텐안먼 사태로 인해 역사적 중요성에 비해 조명을 덜 받게 됐다. 마찬가지로 이 시기를 전후 해 소련에서도 개혁파와 보수파간의 갈등과 쿠데타, 그리고 소련의 해체라는 대혼란이 발생했다. 하지만 당시 고르바초프와 덩샤오핑 정상회담의 결과로 인해 중소 관계는 새로운 단계로 진입했다. 그리고 중국과 소련, 중국과 러시아로 이어지는 새로운 형태의 중-러 연대의 모습이 세계에 등장하기 시작했다. 그리고 유라시아 지정학과 경제 관계에 대변화가 초래되기 시작했다. 그리고 4반세기가 지난 현재 세계는 새로운 형태의 중-러 유라시아 연대의 모습을 에너지와 방산을 비롯한 정치와 경제의 각 영역에서 목도하고 있다. 첸치천이나 러시아 전문가들의 표현처럼 만일 당시 기회를 놓쳤다면 후에 양국 관계의 발전은 아마도 다른 길을 걷게 됐을 수도 있고 이들이 역사를 바꾸지 못했다면 그 이후의 변화의 흐름을 감안할 때 유라시아 정세는 더욱 더 큰 예측불허의 방향으로 흘렀을 수도 있다.

텐안먼 사태와 소련의 해체는 양국 관계 정상화 이후 양국 지도부의 관심을 각각 다른 방향으로 돌렸다. 중국은 국내 문제에 집중했고 러시아는 서방과의 협력을 통해 국내 문제를 해결하고자 하는 방식으로 방향을 전환했다. 특히 옐친 대통령의 민주 러시아 정부는 적극적인 친서방 정책을 펼쳤으며 러시아 외무성에도 대서양파라고 불리우는 유럽 및 미국 중시파가 득세했다. 다시 중국 문제는 후순위로 밀렸으며 중러 관계는 특별한 갈등없이 지나갔지만 그렇다고 특별한 진전도 이룩하지 못했다. 다만 러시아의 일방적인 친서방 정책이 때때로 중국의 당혹감을 불러일으켰고 이에 대한 불만이 전달되는 그런 식의 나날이 지나갔다. 하지만 경제와 다른 분야의 협력은 점점 속도를 더해갔다. 세월이 흐르면서 러시아내 상황이 점점 격렬해졌다. 이에 따라 양국 관계도 새롭게 중요성을 갖게 됐다. 결정적인 계기는 코소보 사태와 북대서양조약기구(NATO)의 동진(東進), 그리고 러시아의 경제난이었다. 일방적인 친서방 정책이 러시아의 위상을 약화시키고 오히려 국내 갈등을 유발한다는 민족주의자들 및 현실주의자들의 공격이 옐친 정부 내 친서방파에 집중됐다. 시베리아 탄광을 중심으로 해 각 지역에서의 파업과 시위도 줄을 이었다. 결국 러시아 정부내 세력 갈등은 세력 교체를 이룩하게 되고 여기에 맞물려 옐친 2기 이후 중-러 양국 관계는 대변모를 이룩한다. 고르바초프 이래 러시아 정계를 장악하면서 미국 및 서방과의 밀월을 강조하던 대서양주의자들이 퇴조하고 현실주의·민족주의 외교 노선을 강조하는 프리마코프 등이 득세한 것이다. 특히 프리마코프는 지정학 연대를 중시하는 이념성이 강한 현실주의 외교전략가였다. 그는 러시아-중국-인도의 3각 연대의 강화를 통해 미국 중심의 유일패권적 구도에 도전하고 다극주의를 구현하려 했다. 이에 따라 중-러 관계도 서서히 중요성을 회복하기 시작했다. 이후 양국은 소련이 붕괴하기 직전인 1991년 5월 16일에 중국과의 동쪽 국경

지역 문제를 정리하는 '동부국경협정'을 체결했고 1994년에는 '서부국경협정'을 체결해 중앙아시아 지역의 국경선을 확정했다. 서부 국경 문제는 소련이 해체 되면서 새롭게 국제 사회의 일원이 된 중앙아시아 국가들과 중국 사이에 각각 개별적인 양자 협정이 다시 체결되었고 그 결과물로 상하이 협력기구(SCO)가 탄생한다.

이후 중국과 러시아는 미해결 상태로 남겨뒀던 동부국경지대의 마지막 문제들을 놓고 협상에 들어갔다. 당시 가장 큰 난제는 우수리강(Ussuri River)과 아르군강(Argun River, 額爾古納河)에 위치한 3개의 섬에 대한 귀속문제였다. 특히 대우수리섬은 양국간 국경지대 협력에 매우 중요한 상징적 의미를 갖고 있었다. 결국 양국은 이 섬을 절반 정도 씩으로 분할하기로 했고 2004년 10월 14일 최종적인 '중러국경협정'을 체결했다. 2005년 6월 2일 세르게이 라브로프(Sergei Lavrov) 러시아 외무장관과 리자오싱(李肇星) 중국 외교부장은 비준서를 교환하면서 두 나라 사이의 국경분쟁이 완전히 해결되었다고 발표하였다. 소련 해체 후 동부와 서부 국경선이 협상에 의해 전쟁이나 무력 충돌을 거치지 않고 타결된 것이다. 1969년 다만스키섬(珍寶島)을 놓고 총격전을 벌이던 일을 상기하면 이는 대단한 역사적 변환이다. 더군다나 그 시점이 러시아 학자들의 평가처럼 러시아 역사상 러시아가 가장 어렵고 힘들었던 상황에서 이루어진 협상이었다는 점에서 의미가 더 컸다. 이러한 협상은 양국을 끈끈하게 이어주었고 러시아내 중국 공포(黃禍論)에 대한 우려를 상당히 완화시켰다. 그리고 상호 신뢰가 증가했다. 특히 탈이념의 시대에 중국이 동중국해 및 남중국해에서 그리고 러시아가 크림반도를 중심으로 흑해 연안 지대에서 각각 무력충돌을 각오하는 국경분쟁을 벌이고 있다는 점을 감안하면 유라시아의 두 강대국인 러시아와 중국이 유라시아 대륙 내 동쪽 끝자락과 내륙 서부 국경을 협상에 의해 마무리 지었다는 것은 시사하는 바가 매우 크다.

중국과 러시아의 관계는 과거에나 현재에나 글로벌 패권과 연대의 중요한 변수다. 그리고 유라시아의 미래를 결정짓는 중요한 상수이기도 하다. 하지만 중-러 관계의 미래와 유라시아의 미래에 대한 중요한 또 다른 요인이 있다. 바로 미국 변수다. 키신저의 미국이 보여주었던 것처럼 중국과 러시아가 균열하면 미국의 운신의 폭이 커진다. 그리고 그 균열을 이끌어 내는 요소들은 때로는 이념(가치) 보다는 실리(경제)다. 앞에서도 언급했듯 1950년대 이후 러시아와 중국의 1차 밀월을 이어줬던 것은 정치와 경제의 종합적 결과였지만 이념이 우선된 시기였다. 이러한 양국 관계의 균열은 러시아-인도 관계의 실리를 포기할 수 없었던 러시아의 선택과 연관된 결과였고 미중 외교관계 수립과 그 이후의 모습 역시 중국의 실리에 기초한 선택이었다. 이런 점에서 러시아와 중국이 21세기 들어 새로운 밀월을 과거의 역사적, 이념적 연대의 정신과 경제적 보완성(에너지, 시장, 기술)을 가지고 새롭게 구가한다는 것은 매우 의미심장하다. 여기에 만약에 한국, 일본 등이 참여해 유라시아 내 에너지, 자원, 시장이 역동적으로 결합한다면 동아시아의 기술 분업적 가치사슬 구조가 유라시아 대륙 내에도 퍼져 중국-러시아간 양자 협력을 넘어 동유라시아 지역 국가 간에 시너지를 창출할 수도 있기 때문이다. 이처럼 냉전 종식 후 나타나고 있는 공산주의 중국과 탈 공산주의 국가 러시아를 묶는 끈은 '이념(공산주의)'이 아니라 '실리(경제·외교적 이익)'다. 여기다 21세기 초 한동안 계속됐던 미국 주도의 유일패권국가 시대에 대한 도전으로서 러시아와 중국이 추구하는 '다극주의 시대'의 실현이라는 공동의 정책적 목표가 있다.

## 푸틴과 시진핑 그리고 다극주의

2014년 5월 20일 상하이에서 개최됐던 푸틴과 시진핑(習近平)간 정상회담은 양국 간'신밀월 시대'는 실리(경제)와 공동의 정책적 목표(다극주의)의 공조에 기초하고 있음을 상징적으로 보여주었다. 당시 푸틴과 시진핑은 회담을 통해 중·러 관계를 '전면적이고 전략적인 협력 동반자 관계의 신단계'라고 규정짓고 공동 성명을 발표했다. 이들은 성명을 통해 "양국은 다른 나라의 내정 간섭에 반대할 것"이며 "일방적 제재 정책과 타국의 헌법질서 변경 활동을 지원하는 일을 중단할 것을 호소한다"고 밝혔다. 크림 사태 직후 상하이 정상회담이 열렸다는 점과 크림 사태 당시 중국이 러시아를 비난하지 않고 러시아에 대한 규탄 결의안에 찬성하지 않고 기권했다는 점에서 이는 우크라이나 사태에 대한 서방의 개입을 비판하면서 양국이 공조해 서방을 적극 견제하겠다는 뜻을 밝힌 것으로 해석됐다. 또한 중국 입장에서는 동·남중국해 분쟁에 대한 미국의 개입에 대한 경고성 메시지를 러시아와 공동으로 전한 것으로 분석됐다. 한마디로 양국의 국제정세 인식과 전략적 이해에 대한 상호인정과 지지의 표명이었던 것이다. 이는 중국과 러시아가 기존의 '전면적 동반자 관계'를 한 단계 끌어올려 미국과 서유럽 중심의 국제질서에 적극 대응하겠다는 의지를 분명히 표명한 것이며 그 이후의 중앙아시아 신뢰구축회의(CICA)에서 보인 시진핑의 발언 처럼 아시아의 문제, 유라시아의 문제에 대한 역외세력의 관여에 대한 거부감의 표명이기도 하다. 푸틴과 시진핑은 공동성명 발표 후 양국 연합군사훈련인 '해상협력-2014' 개막식에도 나란히 참석해 미·일 군사동맹에 맞서 양국의 군사력이 협조하는 '군사적 밀월'도 대내외에 과시했다. 양국군의 합동 훈련 장소가 중국과 일본이 영유권 분쟁을 벌이고 있는 센카쿠제도(중국명 댜오위다오) 인근이어서 미·일 군사동맹에 대항한 무력시위 성격이 짙었다. 러시아와 중국은 당시 회담에서 군사 협력의 새 장을 열었을 뿐 아니라 '전면적 에너지 동반자관계'도 구축했다. 두 정상은 10 여년 간 답보 상태였던 러시아 천연가스의 중국 공급 협상을 타결지었다. 본격적인 에너지 동맹이 형성되는 신호탄이 나온 것이다. 천연가스 협상은 4000억달러(약 409조원) 규모로, 러시아는 이르면 2018년부터 중국에 30년 동안 매년 380억㎥의 가스를 공급하게 된다. 이에 따라 중·러 경제 밀월은 한층 더 깊어질 전망이다. 양국은 현재 900억달러(약 92조원)인 교역액을 2015년 1000억달러, 2020년 2000억달러까지 확대한다는 목표를 설정했다. 또한 2차 대전 종전 70주년을 공동으로 기념하기로 했다. 시진핑은 "내년은 세계의 반(反) 파시스트전쟁 및 중국 인민의 항일전쟁 승리 70주년으로 중·러 양국이 경축 기념행사를 공동으로 거행키로 합의했다"면서 "2차 대전 승리의 성과와 전후 국제질서를 지켜 파시즘과 군국주의의 야만적 침략이란 비극이 되풀이되는 것을 결코 용납하지 않을 것"이라며 일본을 향해 날을 세웠다.

푸틴과 시진핑이 공동성명에서 밝히고 있듯 경제, 정치, 군사 그리고 문화(역사)에 이르기까지 전면적이고 협력적인 양국 관계의 새로운 단계로의 진입을 선언하고 있는 것이다. 중국과 러시아의 이러한 신밀월은 앞에서도 언급했지만 양국이 타개해야할 현 단계의 국제정세와 경제적 실리에 기초해 있다. 중국과 러시아는 각각 미국이 막후에서 작용하는 영유권 분쟁을 겪고 있다. 중국은 동중국해 및 남 중국해에서 일본 및 필리핀, 베트남 등과 영유권 분쟁을 겪고 있고 러시아는 우크라이나 크림반도 사태를 놓고 서유럽과 대립각을 세우고 있다. 그리고 이러한 대립에는 역외세력이지만 세계의 경찰이자 민주주의 세력의 후원자를 자임하는 미국이 개재되어 있다. 러시아는 우크라이나 크림 반도를 합병하고 나서 미국 등 서방국가의 제재와 투자 감소에 직면해 있고 중국도 남중국해에서 미국의 지원을 등에 업은 베트남·필리핀과 영유권 분쟁을 벌이고 있다. 일본과는 댜오위다오(일본명 센카쿠)를 놓고 대치 중이다. 이 때문에 중국 러시아 모두 이념보다 상대의 실질적 도움이 필요한 상황에서 서로의 아쉬운 점을 채워주는 윈-윈의 협력을 과시하고 있는 것이다.

이념이 실종된 21세기에 과거 중-러 간의 갈등과 협력의 역사를 반추해보면 최근 러시아와 중국이 동부 국경 문제를 타결하고 신협력시대를 열었다는 것은 믿기지 않을 만한 사건이다. 특히 소련 해체 후 회복이 불가능한 병자로 취급받던 러시아가 불과 20여년 만에 유라시아의 전략적·지정학적 이점을 최대한 활용해 세계적 영향력을 회복하고 있다는 것은 대단한 변화다. 러시아의 아시아 지역에 대한 접근과 중국과의 밀월은 러시아의 동방진출이 이제 과거 제국 러시아 시절 이후 처음으로 본격화됨을 의미한다. 중국의 부상을 활용하면서 아시아 태평양 지역으로의 경제 통합과 극동 시베리아 지역을 개발하려는 러시아의 신동방정책은 에너지와 시장, 물류 루트 등 러시아의 이점들이 종합적으로 작용하면서 동시 다발적으로 이루어지고 있다. 이 때문에 미국과 함께 러시아가 아시아의 자본주의 국가들로부터 처음으로 에너지 공급원 및 새로운 물류 루트 개척의 협력자 그리고 새로운 투자 협력의 대상자로서 강력한 구애를 받으면서 새로운 존재감을 과시하고 있다.

하지만 러시아의 이러한 거침없는 질주가 항상 우호적인 반응을 불러오는 것은 아니다. 2008년 남오세티야와 2014년 크림에서의 행동은 러시아에 대한 서구의 의구심을 다시 부활시켰으며 냉전 종식 이후 유럽의 불안정성을 상징하는 새로운 사건이 됐다. 러시아의 유럽 복귀와 국제 체제 편입의 새로운 상징이었던 G8 체제는 크림 사태로 인해 현재 잠정적으로 G7체제로 회귀한 상태다. 하지만 러시아의 유럽화와 현대화 작업은 독일과의 끈끈한 협력 위에서 착실하게 진행되고 있다. 크림 사태 이후에도 독일은 러시아와의 긴밀한 관계를 지속하고 있으며 유럽과 러시아, 미국과 러시아 사이의 중재자로서 성가를 올리고 있다. 물론 독-러 관계의 미래는 역사적으로 볼 때 예측하기 어려운 진로를 택할 수도 있다. 하지만 앞에서도 언급했듯 중-러 관계의 미래는 적어도 당분간은 독-러 관계의 미래와 연동하면서 그 진폭을 결정하게 될 것이다. 그리고 중국은 러시아를 조금이라도 더 유라시아 내부의 역동성을 강화하고 자신들의 입지를 강화하는 쪽으로 견인하려 노력할 것이다.

이는 지난 2014년 9월 1일 야쿠츠크에서 실시된 '시베리아의 힘' 가스 파이프라인 기공식에 참석한 장가오리(張高麗) 중국 상무 부총리의 발언에서도 알 수 있다. 당시 그는 푸틴과의 사전 면담에서" 중국은 미국과 서구의 러시아에 대한 일련의 제재에 반대하며 색깔 혁명에도 반대하고 러시아의 발전을 저지하려는 시도에도 반대한다"[21]고 말했다.

유라시아라는 거대한 공간에서 러시아, 중국, 독일이 마치 거대한 체스판의 말처럼 거친 숨소리를 내고 질주하고 있는 것이다. 그리고 지금 이러한 체스판에서 소련 해체 이후 한동안 제대로 기능하지 못했던 러시아라는 말이 서유라시아의 한 축을 흔들며 진군하는 모습을 보여주고 있는 것이다. 러시아의 행보는 1991년 12월 역사 속으로 사라졌던 유라시아 내 강력했던 국가의 후예가 역사 속에서 부활하고 있음을 보여주고 있다. 그리고 부활의 속도나 방향, 후폭풍이 유럽과 글로벌 금융위기 이후 국제사

---

21) http://kremlin.ru/news/46530 'Беседа с Заместителем Премьера Государственного Совета Китая Чжан Гаоли', 2014.9.1.,

회에 새로운 충격파와 도전으로 작용하고 있는 것이다.

최근 우리 정부는 유라시아 이니셔티브 및 신북방정책 등을 발표하면서 한반도와 유라시아와의 협력을 강화하고자 한다. 평화의 대륙, 창조의 대륙, 하나의 대륙이라는 개념을 바탕으로 협력과 평화의 주도자 역할을 수행하겠다는 것이다. 이러기 위해서는 유라시아의 합종연횡의 모습을 면밀히 살펴야한다. 소련 해체 후 국제사회에 새롭게 부상했던 신생 독립국들이 20여년이 지난 후 어떠한 궤적을 그리며 나아가고 있는 지, 중국과 러시아의 유라시아 연대와 유라시아 지역 내의 에너지·자원·문화·산업의 강국들인 러시아 및 중앙아시아 국가들의 국제적 역할이 점점 더 중요해지는 근본적 이유들이 무엇인 지에 대해 살펴보고 국익을 신장시킬 전략을 짜야만 한다. 그리고 그 전략은 결국 북한 문제에 대한 회피를 통해서는 달성될 수 없다는 사실을 이해해야 한다.

제4장

# 유라시아의 지정학적 혁명 그리고 북극의 변화가 의미하는 것

# 제4장 유라시아의 지정학적 혁명 그리고 북극의 변화가 의미하는 것

## 매킨더 이래 최대의 지정학적 변화 --- 북극의 해빙

지정학적 현실 인식과 상상력을 자극하고 기존의 관념을 뒤바꾸는 사건들이 경제적 측면뿐 아니라 군사안보적 측면에서도 심대한 영향을 미치고 이러한 지정학적 현실은 특정한 국가가 취할 수 있는 활동 영역의 한계를 규정한다는 것은 이미 입증된 바 있다. 또 이러한 현실은 정치 및 안보 전략과 이론에도 영향을 미쳤다. 헐포트 맥킨더 (Halford Mackinder)를 위시한 전통적 대륙주의자들 그리고 알프레드 매한 (Alfred Thayer Mahan)과 같은 해양주의자들은 [그림 15]에서 알 수 있듯 유라시아 대륙 북쪽 지역으로부터 유라시아의 핵심지에 대한 공격이 불가능하거나 아니면 그 지역에 대한 접근이 불가능하다는 사실을 지정학 이론 전개의 상수로 놓고 판단해왔다. 물론 세베르스키(A.P. Seversky)나 그 이후의 공중 및 기술 발전의 영향을 강조해온 학자들은 공군력 및 미사일 무기의 발달로 이러한 가정이 무너졌거나 무너져가고 있다는 사실을 강조했지

[그림 15] 맥킨더를 위시한 지정학 이론가들의 지전략 모델. 북극지역을 접근이 어려운 지역으로 상정한 후 지전략 모델을 설정하고 있음을 보여준다.

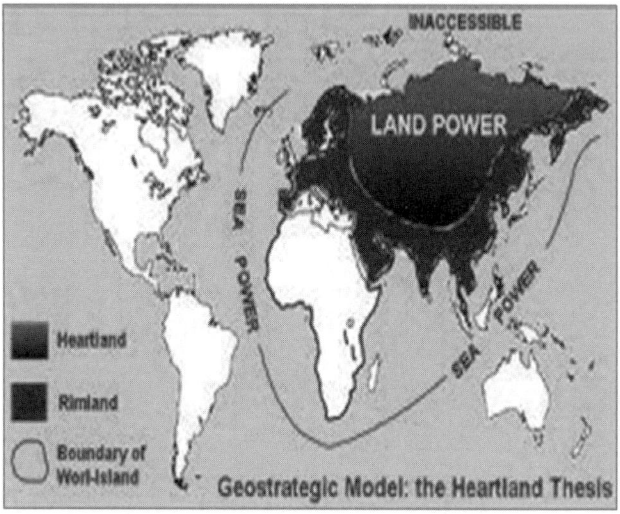


만 그동안 북극 지역은 접근이 용이하지 않다는 측면에서 경제활동 뿐 아니라 군사안보적 활동의 한계도 규정해 온 것이 사실이다.

이러한 지리적 한계를 안고 수행된 대표적인 전쟁이 러일 전쟁이다. 러일 전쟁 당시 일본의 제국함대 지휘부는 매한이 주장한 해양력설의 대단한 신봉자들이었다. 당시 일본의 제국함대는 러시아 함대를 패퇴시키기 위해선 전력을 한 곳에 모으는 선택과 집중을 통한 전략을 수행할 수 밖에 없었고 그 이론적 근거의 상당부분을 매한의 이론에서 가져왔다. 그들의 지전략(geostrategy)이 성공할 수 있었던 이유는 매킨더나 매한이 유라시아의 지전략 입안의 전제조건으로 간주했던 북극해에 대한 러시아 해군의 접근 능력과 기술에 대한 판단에 근거했다. 러일 전쟁 당시의 러시아 해군의 기술적 수준으로는 대규모 병력을 북극항로를 통해 극동으로 수송할 수가 없었다. 일본 열도를 중심으로 2개의 전선이 동시에 형성될 수 없는 지정학적 위치의 포로였던 것이다. 일본은 전격 기습작전으로 뤼순(포트 아루투르)과 제물포에 기항하고 있던 러시아 함대를 궤멸시켰고 함대의 출항을 막기 위한 기뢰를 부설했다. 북극이 막혀 있는 상황에서 단기간에 보충 병력을 유럽 지역에서 아시아 지역으로 투사할 수 없었던 러시아는 극동 주둔군과 함대의 궤멸에도 불구하고 즉각적인 보급 병력과 함정을 투입할 수가 없었다. 물론 러시아는 극동에서의 러시아의 전략적 권익을 방어하기 위한 새로운 보충병들을 막 가동이 시작된 시베리아 횡단열차를 통해 육로로 투입해 육상에서 일본과 2년 이상을 끄는 지리한 전투를 계속할 수 있었지만 일본의 후방에 전력을 신속히 투입할 해상 루트의 활용에서 한계에 직면해 전력 투입의 한계를 절감해야만 했다. 최근 북극의 변화, 북극항로의 상용화는 이러한 측면에서 군사·경제적 한계를 깨뜨리는 아주 중요한 전략적 고려의 변화를 촉발하는 사건이라고 할 수 있다.

특정 지역의 상업적 가치가 높아지면 당연히 이러한 경제적 이익을 보호해야할 군사 전략적 가치도 높아진다. 처음엔 상선(商船)이 다음엔 군함(軍艦)이 출현하는 이치다. 러시아는 국토의 1/3이상이 북극권에 연접해 있다. 2008년 9월 러시아 안보위원회(Security Council)에서 당시 대통령이던 드미트리 메드베데프가 "북극 지역은 이미 러시아 국부의 주요한 원천으로 작용하고 있다. 러시아는 이미 북극지역에서 GDP(국내총생산)의 20% 정도와 해외수출의 22% 정도를 산출해내고 있다"[22]고 밝힌 것처럼 북극해 및 주변 지역은 러시아의 국익과 직결되어 있다. 때문에 러시

22) Speech at Meeting of the Russian Security Council on Protecting Russia's National Interests in the Arctic, September 17, 2008, The Kremlin, Moscowhttp://archive.kremlin.ru/eng/text/speeches/2008/09/17/1945_type82912type82913_206564.shtml 검색일 2014. 08. 27.

아의 북극전략은 경제, 정치, 군사, 심리적인 요소가 모두 개재되어 있다.

최근 북극의 변화에 각국이 경쟁적으로 관심을 갖고 대응하는 이유다. 중국은 유라시아 및 세계의 지정학 혁명을 초래되고 있는 북극 지역의 변화에도 최근 열정적인 움직임을 보여주고 있다. 아이슬란드 등 북극권 지역을 매개로 조용하면서도 집요한 진출 전략을 전개하고 있는 한편 러시아와의 협력을 강화하기 위한 다양한 형태의 전략을 구사하고 있다.

유라시아에 불고 있는 이러한 변화는 유라시아 대륙 내 행위자들의 대응 능력에 따라 그 국가의 운명을 좌우하게 될 것이다. 유라시아에 불어오는 이러한 변화의 바람에 주체적으로 그리고 객체적으로 움직이는 또 하나의 중요한 변수는 소련 해체 후 유라시아 공간에 새롭게 독립국가로 탄생한 중앙 아시아 국가들의 움직임이다. 이들 또한 중국, 인도, 러시아 등과 변화하는 유라시아의 공간에서 자신들의 운명을 개척하기 위해 용트림을 하고 있다.

## 러시아의 북극 정책이 동아시아 국제관계에 미치는 영향

### 1. 러시아의 북극 정책과 북극 및 북극해 지역 현황

러시아는 최근들어 북극 및 북극해 지역에서 자신의 존재감을 강하게 나타내는 전략을 수행해 오고 있다. 이러한 전략은 경제적인 부분에서 뿐만 아니라 군사적 부분에서도 마찬가지다. 러시아가 이러한 전략을 통해 얻고자 하는 목표는 분명하다. 러시아의 기득권을 확고히 하는 한편, 새롭게 형성되는 환경을 러시아에 유리한 방향으로 이끌어 국익을 극대화하자는 것이다.

북극해 지역은 현재 지구 온난화 및 심해 탐사 기술 발전 등으로 인해 경제 상업적 가치가 크게 높아졌다. 천연가스 및 석유 그리고 기타 광물 자원의 활용 가능성 및 상업적 채굴 가능성도 높아졌다. 여기다 기후변화로 인해 결빙기간이 줄어들면서 러시아가 관할하는 북동항로(North-East passage, 최근엔 주로 Northern Sea Route로 표기)와 캐나다가 관할하는 북서항로(North-West passage)의 상업적 이용의 가능성이 높아져 세계 경제 및 군사전략에 큰 변화를 초래할 새로운 물류 가능성이 현실화하고 있다. 북극해를 둘러싼 이러한 환경의 변화는 북극 주변국, 이른 바 북극 위원회(Arctic Council) 소속 8개국[23] 및 북극해의 변화에 따른 전략적 이해를 표명하고 있는 유럽연합, 한국, 중국, 일본, 싱가포르 등에 새로운 정책적 고려를 요구하고 있다. 이러한 고려는 북대서양조약기구(NATO)도 마찬가지이며 냉전 종식후 NATO는 수시로 북극해의 새로운 물류 루트가 동맹의 이해에 매우 중요한 지역임을 분명히 하고 있다.[24]

러시아의 북극지역은 다른 북극 연안국에 비해 몇 가지 점에서 차이가 있다. 가장 큰 차이는 다른 국가의 북극지역에 비해 실제로 거주하며 산업 생산을 하는 인구가 많다는 것이다. 현재 러시아의 북극지역의 인구는

23) 북극위원회 소속 8개 회원국은 러시아,노르웨이,덴마크(그린란드),캐나다,미국,스웨덴,핀란드,아이슬란드이다. 이들은 북극해 지역의 영토획정을 놓고 서로간 갈등을 빚고 있지만 북극해 주변의 문제 해결과정에 별도의 국가가 개입하는 것에 대해서는 거부감이 강하다. 2008년 5월 그린란드 일룰리사트에서 개최된 북극해 연안 5개국 회의는 이러한 이들의 입장을 명확하게 보여주고 있다. 당시 회의엔 8개 회원국중 일명 Arctic 5에 속하지 못하는 스웨덴, 핀란드,아이슬란드가 초대받지 못했다. 또 일룰리사트 선언문은 "우리는 북극해를 위해 새롭고 포괄적인 국제법 체제를 만들 필요성을 느끼지 못한다"고 명시하고 있다.

24) NATO and a New Agenda for the Arctic, http://eurodialogue.org/energy-security/NATO-and-a-New-Agenda-for-the-Arctic 등 참고

러시아 전체 인구의 1.5%다. 통계상으로는 미미해 보이지만 이는 북극지역에 거주하는 전체 인류 4백20만여명의 약 절반에 달하는 약 200만 명이다.[25] 러시아 북극지역의 또 다른 특징은 이들 거주 인구 중 87%가 북극 지역의 주요 생산 거점인 무르만스크, 노릴스크, 노비 우렌고이, 노야브리스크 및 야쿠츠크 같은 도시에 집중 거주하며 이들 도시 인구는 10만명 이상이 거주하고 있다. 또 인구 5,000명 이상이 거주하는 도시가 46개나 달한다.[26] 러시아 북극지역의 또 다른 특징은 대부분의 도시 들에 기본적 인프라가 잘 구축되어 있다는 점이다. 러시아는 극지 탐험 및 개발을 체제 선전에 이용한 스탈린의 정책을 지속해 소련시절에 석유 및 가스 콤플렉스, 수송관, 발전소, 광산, 철도, 비행장, 항구 등을 북극해 연안을 따라 건설했다. 또한 러시아의 주요한 전략자원중 하나인 에너지 자원, 특히 원유는 북극해에 인접한 서시베리아, 튜먼-페초라, 동시베리아 지역에서 생산된다. 이에따라 러시아의 북극지역이 국내총생산의 약 20%, 수출의 22%를 담당할 정도로 전략적으로 중요한 의미를 갖고 있다.[27]

이러한 북극에 대해 러시아는 냉전 전과 마찬가지로 매우 중요한 비중을 가지고 정책을 집행하고 있다. 러시아의 북극 정책은 다음과 같이 몇 가지로 세분화 할 수 있다. 첫째는 막대한 미개발자원에 대한 더 원활한 이용 및 소유, 둘째는 러시아 국부의 상당 부분을 담당하는 북극 지역 경

---

25) "Арктика: жизнь за полярным круг," http://ria.ru/arctic_mm/20100415/221360521.html

26) Коньшев В. Н. и Сергунин А. А.(2011), *Арктика в международной политике: сотрудничество или соперничество?*, Москва: Российский институт стратегических исследований, p. 25.

27) Выступление на заседании Совета Безопасности «О защите национальных интересов России в Арктике», http://archive.kremlin.ru/appears/2008/09/17/0913_type63374type63378_206540.shtml

[그림 16] 러시아 연방 북극권 개발 전략 2020

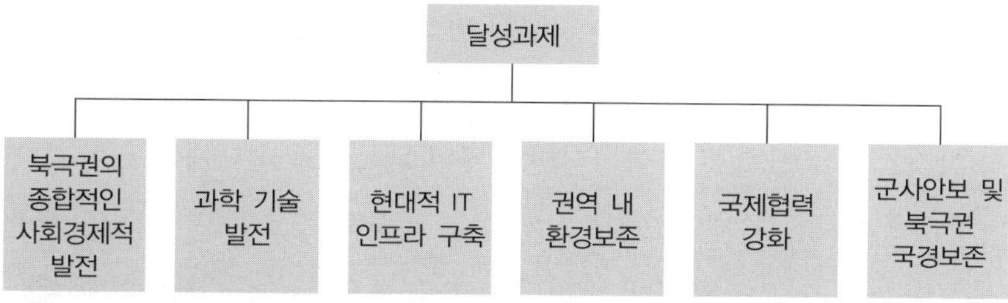


| ② 2단계 : 2011-2015년 | ③ 3단계 : 2016-2022년 |
|---|---|
| - 러시아 북극해 대륙붕 연장을 위한 국제법적 절차 추진, 이를 통해 북극지역에서의 에너지 자원 채굴 및 수송 부문에서 러시아의 경쟁우위 실현<br>- 북극지역 해양생물자원 및 광물자원 개발을 통해 러시아 북극지역의 경제구조 개선 문제 해결<br>- 유라시아 대륙의 수송 문제를 해결하기 위해 북극해 운송 인프라 및 북극항로 통신운영시스템 구축 및 개발<br>- 러시아 북극지역의 단일정보시스템 구축 완료 | - 러시아 북극지역을 러시아의 주요한 전략적 자원공급기지로 발전<br>- 중·장기적인 북극지역 개발정책 추진으로 북극지역에서 자국의 유리한 위치 선점 및 주도적 역할 수행<br>- 북극지역에서 러시아의 입지 강화, 국제적 안보 공고, 북극지역 평화 및 안정을 위해 러시아의 경쟁우위를 더욱 확대 |

자료 : 러시아 연방 북극권 개발 전략 2020

제의 균형적 발전, 셋째는 점점 더 중요해지는 북극 항로(러시아의 입장에서는 주로 북동 항로)에 대한 확실한 통행 안전 보장 및 상업적 활용의 증대, 넷째는 러시아 국익 수호를 위한 군사 전략적 안전 조치의 강화 등이다. 그리고 이를 단계별로 추진할 것임을 위에 언급한 전략적 문건에 분명히 밝혀두고 있다.[28)]

러시아는 이러한 목표를 달성하기 위해 최근 들어 왕성한 활동을 보이고 있다. 군사안보적으로는 북극 관할 부대의 창설과 몇 차례의 훈련을 넘어 지난 2013년 9월엔 북극해에 소규모 함대를 상주시키기로 했다. 러시아 국방부 차관 아르카디 바히니(Arkady Bahini)는 미사일 순양함 '표트

28) www.scrf.gov.ru/documents/98.html에 게재된 러시아어 문건을 정리한 표.

르 대제'함이 이끄는 북해함대 함단의 훈련을 시작으로 소규모 분함대의 북극 상주를 재개했다고 밝혔다. 당시 바히니 차관은 "우리는 원래 우리 땅인 이 해역으로 항구적으로 돌아왔다"고 선언했다. 그는 "북해함대 소속 함정들의 수행 임무는 블라디미르 푸틴 대통령과 세르게이 쇼이구 국방장관이 제시한 과제의 일부"라며 "이는 북극해 항로와 인근 해역 개발 및 현대화"라고 강조했다.[29)] 바히니는 또 노보시비르스크 제도의 폐쇄됐던 공항도 복원해 현대화할 것이며 10월부터는 안토노프(An)-74 등 수송기도 운항할 수 있게 될 것이라고 말했다. 러시아가 북극해 동쪽 해역으로 함정들을 파견한 것은 1991년 소련 붕괴 후 처음이다.[30)]

이런 군사안보적 활동과 함께 러시아의 경제권익 증대 및 수호 활동 또한 활발하다. 경제적으로는 러시아령 북극 지역 개발을 위한 예산상의 배려 및 슈토크만 해저 유전 개발, 야말반도의 사베타항 개발 등과 같은 북극해 연안 해상 유전 및 주변 인프라 개발을 위해 외국 투자의 유치와 기술제휴 등을 적극적으로 시도하고 있다. 또 외교적으로는 노르웨이 등 주변국들과 영토선 획정 협정을 타결지었으며 유엔해양법(UNCLOS) 비준과 이 법에 기초한 추가 영유권 인정 노력을 하고 있다.[31)] 여기다 지난

---

29) Russian military resumes permanent Arctic presence, RT 2013.09 14. 및 인테르팍스 통신 등 참고.
당시 훈련엔 순양함 표트르 대제함 이외에도 러시아 북해함대 소속 함정 10척이 참여했다. 이들은 무르만스크주(州)의 세베로모르스크항에서 출발해 북극해를 따라 동쪽으로 약 3천200㎞를 항해해 동시베리아 북쪽 노보시비르스크 제도에 도착해 훈련을 벌였다. 당시 함단에는 구축함 외에 군수지원함·핵추진 쇄빙선 등 모두 10척이 참여했다.

30) 러시아가 북극 및 백해를 관할하는 소함대를 운용한 역사는 길다. 1916년 6월 19일 당시 러시아는 독일 해군을 피해 물자를 바렌츠해를 통해서 수송했는 데 당시 이러한 루트를 방어하기 위해 북극해 함대를 창설한 바 있다.

31) 러시아는 지난 2013년 8월 12일 유엔에 오호츠크해의 대륙붕 연장 신청을 접수했다. 오호츠크해는 에너지 및 어족 자원이 풍부한 자원의 보고로 외국 어선들의 조업도 활발한 곳이다, 러시아는 이러한 오호츠크해의 중앙부의 이권을 확보하고자

2007년 8월 2일 북극 해저 로모노소프 해령(Lomonosov Ridge)에 티타늄으로 제작된 러시아 국기를 설치하는 것과 같은 심리적 선전 활동 및 과학자들을 동원한 과학적 탐사 활동도 적극화 하고 있다.

이러한 러시아의 정책 방향과 북극해 해빙의 변화에 따라 북극해를 활용하는 국제선박의 이용도 늘어나고 있다. 러시아 당국이 2013년 여름 국내외의 선박에게 발급한 북극해 항로 항행 허가는 460건에 이른다. 북극해 항로를 이용한 항행 선박이 2010년에 4척, 2011년에 34척, 2012년에는 46척이었던 것에 비해 급격한 증가세를 보이고 있음을 알 수 있다. 특히 2013년엔 한중일 3국임 모두 시험 운항선을 운항시켰고 중국이 사상 처음으로 동북아에서 유럽으로 가는 컨테이너선을 운항[32)]해 북극해 항로 이용에 새로운 역사를 썼다.

이처럼 북극 항로를 이용한 상업적 이용이 증가하면서 2011년 9월 블라디미르 푸틴 당시 러시아 총리가 밝힌 것처럼 수에즈 운하에 필적하는 세계적인 대동맥으로 발전시키겠다는 러시아의 정책적 목표와 의지가 점점 현실화하고 있다. 하지만 이는 아직 장기적 목표일 뿐이고 현실은 2012년에 약 17,000척이 통과 9억톤의 화물을 운송한 Suez운하와 비교한다면, 북극해 항로는 아직 경쟁 루트라고 말할 수준이 되지 못하고 있다. 해운전문지 Lloyd's List는 2021년에는 북극해 루트를 이용하는 화물 수송량이 약 1,500만 톤 전후가 될 것으로 예측, 수에즈 운하의 경쟁 루트가

---

하는 것이며 이 지역의 광물자원과 생물자원의 유일한 권리 보유국이 되고자 한다. 유엔에 의해 러시아의 연장 신청이 받아지게 되면 북극이 로모노소프 해령 및 멘델레예프 해령을 러 대륙붕의 연장으로 신청한 러시아의 주장이 보다 강화될 전망이다. http://roshianow.jp/politics/2013/08/19/44623.html

32) 중국원양운수집단(COSCO 그룹)은 2013년 8월 8일 19,000톤급 컨테이너 선박'융성'을 Dalian항에서 출발시켜 베링해협을 거쳐 네덜란드의 로테르담(Rotterdam)항에 이르는 운송을 성공시켰다. 이 컨테이너선은 종래의 Suez 운하를 경유하는 남방 루트가 아닌 북극해 루트를 거쳐 간 최초의 중국 발 유럽행 선박이다.

되기엔 상당한 시간이 걸릴 것으로 전망하고 있다. 하지만 북극해에는 전 세계의 미개발 석유의 13%, 천연가스의 30%가 매장되어 있으며 야말 반도 및 슈토크만 등의 개발에 따라 북극해 항로를 활용해 유럽 및 동북아 국가들에게 에너지 자원 등을 수출하는 물량이 점점 증가할 것이 확실시 된다. 유럽과 아시아를 연결하는 컨테이너 등 상업적 물류와 러시아내 북극연안 개발에 따른 자원 물량이 증가한다면 이 항로의 발전은 낙관적이다. 러시아는 이 항로를 주요 자원수출항로로도 활용할 계획이다. 러시아 운수성은 북동항로(NSR)를 이용하는 자원 수송이 2025년에는 2,500만~3,000만 톤에 도달할 것으로 예측하고 있다.[33] 러시아 운수성의 빅토르 올레이스키 차관은 카라(Kara)해로부터 동시베리아해를 경유하여 베링해로 빠지는 항로는 러시아 북부의 타이무르 반도 동쪽에 건설 중인 사베타(Sabetta)항이 개항하면 본격적으로 가동될 것이라고 밝혔다.[34]

## 2. 북극 지역에 대한 러시아의 전략적 이익 및 군사안보적 고려

특정 지역의 상업적 가치가 높아지면 당연히 이러한 경제적 이익을 보호해야할 군사 전략적 가치도 높아진다. 처음엔 상선(商船)이 다음엔 군함(軍艦)이 출현하는 이치다. 군사전략적 고려의 우선순위는 국익의 우선순위와도 연관된다. 이런 점에서 북극 지역은 러시아의 국익 수호라는 측면에서 매우 중요한 위치를 차지하고 있다. 러시아는 국토의 1/3이상이

---

33) http://sankei.jp.msn.com/world/news/130829/erp13082911430002-n1.htm
http://jp.wsj.com/article/SB10001424127887324562504579024103250702892.html 등 참고

34) 올레이스키 차관은 2013년 8월 러시아 쇄빙선 '전승 50주년'호에 승선해 동시베리아해를 항행하면서 코지 세미미즈(Koji Sekimizu) 국제해사기구 (IMO)사무총장에게 2020년에는 Sabetta항을 기점으로 하는 수송량이 1,500만 톤, 동 항구를 경유지로 하는 유럽으로부터의 수송량이 1,500만 톤이 될것이라고 말했다.
http://www.nikkei.com/news/printarticle/?R_FLG=0&bf=0&ng=DGXNASGM20013_Q3A820C1EB2000

북극권에 연접해 있다. 2008년 9월 러시아 안보위원회(Security Council)에서 당시 대통령이던 드미트리 메드베데프가 "북극 지역은 이미 러시아 국부의 주요한 원천으로 작용하고 있다. 러시아는 이미 북극지역에서 GDP(국내총생산)의 20% 정도와 해외수출의 22% 정도를 산출해내고 있다"[35]고 밝힌 것처럼 북극해 및 주변 지역은 러시아의 국익과 직결되어 있다. 때문에 러시아의 북극전략은 경제, 정치, 군사, 심리적인 요소가 모두 개재되어 있다.

제정 러시아 때부터 러시아 지도부는 북극지역을 단순한 과학적, 경제적 측면에서만 고려한 것은 아니었다. 영국등 서방 국가의 간섭을 받지 않은 상태에서 자신들의 무역로를 확보한다는 군사·물류적 측면과 볼셰비키 혁명 이후에는 역시 소련에 대한 반혁명 세력의 공격에 취약하지 않는 내해를 확보해야한다는 생존 전략적 측면, 냉전기엔 북극 항로를 활용해 미국 및 NATO 주력군에 대한 기습 루트로서의 최적·최단 루트 개발 등의 필요성에서 북극은 항상 러시아 지도부의 관심 지역이었다. 북극에 대한 이러한 복합적 개념은 오늘날에 이르러서도 마찬가지다. 이러한 러시아의 복합적 개념이 반영된 가장 최근의 북극전략문건은 지난 2008년 9월에 채택된 '2020년 및 그 이후 까지의 러시아 연방 북극정책의 기초' (Основы государственной политики Россиской Федерации в Арктике на период до 2020 года и дальнейшую перспективу)[36]라고 할 수 있다. 러시아의 장기적 국방안보전략 지침이 담긴 '국방전략 2020'에서도 러시아의 북극지역에 대한 전략적 고려를 읽을 수 있다.

---

35) http://archive.kremlin.ru/eng/text/speeches/2008/09/17/1945_type82912type82913_206564.shtml 검색일 2013.08.27

36) Основы государственной политики Российской Федерации в Арктике на период до 2020 года и дальнейшую перспективу, http://www.scrf.gov.ru/documents/98.html

이런 상황에서 러시아의 북극 전략은 군현대화 및 강한 러시아의 부활이라는 시대적 목표와 조응하면서 진행되고 있다. 냉전 때와 비교해 볼 때 러시아의 북극 지역에서의 군사 전략은 전면적 핵전쟁이나 전면전에 대한 대응적인 요소가 많이 사라졌다. 대신에 북극 지역 내 러시아의 영해 및 영공, 영토 등 주권 영역을 확실히 보장하는 것과 경제 권익의 수호, 그리고 세계적 수준의 군사 역량의 과시라는 목표에 집중되는 듯한 모습이다. 최근 러시아 군이 북극 지역에서 수시로 진행하고 있는 군사훈련은 이러한 목표에 따라 이루어지고 있다. 실제로 러시아는 자신들의 북극 지역내 작전 역량의 과시와 존재감을 주로 전략 폭격기 및 함정의 순양과 훈련, 지상 및 해상 합동 기동 훈련 등을 통해 시현하고 있으며 이를 위해 국가 최고 지도부의 북극 지역 방문 및 수호 의지의 표명 등을 수시로 내놓고 있다.

러시아의 북극 지역에 대한 군사안보적 고려는 미국의 미사일 방어 구축에 대한 대응전략적 측면도 있다. 미국은 유럽 및 아시아 미사일 방어망 구축의 하나로 이지스 함을 활용한 해상 방어시스템의 강화도 염두에 두고 있다. 러시아로서는 이에 대한 대응책이 필요하다. 이럴 경우 북극 지역을 관할하는 북극 함대의 역량 강화 및 전략 로켓군의 역량 강화는 해상에 이지스함을 배치해 해상 미사일 방어망을 구축하려는 미국과 북대서양조약기구(NATO) 군에 대응한 러시아의 전략적 대응의 하나가 될 수 있다.

이런 점을 감안한다면 지난 2013년 9월 표트르 대제함을 앞세운 러시아 함대의 프란츠 요세프 항을 비롯한 북극지역 훈련은 미국의 유럽 해상 MD에 대한 대응 훈련적 측면도 가지고 있었다고 볼 수 있다. 만약에 미사일 방어 능력 및 장비를 탑재한 NATO군 함정이 북극해에 출현한다면 러시아 전략 로켓군 및 전략 핵무기의 억지력은 현격하게 약화된다. 때문에 러시아 북방함대로서는 이러한 전략적 가능성에 대비한 대응 전략 마련이 시급하며 그에 대한 임무가 북방함대에 부가된 것으로 해석할 수 있다.

하지만 북극 지역에서의 이러한 역할은 러시아 군의 현대화 정책에 따라 진행되고 있는 북극 함대 및 해군에 대한 관련 장비 및 신형 무기의 적시 공급에 달려있다고 할 수 있다. 북극 지역은 분명 냉전 때와 마찬가지로 핵공격이나 미사일 방어망 구축에 해군을 동원해 효과적으로 대응할 수 있는 전략적 지역이라는 이점을 분명히 가지고 있다. 이러한 이점 때문에 최근 대양 해군 전력을 구축한 중국의 동해 및 북극해 루트에 대

[그림 17] 한국형 미사일 방어망 계획과 미국의 MD 체계

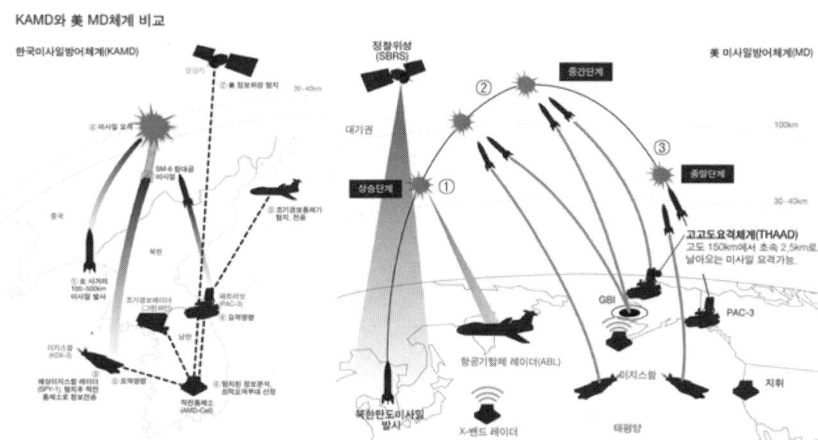


① 북 미사일 발사 후 30~40km까지 상승단계에서는 항공기에 탑재된 공중레이저발사기(ABL)로 요격
② 고도 100km의 대기권을 돌파하는 중간단계에서는 이지스함의 SM-3·6대공미사일(사거리 500km 이상), 지상배치 요격미사일(GBI)로 타격. 미사일이 대기권 돌파시 수평으로 자세를 잡아 비행할 때 고고도요격체계(THAAD)와 SM-3·6으로 요격.
③ 지상으로 낙하하는 종말단계에서는 이지스함의 SM-2 대공미사일과 지상의 패트리엇(PAC-2·3)미사일로 요격

자료: 국방부 발표 및 언론보도 등을 종합해 필자 작성.

한 관심은 높아질 수 밖에 없다. 동해를 활용해 태평양 및 유럽 지역으로 이동할 수 있다는 점은 중국의 입장에서도 미국의 미사일 방어망에 대한 전략적 대응이 가능한 영역이라는 점에서 매력적이라고 할 수 있다. 최근 한반도 동해안 주변과 일본의 동해 쪽 지역에 중국 해군 함정이 자주 출몰하는 것도 중국의 북극해 루트의 활용과 연관이 있다.

러시아는 동북아의 주요 물류 루트로서 북극해 루트가 가동될 때를 대비해 오호츠크해와 동해 지역을 염두에 둔 독자적인 군사적 대응훈련도 매년 진행하고 있다. 북극 및 오호츠크해 지역에 중국 해군의 출현가능성이 높아지면서 이 지역에서 고려해야할 전략적 요인들이 복잡해졌기 때문이다. 이에따라 러시아는 중국과의 연례적 합동 훈련과 별도로 2013년 7월에는 오호츠크해를 중심으로 태평양함대 소속 6개 분함대가 단독으로 대규모 훈련을 진행했다. 러시아 국방부는 이번 훈련이 미사일방어(MD) 훈련을 포함하고 있음을 숨기지 않았다. 러 국방부 공보실은 또 함정들이 대함 전투기 투폴레프(Tu)-142, 일류신(Il)-38 등의 지원을 받아 잠수함 수색 훈련도 성공적으로 실시했다고 소개했다. 당시 훈련에는 미사일 순양함 '바랴크', 구축함 '마르샬 샤포슈니코프'와 '아드미랄 비노그라도프', 대형 상륙함 '아슬랴바', '니콜라이 빌코프', 어뢰정, 지원함 등이 참여한 것으로 전해졌다.[37]

## 3. 러시아의 북극 전략과 물류변화가 동아시아 안보에 미치는 영향

러시아의 북극전략은 동아시아 및 국제사회에 어떠한 파장을 몰고 올 것인가? 우선 물류적 측면을 살펴보자. 새로운 물류 루트의 출현은 전 세

37) 이타르-타스 통신 2013 7월 14일자 참고

계 글로벌화의 선도적 요건 중 하나다. 또한 새로운 물류 루트는 그 활용 여부에 따라 국가와 지역의 패권과 국부의 흥망을 좌우한다. 지중해에서 대서양으로의 물류 흐름의 변화와 이와 연관된 유럽 대륙의 패권, 국력 변화의 역사가 이를 대변한다. 북극해와 북극 지역을 경유하는 새로운 항로의 개발은 이런 면에서 전 세계에 새로운 지정학적 조건을 제시한다고 할 수 있다.

동아시아의 국제관계 또한 이러한 지정학적 조건의 변화에 영향을 받을 수 밖에 없다. 중국과 일본의 세력 전이와 동아시아 국가들의 경제적 부상과 영토 갈등 또한 이들 국가들의 대외경제 환경에 영향을 미치는 북극 루트의 상용화가 현실화될 경우 새로운 지정학적 조건의 영향을 받을 것이 확실시된다. 지정학적 현실 인식을 뒤바꾸는 사건들이 경제적 측면뿐 아니라 군사안보적 측면에서도 심대한 영향을 미치고 이러한 지정학적 현실은 특정한 국가가 취할 수 있는 활동 영역의 한계를 규정한다는 것은 이미 입증된 바 있다. 또 이러한 현실은 정치 및 안보 전략과 이론에도 영향을 미쳤다. 헐포트 맥킨더 (Halford Mackinder)를 위시한 전통적 대륙주의자들 그리고 알프레드 매한 (Alfred Thayer Mahan)과 같은 해양주의자들은 [그림 18]에서 알 수 있듯 유라시아 대륙 북쪽 지역으로부터 유라시아의 핵심지에 대한 공격이 불가능하거나 아니면 그 지역에 대한 접근이 불가능하다는 사실을 지정학 이론 전개의 상수로 놓고 판단해 왔다. 물론 세베르스키(A.P. Seversky)나 그 이후의 공중 및 기술 발전의 영향을 강조해온 학자들은 공군력 및 미사일 무기의 발달로 이러한 가정이 무너졌거나 무너져가고 있다는 사실을 강조했지만 그동안 북극 지역은 접근이 용이하지 않다는 측면에서 경제활동 뿐 아니라 군사안보적 활동의 한계도 규정해 온 것이 사실이다.

[그림 18] '하틀랜드-림랜드' 모델에서 북극지역

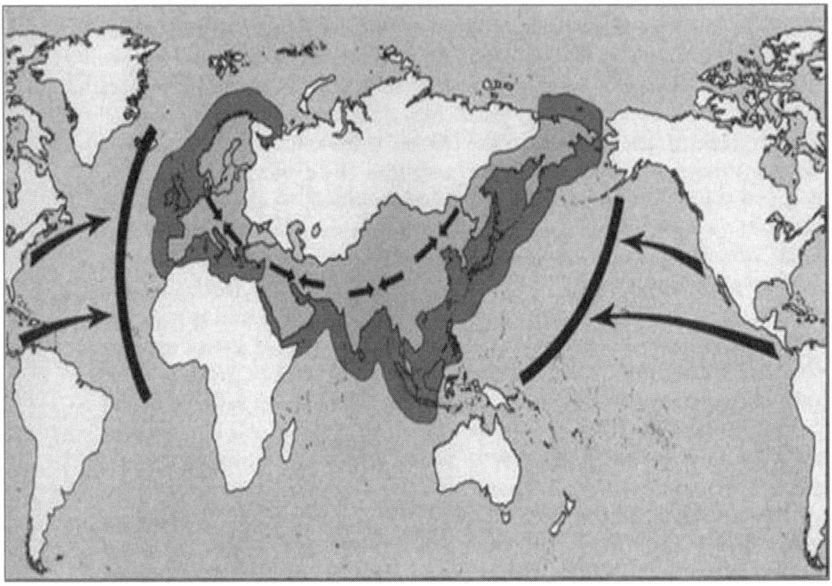

자료 : Spykman, N. J.(1944), *The Geography of the Peace*, N.Y.: Harcourt, Brace & World, Inc.

이러한 지리적 한계를 안고 수행된 대표적인 전쟁이 러일 전쟁이다. 러일 전쟁 당시 일본의 제국함대 지휘부가 매한의 해양력설의 대단한 신봉자들이었다는 것은 잘 알려진 사실이다. 당시 일본의 제국함대는 선택과 집중을 통한 전략을 수행할 수 밖에 없었고 그 이론적 근거의 상당부분을 매한의 이론에서 가져왔다. 그들의 지전략(geostrategy)이 성공할 수 있었던 이유는 매킨더나 매한이 유라시아의 지전략 입안의 전제조건으로 간주했던 북극해에 대한 러시아 해군의 접근 능력과 기술에 대한 판단에 근거했다. 러일 전쟁 당시의 러시아 해군의 기술적 수준으로는 대규모 병력을 북극항로를 통해 극동으로 수송할 수 가 없었다. 그 결과는 극동 주둔군과 함대 궤멸 후 이들을 지원하고 극동에서의 러시아의 전략적 권익을 방어하기 위한 병력 수송을 사실상 의미없게 만들었다. 최근 북극의 변화, 북극항로의 상용화는 이러한 측면에서 군사·경제적 한계를 깨뜨리는 아주 중요한 전략적 고려의 변화를 촉발하는 사건이라고 할 수 있다.

유라시아의 변화가 동아시아의 지전략적 고려의 변화를 초래한 사건은 인도에서도 예외는 아니다. 최근 인도에서 벌어진 논쟁은 냉전 후 발생한 유라시아의 부상과 북극해의 변화와 관련하여 관심을 끈다. 중국은 냉전 후 유라시아 공간에 새롭게 등장한 중앙아시아 국가들과 전략자원인 에너지 공급에 대한 협정을 체결하고 파이프라인을 부설했다. 또한 러시아의 동시베리아 개발 및 북극 지역 개발 전략에 따라 파이프라인 연결 및 북극해 지역의 야말반도 개발에 대한 참여 등을 전략적으로 수행했다. 이와같은 중국의 에너지 수입 루트의 다변화는 전통적으로 중국의 에너지 수입 루트로서 중요한 위치를 차지하는 인도양과 동중국해의 중요성을 약화시킨다. 중국은 대규모 에너지 수입국으로서 중국의 지속가능한 성장과 에너지 안보 확보를 위해서는 인도양과 동중국해를 관통하는 해양 루트의 안전을 반드시 수호해야만 한다. 하지만 러시아와 중앙아시아가 중국과 파이프라인망을 통해 연결되면서 중국의 에너지 안보망으로서 사활적 의미를 가졌던 인도양 루트의 전략적 가치가 어느 정도 헤징(hedging)된 것이다. 여기다 중국은 최근 러시아 북극해 지역의 에너지 개발 핵심 사업인 야말반도 사베타 개발 프로젝트에 CNPC를 통해 20% 이상의 지분 참여를 단행했다.[38] 야말반도에서 북극해 루트를 통해 LNG를 대규모로 수송해 오겠다는 전략이다. 이 또한 중국의 에너지 수송

38) Novatek sells 20% stake in the Yamal LNG project to Chinese CNPC, Arctic Info,06 September 2013 http://www.arctic-info.com/News/Page/novatek-sells-20—stake-in-the-yamal-lng-project-to-chinese-cnpc 검색일 2013.9.11

[그림 19] 인도양과 동중국해 그리고 북극 루트의 전략적 중요성

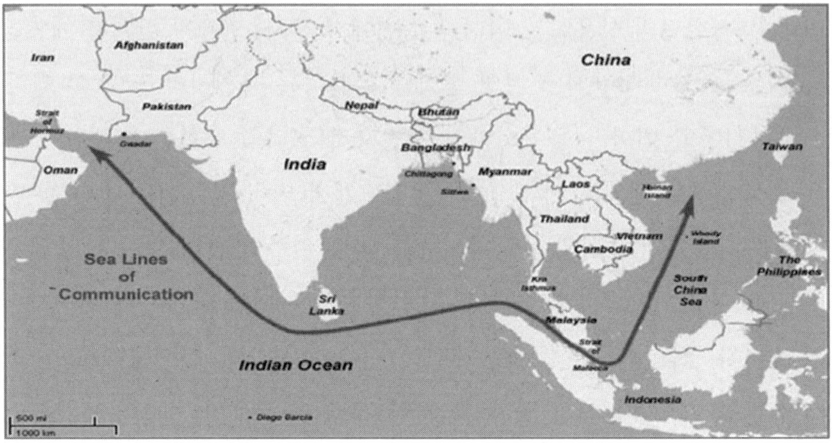


중국 및 주요 아시아 국가들은 그동안 인도양과 동중국해를 통과하는 루트를 활용해 에너지, 상품 등을 수송해왔다. 인도는 중국과의 국경분쟁에서 육지에서의 전략적 열세를 만회하기 위해 인도양의 핵심 관문을 차단할 수 있는 해군력의 강화를 통해 중국 물류를 봉쇄하는 작전을 중심으로 대응해왔다. 하지만 북극해 루트의 현실화는 인도양을 통한 에너지 수송의 취약성을 상당 부분 헤징하게 만들었고 이러한 변화된 지정학 구도는 인도의 작전에 새로운 전환을 교구해 오고 있다. 최근 인도가 산악타격군을 창설한 것은 이러한 전략적 고려에 의한 것으로 판단된다.

루트로서 사활적 이해 지역인 인도양 및 동지나해의 중요성을 헤징할 수 있는 사건이라고 할 수 있으며 에너지 안보 및 지전략적 변화를 수반하는 사건이다.

그동안 인도는 중국과 오랜 국경분쟁을 겪으면서 산악 및 육상지역에서의 전략적 열세를 인도양의 봉쇄를 고려한 해상전략으로 맞서왔다. 이와같은 양국의 전략은 육상전략을 강조하는 매킨더와 해양의 중요성을 강조하는 매한의 현실세계에서의 대결이라는 측면에서 관심을 불러오기도 했다. 이러한 점을 고려한다면 최근 인도가 중국에 대한 전략적 억지를 강화하기 위해 산악타격군(mountain strike corps)을 창설[39]하기로 한

39) India's Planned Mountain Strike Corps to Cost $13 Billion Defence Update,July 20,

것은 대륙 내부의 전략적 거점과 역량을 강화하자는 지전략의 변화를 반영한 것으로 이해할 수 있다. 중국과 국경분쟁을 벌이고 있는 인도가 히말라야 인근 산악지대에서의 전략적 우위를 확보하고 중국을 압박하기 위한 방안의 하나로 육지의 전력을 강화하는 산악타격군의 신설을 결정한 것이다. 다분히 매킨더의 이론의 영향을 전략적으로 반영한 것이다. 하지만 인도 해군과 해양력을 강조하는 매한 이론의 후계자들은 인도의 중국에 대한 전략적 우위를 강화하려면 인도양의 관문을 통과하는 중국의 군함과 상선들을 확실하게 제압할 수 있는 해군력을 더 강화해야한다고 반발하면서 흥미로운 논쟁이 벌어졌다.

[그림 20] 동아시아 국가들의 주요 LNG 수입루트

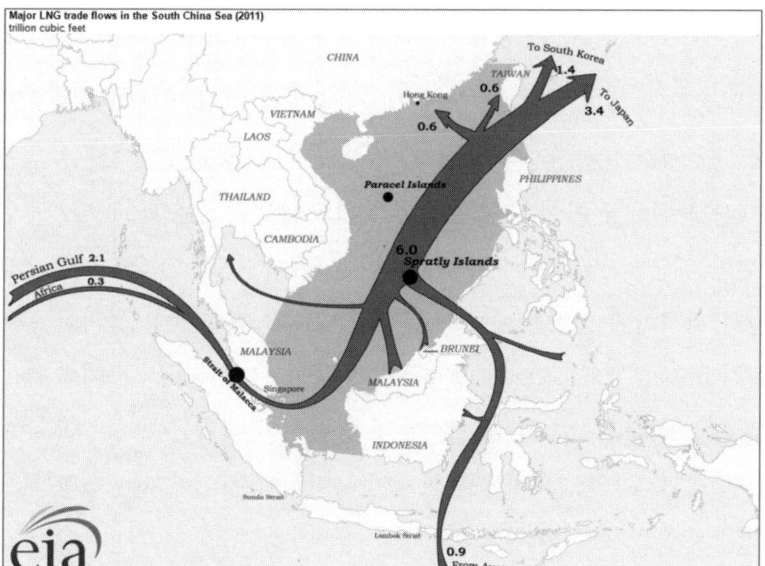


---

2013. http://defense-update.com/20130720_india_mountain_strike_group.html 검색일 2013.10.14

[그림 21] 동아시아 국가들의 주요 석유 수입 루트

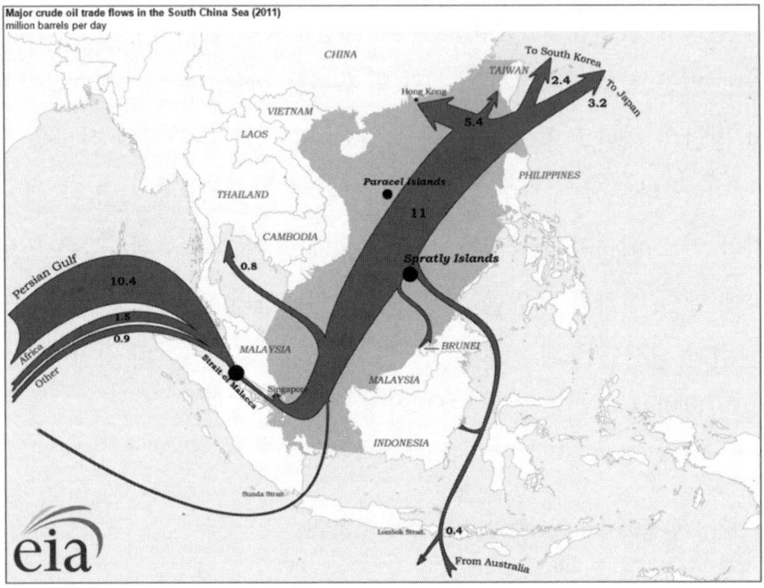


무역로와 통항의 자유는 제국주의 시절 못지 않게 현재에도 중요하다. 제국주의 시절에는 상선이 오고 가면 그 상선 보호를 위한 '통항 안전권'의 행사를 위해 군함이 출현했다. 현대에도 에너지 수송과 교역로의 안전을 위한 해군의 역할은 매우 중요하다. 지금까지 아시아와 유럽, 그리고 중동과 아시아의 통항은 수에즈 운하와 말래카 해협 등을 통과하는 아주 위험하고도 분쟁의 요소가 다양하게 존재하는 지역들을 통해 이루어졌다. [그림 20]과 [그림 21]이 보여주듯 동아시아 국가들에게 있어 수에즈 운하를 통과해 말래카 해협을 거쳐 동북아시아로 이어지는 해상 루트는 에너지 수급의 사활선이다.

## 4. 러시아의 북극전략과 물류변화가 동아시아 경제에 미치는 영향

중국의 부상과 일본 중국 간 라이벌 의식이 높아지는 가운데 북극 항로가 연중 상용화의 가능성을 높여간다는 것은 동아시아 및 글로벌 안보 정세에 대단히 중요한 변수를 촉발한다고 할 수 있다. 또한 글로벌 무역의 관점에서 보면 동아시아 국가들 뿐 아니라 무역 비중이 높은 유럽이나 북미 국가들을 포함해 전 세계적으로 북극 항로에 대해 관심이 높다. 아시아에서는 한국, 중국, 일본, 싱가포르 등이, 그리고 유럽에서는 독일이 현재 북극 항로 개발에 대한 관심이 높다. 특히 무역이 국가 경제에서 중요한 역할을 하는 동북아 국가들에게 있어 지리적으로 가까운 극동 러시아와 북극해 동쪽의 변화는 새로운 도전이자 기회라고 할 수 있다. 한·중·일 3국은 모두 신항로이 개설에 따라 어업, 에너지, 자원, 물류 등에서 이익을 얻을 수 있다.

동북아의 경우 한국, 중국, 일본 모두 무역과 에너지의 해외의존도가 높다. 현재 이들 국가는 대부분 [그림 20]과 [그림 21]에서 알 수 있듯 중동과 호주, 인도네시아 등에서 에너지를 수입해오고 있으며 전 세계를 상대로 무역을 하고 있다. 때문에 이들에게 이러한 무역량과 에너지 물동량을 수송하는 수송 루트의 안전과 물류 운반 비용의 저감 및 기간의 단축, 안전성의 획기적 증대 등이 수반되는 새로운 항로의 출현은 무엇보다 관심을 끄는 사항이라고 할 수 있다. 이를 반영하듯 이미 한국, 일본, 중국, 독일 등이 러시아의 다양한 항구에서 혹은 유럽의 항구에서 북극 루트를 이용해 아시아로 혹은 그 반대로 아시아에서 북극 항로를 이용해 러시아의 유럽 지역이나 유럽 국가들에게 물자를 수송하는 시험항해를 실시하고 있다. 2013년 8월엔 중국이 러시아의 야말반도에 위치한 사베타 항에

[그림 22] 튜멘-사베타-중국간 물류 시험을 위해 작성된 물류 흐름도

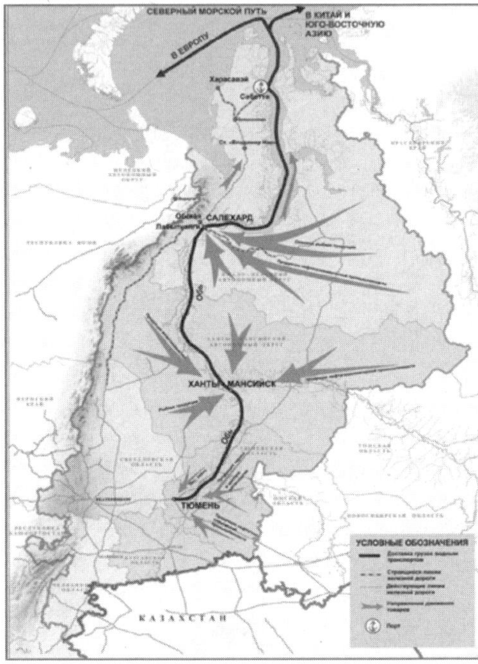


자료 : http://www.arctic-info.com/ArcticPath 2013. 10. 12. 검색

서 중국의 항구들로 이어지는 상업적 시험을 실시(Tyumen-Sabetta-China expedition) 러시아 시베리아 및 북극해 지역의 중소기업들과의 교역 가능성을 증대시켰다.(그림 22 참조)

북극 루트를 활용해 글로벌 무역 환경을 바꿀 수 있다면 그 혜택은 한국, 중국, 일본 등 북동 아시아 국가들과 러시아의 동시베리아에 크게 돌아갈 것이다. 미국과 캐나다 등 북미 지역 국가들 또한 동아시아 국가들과의 교역에 있어 새로운 활력을 받을 수 도 있다. 무엇보다 북극해 루트는 동아시아 특히 한중일의 산업 생산지와 소비지 그리고 연료 공급지와 소비지 간의 지리적 근접성을 높여줄 것이며 북극 지역 개발에 필요한 선박 등 해양 플랜트 건설의 기술과 생산지가 이들 지역 국가들이기 때문이다. 한국의 입장에서는 북극 연안지역 개발시 필요한 해양 플랜트 설비 등의 생산과 수송의 최단 거리에 위치해 있고 중국도 비슷한 이점이 있다. 이때 한국·중국·일본과 유럽 및 북미를 연결하는 최단 루트는 동해에서 쓰가루 해협을 지나거나 소야 해협을 거쳐 베링 해를 활용하는 것이 된다. 지금

[그림 23] 동아시아 국가들의 주요 통상로 및 주요 해협

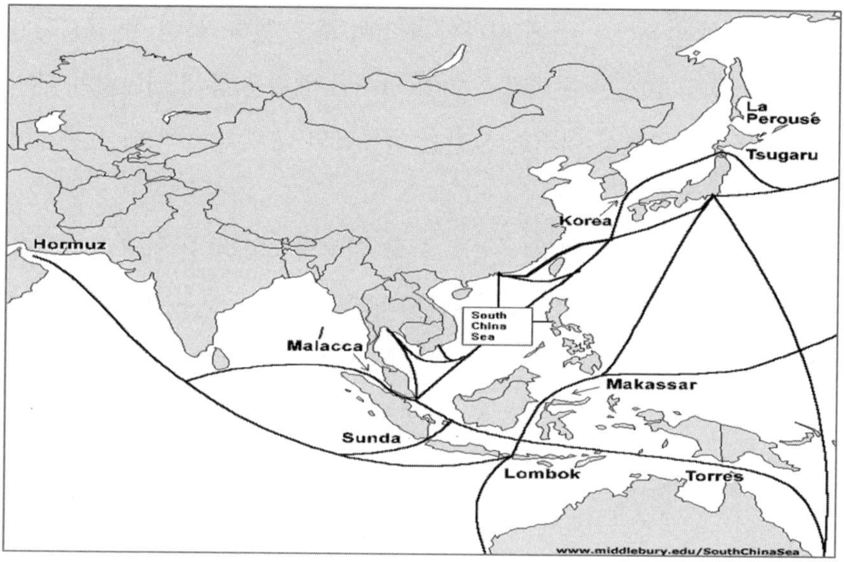


처럼 말래카 해협이나 수에즈 운하를 거칠 필요가 없어지게 되는 것이다. 물론 이는 장기적인 전망이다. 북극해를 활용한 물자 수송은 2012년에 약 17,000척이 통과 9억톤의 화물을 운송한 Suez운하와 비교한다면 미미한 수준이고 아직 경쟁 루트라고 말할 수준이 되지 못하고 있다. 하지만 앞에서도 언급했듯 북극해에는 전 세계의 미개발 석유의 13%, 천연가스의 30%가 매장되어 있으며 야말 반도 및 슈토크만 등의 개발에 따라 북극해 항로를 활용해 유럽 및 동북아 국가들에게 에너지 자원 등을 수출하는 물량이 점점 증가할 것이 확실시된다.

점증하는 아시아의 에너지 수요에 따라 러시아와 중국, 러시아와 유럽 사이의 자원 수송량은 지난 2000년 이후 각각 두배 이상 증가했다.[40] 하

40) Kimmo Juurmaa and Delta Marin, ‘Some developments after AMSA’, presentation at Royal United Services Institute, London, 12 April 2011, DeltaMarin.

지만 북아프리카와 중동의 정세 불안정은 세계의 관문인 수에즈 운하 및 말래카 해협의 통항 안전에 심각한 도전이 되고 있다. 특히 아시아 국가들은 혼잡하고 비좁은 수에즈 운하와 말래카 해협을 통해 에너지와 무역 물품들을 운반하면서 이러한 불안한 물류망의 대체 루트에 대한 관심이 높다고 할 수 있다.

이는 쓰가루, 소야, 베링 해협과 북극 지역의 전략적 가치의 중요성을 높이게 되고 중국에게는 나진과 같은 북한 동북 항구들을 활용한 연계협력을 더욱 강화하게 할 것이다. 또한 전략적 이익과 경제권익을 보호하기 위한 해상 작전 능력의 제고 또한 현실적 필요성을 갖게 될 것이다.

북극항로 중 북동 항로(NSR)가 활성화되면 수에즈 운하 주변의 중동 국가들은 큰 영향을 받게된다. 이 때문에 냉전시설 소련은 북극 루트의 개방 여부를 자신들의 아랍 동맹국들에 대한 고려와 연동시키기도 했다. 북극 항로(Northern Sea Route,북동항로)를 개방하겠다는 소련의 선언이 처음 나온 것은 1967년이었다. 당시 소련 당국은 외국 국적의 선사들에게 유럽과 아시아를 연결하는 최단 루트인 북극 항로(NSR, 북동항로)를 개방하겠다고 선언하고 쇄빙선을 활용한 서비스도 제공했다. 이에따라 1967년 여름 시험운항이 이루어져 소련선적의 수송선이 서유럽의 물자를 27일만에 일본의 요코하마로 성공적으로 수송하기도 했다. 하지만 냉전 당시의 상황은 서방 선사들에게 북방 루트에 대한 이용을 주저하게 했고 소련 또한 수에즈 운하 주변의 경제 물류적 변화에 민감해진 자신들의 아랍 동맹국들을 자극하지 않기 위해 수에즈 운하의 대체 루트라고 할 수 있는 북극 항로에 대한 대외개방을 철회했다.

이런 점에서 냉전 이후 국제사회에 재개방된 러시아의 북극 항로는 향후 중동 및 동아시아 국가들에게 경제 산업적 측면만이 아닌 다양한 군사 안보 전략적 함의를 가질 수 밖에 없다. 특히 중국의 부상에 따라 패권의 전이(power transfer)가 나타나고 민족주의 경향이 높아지면서 영토분쟁과 지역 라이벌 의식이 높은 동아시아 국가들이 북극 항로에 관심이 높다는 사실은 특별한 관심을 요한다.

## 5. 북극항로와 동북아 안보

위에서 언급한 것처럼 북극 항로에 대한 관심이 꼭 상업적으로만 높아가는 것은 아니다. 북극 항로의 개발은 옛 소련시절부터 군사적 측면이 항상 고려됐었다. 특히 냉전시절 미국과 소련은 북극을 활용한 전략적 기습 및 물자 수송에 대한 관심이 높았다. 이러한 관심은 군사전략가들 사이에서 시작됐지만 스파이크맨(Nicholas Spykeman)이나 세베르스키(Alexander de Seversky),레너(G.Renner) 등도 북극을 지정학적으로 고려한 논문들을 발표하면서 점점 현실적 고려가 되었다.

북극 지역을 군사적 고려로 생각하게 된 결정적 요인은 군사 기술의 발달, 특히 항공기 및 미사일 제작 기술의 발달과 연관이 있다. 북반구의 고위도 지역은 당연히 가장 빨리 그리고 가장 가깝게 군사력을 동원해 유라시아나 북미 지역에서 상대방 지역으로 적의 배후 지역을 공격해 들어갈 수 있는 공간이다. 하지만 이는 혹독한 기후라는 자연적 장벽으로 인해 전격적인 순간 기습작전에는 유용할 수 있으나 태평양와 같은 대형 수송루트와 비교할 경우 현실성이 떨어지는 것으로 간주되었다. 하지만 1957년 소련이 세계 최초로 인공위성을 발사하면서 북극 상공은 대륙간 탄도미사일이 최단거리로 공격할 수 있는 공격의 고속도로 기능을 할 수 있음이 입증됐다. 1958년엔 미국의 원자력 잠수함이 북극해 잠항에 성공하면서 역시 최단 공격 루트로 미국과 소련이 잠수함 전략을 입안할 때 고려해야할 중요한 지역이 되었다. 21세기 유라시아 공간이 냉전의 종식으로 가상적 분절에서 벗어나 단일 공간이 되면서 유럽과 아시아, 러시아 및 중앙아시아와 아시아 국가들의 교역과 협력의 내용도 매우 복잡해지고 있다. 여기다 지구 온난화에 의해 북극해가 해빙되면서 이제 북극 항로는 미국과 소련의 잠수함 전략과 대륙간 탄도미사일 전략의 운용 실험장이나 전격적인 기습작전의 루트에서 중국을 포함한 국가들의 상시적인 군사작전 지대이자 '유럽-아시아', '아시아-북미'의 주요한 통상로로 변하고 있다.

앞서도 이야기 했지만 북극 항로와 동북아 국가들간 패권과 연관된 역사적 경험은 러·일 전쟁의 사례가 대표적이라고 할 수 있다. 당시 러시아는 일본에 비해 3배나 많은 해군력을 보유하고 있으면서도 그 배치가 분산 된데다 극동으로 투입할 병력과 물자를 함정을 통해 이동하는 데 엄청난 시간을 소요해야 했다. 시베리아 철도는 아직 완전한 가동이 불가능했기 때문에 러시아 해군전력을 무력화한다면 전쟁은 충분히 일본에게 유리하다는 판단을 일본군전략가들은 내리고 있었다. 1904년 10월에 러시아의 발틱함대는 궤멸된 극동함대를 대신해 뤼순 등지에서 전투하는 육군 병력을 지원하기 위해 극동으로 이동했다. 하지만 이는 7개월여가 소요되었고 인도양 등은 일본의 동맹국인 영국이 장악하고 있었다. 때문에 이를 피해가면서 대한해협 인근에 도착한 러시아 해군은 지칠대로 지쳐있었으며 기습공격을 기획하며 기다리고 있던 일본 해군의 상대가 되지 못했다. 러일 전쟁 에서 일본이 승리 할 수 있었던 것은 이처럼 북극해가 아시아와 유럽의 최단 거리를 단절시켰기 때문에 가능했다. 하지만 이제는 이러한 전략적 지정학적 고려에 핵심적 변화가 초래됐고 이것이 실제 전략에 반영되고 있다. 라 페루즈 해협과 쓰가루 해협을 통한 동해 진입이 가능해졌기 때문이다. 이렇게 되면 선택과 집중 형식으로 해군력을 배치할 수 없게 되고 양쪽의 입구를 모두 지켜야하는 분산 배치를 할 수 밖에 없다. 이는 러시아와 일본, 일본과 중국, 그리고 러시아와 미국의 해군 전략에 상당한 변화를 초래할 수 밖에 없다. 또한 한국 등 주변국들의 해군전략도 변할 수 밖에 없다.

중국은 이미 외교안보적으로 동해 및 북극해 루트를 활용한 전략을 마련하고 있다. 중국의 해상방어망인 제1 도련선, 제2 도련선은 이미 동해와 북극해를 작전 반경내에 포함시켜 놓고 있다. (그림 24 참조)

이러한 전략에 따라 중국 해군은 러시아와의 동해에서의 합동훈련과 별도로 훈련을 진행하고 있다. 이러한 중국의 의도가 처음으로 드러난 것

[그림 24] 중국의 해상 작전선 개념인 제1, 제2 도련선과 동북아 지역 전력

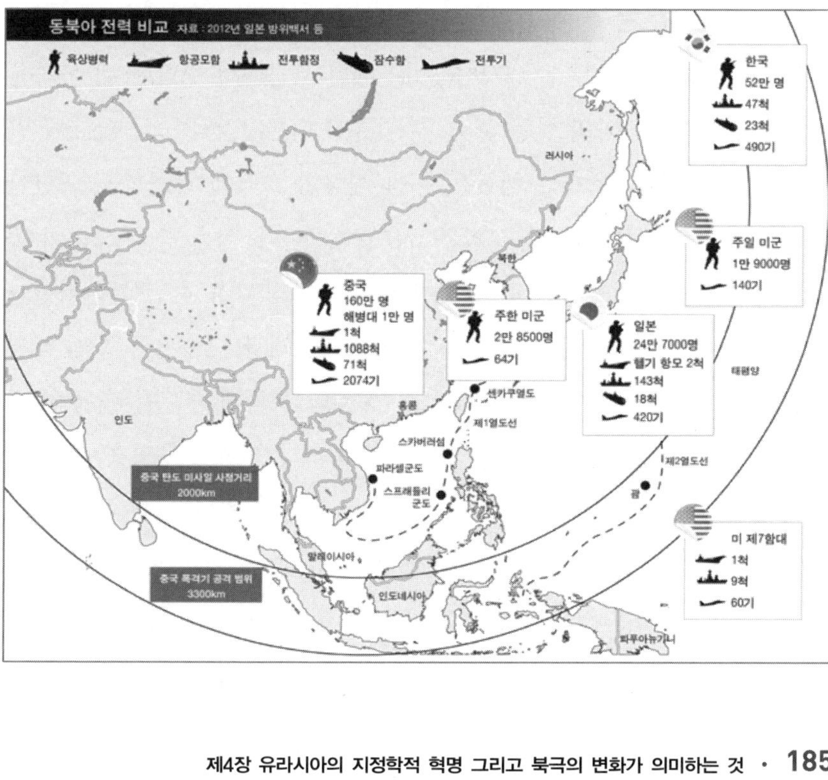

이 2008년 10월이라고 할 수 있다. 당시 중국은 처음으로 중국 인민해방군 소속 해군 전함 4척을 일본 북부 쓰가루(津輕) 해협에 진입시켜 통과시켰다. 쓰가루 해협은 일본 북부 홋카이도(北海島)와 일본 본섬인 혼슈(本州)를 가르는 해협이다.(그림 25 참조)

[그림 25] 중국 군함의 일본 쓰가루 해협 통과루트 및 합류지점

자료 : 언론보도 종합

쓰가루는 또한 북극 루트를 통해 유럽과 태평양, 북미 지역으로 진출할 수 있는 출구이기도 하다. 지난 2000년 중국 해군 함정이 쓰가루를 통과한 적은 있지만 당시엔 정보 수집이 주목적이었다. 중국 전투 함대가 이곳을 통과하기는 사상 처음이었다. 당시 호위함에는 중국 해군 최정예함인 장카이(江凱) II가 포함돼 있었다. 이 함정은 16일 일본 남부 쓰시마(對馬) 해협 부근에서 정박한 뒤 북쪽을 항해하다가 러시아와의 합동 훈련 후 합류한 다른 3척의 중국 함대와 만나 해협을 지났다. 쓰가루 해협은 유엔 해양법 조약에서 군함을 포함한 외국 선박의 항행을 인정하고 있는 '국제해협'이다. 이는 중국 해군이 동해와 북극해를 자신들의 작전 반경에 넣고 전략적 대응 훈련을 진행한다는 증거라고도 할 수 있다. 중국은 이미 남중국해(南中國海)를 통해 태평양 진출 교두보를 마련했는 데 이제는 동해와 북극해 루트를 활용해 태평양으로 확대되면서 일본의 강경 대응과 동해 그리고 태평양 방어의 전략이 매우 복잡해 지고 있는 것이다. 막대한 재정적자로 인해 향후 10년 동안 약 5천억달러에 달하는 군사비를 줄여하는 미국의 입장에서는 일본의 역할 강화와 집단적 자위권 행사에 유화적으로 돌아설 유혹이 커진다

고 할 수 있다.

미국과 일본, 한국 그리고 러시아의 전략 해역이었던 동해와 태평양 지역이 중국 해군의 작전 반경에 분명히 포함되면서 동해의 후방이자 전방인 북극 루트에 대한 관심도 높아지고 있다. 러시아로서도 중국의 이와같은 움직임은 양날이 칼이 되고 있다. 한편으로는 미국에 대응하기 위해 중러 협력 강화가 필요하지만 다른 한편에서는 그동안 출현하지 않았던 또다른 군사 강국의 함정이 자신들의 코 앞인 동해에 출현하고 있기 때문이다. 이런 점을 감안한다면 북한의 나진항을 조차한 중국이 해군 함정을 동해에 출현시키는 횟수는 점점 많아질 것이며 장기적으로는 이 지역에 주둔할 가능성도 점점 높아지고 있다고 본다.

실제로 중국은 북극해 루트를 활용한 중국 해군의 작전 능력을 시험하는 훈련을 진행하고 있다. 북극해 루트를 통해 물자를 수송할 경우 필연적으로 거쳐야 하는 한반도 동북부 및 일본 해역을 염두에 두고 중국 군함과 잠수함들이 훈련의 강도를 높이고 있는 것이다.

지난 2013년 7월엔 구축함 등 중국 군함 5척이 일본 열도를 처음으로 한바퀴 순회 항해해 일본 해군 및 관련국들에게 민감한 반응을 불러온 바 있다.[41] 당시 이 군함들은 중국 북해함대 소속으로 구축함, 미사일 호위함, 보급함 등으로 구성됐으며, 대마도 주변을 통과해 동해를 거쳐 북

41) 당시 중국 함대는 2013년 7월 8일~7월 12일 사이에 블라디보스토크 앞바다에서 실시된 러시아 함대와의 합동 군사훈련에 참가했다. 당시 합동 훈련에 참여한 중국 함정은 모두 7척으로, 이 중 2척은 대마도 인근 해역을 통해 중국으로 복귀했다. 아베 신조(安倍晋三) 일본 총리는 7월 25일 중국 함대의 움직임에 대해 "그동안 보이지 않던 특이한 행동을 펼쳤다"면서 "앞으로도 주시할 필요가 있다"고 말했다. 일본 정부 대변인인 스가 요시히데(菅義偉) 관방장관은 "영해를 침범하지 않았지만 관심을 갖고 지켜보고 있다"고 밝혔다. 중국군 Y8 초계기도 지난 24일 일본 오키나와(沖縄)섬 부근 공해 상공을 통해 서태평양에 진출하는 훈련을 처음 실시했다. 일본 산케이(産經) 신문 2013. 7.26일자. 아사히(朝日)신문 7.23일자 참고

상했다. 홋카이도(北海道)와 러시아 사이에 있는 소야(宗谷) 해협을 통과했으며 일본 주변 태평양을 돌아 오키나와(沖縄)와 미야코지마(宮古島) 사이를 통과해 중국 해역으로 진입했다. 해상 방위력 증강을 위한 동북아 국가들 간의 군비경쟁이 촉발될 가능성이 높다. 이미 경항공모함, 항공모함 건조경쟁이 동북아 국가들 사이에서 벌어지고 있으며 인도 또한 예외가 아니다.

여기서 또 하나 관심을 두어야 하는 문제가 북극 거버넌스와 북극에서의 항행의 자유 그리고 한미 방위조약, 미일 방위조약 등 기존 지역 군사동맹과의 관계라고 할 수 있다. 북극 지역을 항행의 자유가 보장된 공해로 보느냐 주권국가의 영해로 보느냐의 문제에 따라 안보적 의무 및 작전 개념의 변화가 불가피하기 때문이다. 대부분의 지역 방위동맹은 동맹국의 의무로 공해상에서 동맹국 함정의 보호라는 규정이 포함되어 있다. 이 때문에 북극 지역을 공해로 보느냐 아니면 주권국의 관할 영토로 보느냐에 따라 동맹의 의무 지대가 될 수도 있다. 이는 특히 일본의 집단적 자위권 행사와 관련해 공해상에서의 미군함정의 보호 규정의 적용 여부와 직접적으로 연관이 된다. 적용 대상이 된다면 한국, 중국 등 주변국과 러시아에 대해 매우 민감한 상황을 초래할 수 있다. 이는 북극해의 상업적 이용이 증가하면서 북극해 지역에 중국 및 NATO 군의 함정의 출현이 잦아질 경우 북극해 및 한반도 동북부 해상에 새로운 안보적 도전으로 작용할 가능성이 매우 높다. 이런 점에서 북극 거버넌스에서 국제 공유지 개념이 안보적 측면에서 매우 중요한 의미를 가질 수 있음을 인식해야 한다. 이뿐 아니라 이는 미사일 방어망 구축과 관련해서도 향후 알래스카 베링해 그리고 러시아 추코트카 지역에서의 대립 및 북극해 상공을 넘어서 날아오는 미사일 발사 시 이에 대한 요격 문제의 복잡성을 예고하는 것이기도 하다.

현재 이러한 복잡한 군사적 고려가 외교 전략에 작용하는 듯한 조짐과 흔적이 일부 있다. 일본은 2013년 러시아와 국방·외교장관 정례협의체인 '2 + 2' 체제를 공식 가동시켰다. 평화협정도 체결하지 못한 양국이 '2 + 2'를 합의한 것은 매우 이례적이다. 일본은 또 북한에 대해서도 과감한 접근책을 실시할 가능성이 높다. 아직은 북한 핵 문제와 납북자 문제로 북한과 수교 협상에 진전을 이룩하고 있지 못하고 있지만 중국에 대응하고 동해와 북극해 지역에서의 일본의 해상 방위력을 높이기 위해서는 한반도의 안정과 협력을 추구하지 않을 수가 없을 것이다. 센카쿠 및 쿠릴 열도 남단 4개섬이 일본 국익에 해상 방위에 대단히 중요한 역할을 하게 될 것이다. 일본은 또 지속가능한 발전을 위해선 동북아의 안정과 러시아의 에너지가 필요하다. 러시아 극동 및 시베리아 그리고 북극 지역과의 협력이 필요하다. 일본은 후쿠시마 원전 사태 후 러시아의 북극지역 및 사할린에서 개발되는 막대한 에너지에 관심이 높다. 일본 기업들이 진출한 사할린과 홋카이도를 연결하는 파이프라인 망에도 관심이 높다. 한중일 3국이 러시아와 북극의 변화를 놓고 개발과 협력 그리고 경쟁의 구조 속에 처해 있는 현실이 비슷하다.

이런 점을 감안한다면 지난 2013년 10월 3일 일본 도쿄. 미일안보정례협의회(2+2) 참여차 일본을 방문한 미국의 존 케리 국무장관과 척 헤이글 국방장관이 "일본이 집단적 자위권 행사를 위한 작업에 나서고 있는 것을 미국은 환영하며 긴밀히 연계해 나갈 것"이라고 지지의사를 표명하고, "북한이 비핵화를 결정하고 이를 마무리짓기 위한 적절한 협상에 나선다면 불가침 협정을 맺을 준비가 돼 있다"(케리 국무장관) 고 말한 것은 시사하는 바가 매우 크다고 할 수 있다. 일본은 이미 지난 2013년 5월 14-17

일 평양에 아베 신조(安倍晉三)총리의 자문역인 이지마 이사오(飯島勳) 내각 관방장관 참여를 보내 협의를 진행한 바 있다. 당시 일본이 우리 정부와 사전 협의없이 일방적으로 파견한 것이다. 당시 한국은 외교부 대변인 성명 등을 통해 한미일간 대북 공조를 깬 나쁜 행동이라고 반발했다. 미국은 글렌 데이비스 6자회담 대표의 발언을 통해 불쾌감을 표시했지만 정부차원의 성명 등은 내놓지 않았다.

## 국제사회와의 협력을 통한 새로운 기회 창출을

북극해의 변화와 러시아의 북극 지역 개발 전략은 국제사회와 동아시아 국가들에게 분명 새로운 기회이자 도전이다. 기회를 살리려면 국제적인 협력이 필요하다. 북극해의 자원 개발은 대부분 영토 분쟁과 상관없는 지역에서 이루어지고 있고 물류 루트의 변화는 유럽과 동아시아, 아시아와 동아시아 국가들에게 모두 윈-윈으로 작용한다. 북극해 연안국가들과 동북아 국가들이 대립과 대결보다는 협력을 강화해야 한다. 동아시아 국가들이 관심이 높은 북동항로와 야말 반도 및 사할린을 보유한 러시아와의 협력은 필수적이다.

메드베데프의 언급에서도 알 수 있듯 북극해에는 러시아의 국익이 걸린 다양한 전략적 자원이 존재한다. 석유, 가스, 금, 은, 다이아몬드 등이 다양하게 분포되어 있다. 미국 지질조사국(USGS)은 북극권 에는 900억 배럴의 원유, 500억m³의 천연 가스가 있다고 말한다. 또한 이러한 매장량의 60% 이상이 러시아 영토 내에 있다.

중동에 대한 관심과 전략적 가치가 높았던 이유의 상당 부분은 이 지역이 세계 경제에서 차지하는 에너지 공급지라는 측면이 상당했다. 또 이러한 중동지역에서 최대 에너지 수입국들인 중국, 일본, 한국 등 동아시아 국가로 향하는 물류 루트의 중간지역으로서 싱가포르의 국제적 위치가 중요했다. 하지만 북극해를 통해 이러한 물자의 이동이 원활해지고, 북극해 지역에서 동아시아로 그리고 유럽으로 에너지의 물동량이 이루어지게 된다면 북방에 새로운 싱가포르, 새로운 중동이 출현하게 된다는 것을 의미한다.

알류산 열도를 중심으로 한 컨테이너선의 루트가 이미 미국에서 검토되고 있고 러시아의 야말 및 카라반도의 에너지 개발에 따른 사베타 항의 개발은 단순한 에너지 수출항이 아니라 러시아의 북방항로를 운항하는 선사들의 중간 기항지로서 새로운 물류 기지로서의 기능을 하게 될 가능성이 높다.[42] 이는 또 지역 개발전략과 개발된 자원의 판매전략의 결합에 따라 새로운 경제적 붐과 전략적 협력을 창출시킬 수도 있다. 이와관련해 로스네프치 회장인 이고르 세친의 발언은 매우 의미심장하다고 할 수 있다. 세친은 북극해 연안 자원개발은 조선 산업 등 해양 산업 클러스터의 개발과 함께 이루어지지 않을 경우 개발 계획 자체를 위험에 빠뜨릴 수도 있다고 말했다. 세친이 말한 바 대로 이는 러시아의 전략적 산업에 대한 관심도 높일 가능성이 높다.[43] 카라해 및 야말반도를 중심으로 이루어지는 러시아의 북극해 연안 개발 프로젝트는 막대한 자본과

42) 'Sabetta Port should act as a main point of call along Northern Sea Route: Putin,' Energy Expert Center, 26 September 2013, 20:31 http://www.energy-experts.ru/eng/news1357.html 검색일 2013. 10.8

43) Sechin: without the development of the shipbuilding industry, development of the Arctic is at risk
02 September 2013,Arctic Info, http://www.arctic-info.com/News/Page/sechin--without-the-development-of-the-shipbuilding-industry--development-of-the-arctic-is-at-risk

함께 고도의 기술을 필요로 한다. 해양 플랫폼 기술 뿐 아니라 다양한 장비를 수송하고 해상 채굴을 위한 조선 장비 및 선박이 필수적이다. 이러한 것을 러시아가 모두 외국 기업과 기술에 의존해 북극해 연안을 개발하는 것이 국익에 이익이냐는 논쟁이 있다. 이와 관련해 세친은 지난 2013년 9월 2일 해양산업 및 조선산업에 특화한 클러스터의 건설 필요성과 조선 산업에 대한 개발 없이 북극을 개발한다는 것이 러시아의 국익에 반드시 도움이 되는 것은 아니다는 입장을 밝혔다. 러시아의 이러한 입장은 조선 강국인 한국, 일본, 중국 등과의 협력 전략에 있어 새로운 시사점을 준다. 한중일 3국은 모두 러시아 에너지의 주요 수입국이거나 잠재 수입국이다. 한국은 특히 막대한 에너지 및 자원 수입국이면서 러시아가 필요로 하는 첨단 해양 플랜트 및 조선 기술 그리고 북극항로 활성

[그림 26] 러시아 연방 북극권 개발 전략 2020

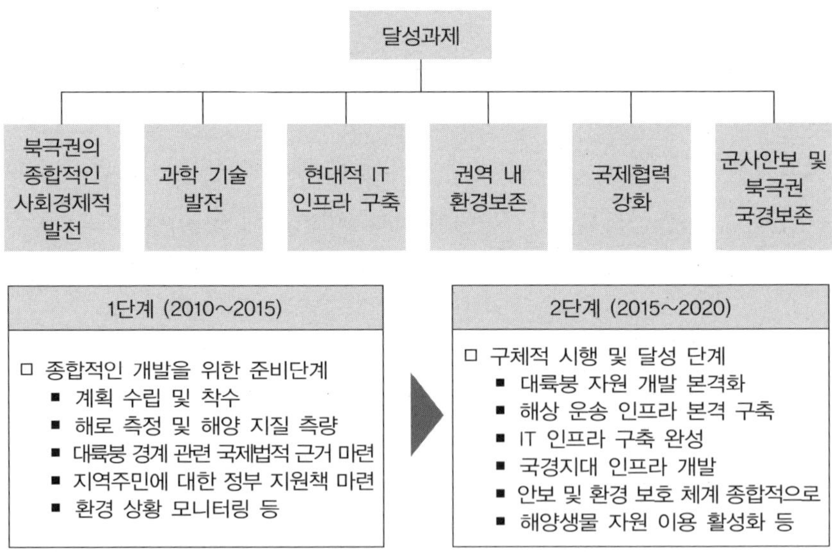


출처 : 러시아 연방 북극권 개발 전략 2030

화의 주된 이용자이다. 때문에 한국을 비롯한 동북아 국가들과 러시아와의 다양한 형태의 양자 및 다자간 협력전략은 동북아에 새로운 전략적 북극해 루트의 활성화가 동북아와 동아시아에 새로운 기회와 도전으로 작용하기 위해서는 동북아 국가들이 대립과 대결보다는 협력을 강화해야 한다. 많은 선사들이 북극해 루트의 상업적 이점을 인지하고 있지만 현실화하기에는 사전에 많은 노력이 필요하다. 야말 및 사할린 그리고 슈토크만 등 많은 지역 거점이 개발되고 있지만 이 또한 막대한 노력과 자본 그리고 기술이 필요하다. 이는 필연적으로 국제적 협력이 요구된다. 여기다 배후 항만 및 항로 모니터링 및 관련 법규 제정 등 투자와 물류의 활성화를 위한 다양한 국제적 협력이 필요하다. 분명 동북아 국가들 그리고 세계는 북극해 루트와 북극의 변화에 따라 경제와 정치 안보에 있어 거대한 변화를 맞게 될 것이지만 그 시기와 결과를 긍정적으로 만드는 것은 결국 인간의 노력과 국제적 협력에 달려있다고 할 수 있다.

[그림 27] 북극권 개발시 한국의 참여기회도

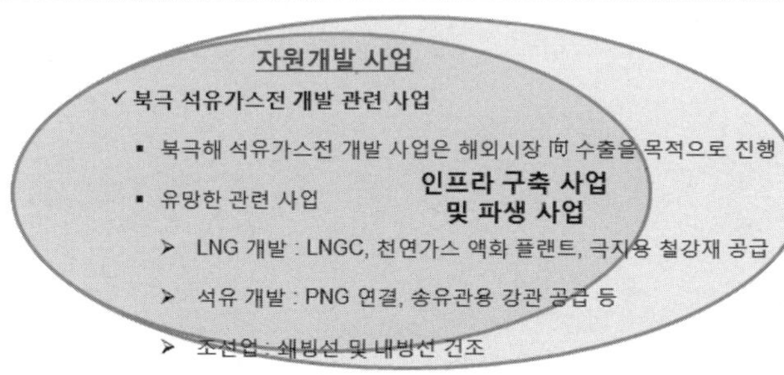


가스전 개발 사업 사례 : Yamal LNG Project

| 매장량 | 예상 투자비 | 생산일범 | 주요참여자 |
|---|---|---|---|
| 천연가스 1.3조$m^3$ | U$ 250억 | 2017년 LNG 550만 톤 생산 개시 | Novatek(605), Total (20%) CNPC(20%) |

현 보류된 Shtokman 또는 E&P 사업 진행 시 참여 기회 확대 예상

제5장

# 유라시아의 새로운 참여자와 국경선 획정의 문제

## – 중앙아시아 지역 국경 갈등의 현황과 미래 –

# 제5장 유라시아의 새로운 참여자와 국경선 획정의 문제*

## 중앙아시아 지역 국경 갈등의 현황과 미래

### 우크라이나 사태가 제기하는 옛 소련권 지역의 국경선 문제

2014년 우크라이나 사태는 소련 해체 후 잠재되어 있던 국경 이슈를 부상시켰다. 소련 해체 후 국경 문제는 주로 동쪽 지역과 중앙아시아와 접경한 지역에서 발생했고 이 문제는 모두 협정으로 마무리 지어졌다. 동부 국경 문제는 러시아와 중국 사이에, 중앙아시아 지역의 경우는 러시아·중국·중앙아시아 국가들이 소련시절 진행했던 후속 협상 차원에서 러시아를 특수 자격의 참여자로 초청한 가운데 러시아 및 중앙아시아 3개국과 중국이 협상을 진행해 중국과 국경선을 맞댄 중앙아시아 3개국 (카자흐스탄, 타지키스탄, 키르기스스탄) 간 양자 간 협정을 통해 마무리 됐다. 그리고 이의 후속조치로 러시아, 중국, 카자흐스탄, 타지키스탄, 키르

* 이 글은 2011년 중앙아시아 학술대회 KIEP세션에서 발표한 내용을 일부 수정한 것임을 밝힌다.

기스스탄이 참여하는 '상하이 5'가 결성됐고 이것이 발전해 상하이 협력기구(SCO)가 됐다. 물론 소련방 소속 공화국끼리의 양자 간 협상은 별도로 진행됐고 상당한 진통을 겪으면서 진행됐다. 이 문제는 아래에 자세히 언급하겠지만 겉으로는 대부분 1990년대 중반을 넘어서면서 봉합이 됐다. 하지만 페르가나 분지를 둘러싼 소요 사태가 주기적으로 반복되는 데에서도 알 수 있듯 언제 다시 폭발할 지 알 수 없는 복잡한 요소들을 내포하고 있다. 마찬가지로 서쪽 국경선의 경우도 몰도바의 트란스드니에스트르 자치공화국의 경우와 크림자치공화국(현재는 러시아에 병합된 크림지역)의 사례처럼 심각한 갈등을 내포한 채 휴화산의 상태로 유지돼 왔다. 하지만 이러한 국경선 문제는 우크라이나 사태가 발생하기 이전까지는 전문가들을 제외하고는 별다른 관심을 끌지 못했다. 우크라이나 사태는 이러한 이슈의 폭발성이 옛 소련권 지역 내에 얼마나 강력히 내재하고 있는 가를 상기시켰다. 또한 스코틀랜드의 분리 투표, 그린랜드의 덴마크에서의 분리 운동 역시 '민족-영토' 문제의 이면과 심층을 좀 더 살펴볼 필요성을 제기하고 있다. 하지만 여기서는 유럽 및 범 세계적인 차원의 '민족-영토' 문제를 검토하기 보다는 옛 소련권 지역에 집중하고자 한다. 국경선의 변경과 관련된 문제는 동서고금을 막론하고 간단하지가 않다. 특히 옛소련권 지역 국경선 문제는 이 지역의 복잡한 역사와 민족 이슈 및 국가 건설 과정에서 이념에 의해 영토를 변경시켰던 러시아인들의 실지회복주의(irredentism)적 정서도 작용하고 있기 때문이다. 2014년 크림의 우크라이나에서의 분리 투표와 러시아에의 병합 결의 및 그 후의 우크라이나 동부지역 사태는 이런 휴화산 상태에 있던 옛 소련권 국경문제를 다시 국제 이슈로 등장시켰다. 문제는 이러한 복합적 감정을 가지고 문제를 다루고 있는 당사자 중 하나가 2차 대전 후 현대 글로벌 시스템의 근간을 만드는 데 참여한 핵심적 주역인 러시아라는 점이다. 결국 이 문제는 잘못 흘러갈 경우 '얄타-포츠담 체제' 이후의 국제질서 와해 혹은 변경의 사태를 초래할 수도 있다. 이런 점에서 아직은 잠재되어 있지만 향후 중앙아시아 지역의 잠재적 뇌관이 될 수도 있는 국경선의 문제를 좀 더 심도있게 살펴볼 필요가 있다.

## ◎ 소련의 해체와 독립 그리고 국경선 이슈

소련의 해체는 중앙아시아 국가들에게 1924년 이후 처음으로 새로운 형태의 도전을 제기했는 데 그 중 하나가 국가 건설(State building)과 국민 건설(nation building)의 문제였다. 이는 새롭게 독립국가로 탄생한 중앙아시아 5개국이 과거 역사에서 현재 그들이 점유하고 있는 영토와 다양한 민족들을 자신의 국민으로 보유한 채 독립된 국가로서 존재해 본 경험이 없었기 때문에 발생한 문제였다. 이들은 발트 3국이나 그루지야, 아제르바이잔, 아르메이나처럼 소련에 편입되기 이전 독립된 국민국가 개념의 왕정이나 공화국을 경험한 적이 없었다. 때문에 이들은 발트 3국이나 코카서스 국가들처럼 독립이전의 국기(國旗)를 새로운 국가의 국기로 재사용할 수도 없었고 새로운 국가(國歌), 문장(文章)을 비롯한 국가의 모든 기초를 새롭게 창조해 내어야만 했다. 또한 자국 내에 존재하는 수많은 소수 민족들에게 이들 5개국이 자신들의 국가라는 인식을 심어주어야만 했다. 그래야만 자신들은 연방에서 독립했는 데 왜 우리는 공화국에서 독립할 수 없느냐는 일부 분리주의자들의 도전과 주류 및 비주류 민족 간의 민족 갈등을 해소할 수 있었기 때문이었다. 이를 위해서 가장 시급하게 제기된 문제 중 하나가 영토 경계선에 대한 것이었다. 과거 소련은 연방 중앙정부가 행정·경제·생활권의 편의를 위해 수시로 연방 구성 공화국의 경계를 재편했다. 이 때문에 경계 지역에서는 상호 영토 내에 역외영토(enclave, 상대방 입장에서는 exclave), 장기 임대, 시설 공유 등 관할권이 모호한 공간이 생겨났다. 과거엔 이 문제가 한 나라 안의 문제였지만 이제는 이들이 모두 국제사회의 독립된 주권 공화국이 되었기 때문에 상황이 달라진 것이다. 독립된 공화국의 영토는 이제 과거처럼 연방의 중앙이나 이웃한 구성 공화국가 간의 행정적 편의를 위해 영토를 주고 받는 식의 협의를 할 수 없는 상황이 된 것이다.

이러한 문제는 중앙아시아 5개국이 역사상 지금처럼 '영토-민족' 단위(национально-территориальное размежевание)로 존재했던 것이 아니라 소련의 필요성에 의해 기획되어 창출된 국가였기 때문에 발생했다. 주지하듯 이들 5개국이 역사에 모습을 드러낸 것은 1924년 무렵부터다. 당시 소련의 건국자들은 인위적으로 민족과 인종을 단위로 중앙아시아 지역의 공간에 5개의 공화국을 탄생시켰다.[44] 그리고 이들은 소련방 내에서 소련이 해체되는 1991년까지 수 십년을 자유로운 통행과 역내 경제권간 융합 및 분업의 원칙을 유지하면서 사회·경제적 생활을 영위하며 지내왔다. 때문에 이들 5개국의 소속 구성원들은 그들이 우즈베키스탄, 카자흐스탄, 키르기스스탄, 타지키스탄, 투르크메니스탄 공화국 내에서 생활해 왔어도 그들을 각각 우즈벡인, 카자흐인 등으로 구분하고 인식한 채 살아오지 않았다. 오히려 이들은 조국, 혹은 국가(state)는 소련이라고 인식을 했으며 그들의 국민 정체성은 소련인 혹은 러시아인이라는 식으로 정체성을 형성한 채 생활을 해왔다. 이는 소련이 다민족 국가였다는 사실

---

44) Francine Hirsch, *Empire of Nations,* Cornell Univ. Press 2005

과 소련의 지도층들이 새로운 국민, 소비에트 인민(soviet citizen)을 창출하고자 했다는 측면에서 기인한 것이었다.

실제로 소련의 구성 민족들은 소련인이라는 이름 속에서 소속 구성 공화국의 국민이라는 개념보다는 오히려 좀 더 세분화할 때에는 민족구분을 앞세우고 거기에 더 집착하는 모습을 보이면서 살아왔다. 즉 국민으로서의 개념은 소련인 혹은 서방에서 소련인(soviet citizen)의 동일 개념으로 러시아인(russian)이라고 부르는 개념을 받아들이면서도 민족 개념으로는 러시아인이라는 특정 민족의 이름이 아닌 소련인이면서 우즈베키스탄인이거나 소련인이면서 카자흐스탄인인 방식으로 활동했었다.

소련은 소련방을 구성할 때 영토를 15개의 연방 구성 공화국으로 구성했고 그 밑에는 다시 수 십개의 '민족 - 영토' 단위(национально-территориальное размежевание)로 세분화했지만 이렇게 구성된 국가 내에 존재하는 사람들은 자신들을 카자흐스탄인, 혹은 우즈벡스탄인이라는 구성 공화국내의 공화국 국민으로 인식하기 보다는 소련인이면서 민족적으로 구분되는 소수민족 이라는 의식이 더욱 강했던 것이다. 때문에 독립 이후 중앙아시아 국가들 및 소련 구성 공화국이었던 나라들은 모두 자국의 국민을 하루 빨리 국민의식으로 묶어낼 필요가 있었다. 특히 새롭게 독립한 중앙아시아 국가들은 자신들의 영토 경계와 그 경계선 내에 존재하는 수많은 소수 민족 출신 국민들에게 새롭게 우즈베키스탄인, 카자흐스탄인, 키르기스스탄인, 타지키스타인, 투르크메니스탄인과 같은 독립된 국가의 국민임을 각인시키고 이를 구심점으로 삼아 국가를 경략해야만 하는 상황에 직면했던 것이다.

하지만 이는 결코 쉽지 않은 문제였다. 우선 소련의 영토구분 및 구성 공화국 형성 원칙이 매우 정교한 '민족-영토'단위(национально-территори альное размежевание)로 구분되어 소련(USSR, Soviet Socialist Republics – SSR), 자치소비에트 사회주의 공화국(autonomous Soviet socialist republics – ASSR), 자치주(autonomous provinces – oblasts), 자치 민족관구(autonomous national territories – okrugi)와 같이 형성돼 작동되면서 소련을 구성하는 다양한 민족적 이해가 복합적으로 섞여 있는 상황이었기 때문이다. 때문에 새롭게 독립한 중앙아시아 국가들이 이를 본격적으로 해소하고 영토를 국가 행정단위로 새롭게 세분하거나 민족 융합을 통한 '새로운 국민 건설'을 시도하는 것은 매우 복잡한 문제 일 뿐 아니라 소련 해체 후 겪었던 여러 변화들 중 잠재적 폭발성을 갖는 이슈로서 손을 대기가 쉽지 않은 상황이었다. 또한 이는 자칫 잘못할 경우 잠자고 있는 소수 민족의식을 자극해 궁극적으로는 국경선의 변경 및 새로운 획정을 초래할 수도 있는 판도라의 상자를 여는 것일 수도 있는 문제들이었다. 이러한 상황에서 중앙아시아 국가들은 그동안 행정 경계로 기능했던 경계선을 국제적으로 인정받는 주권국가의 국경선으로 변경하고 강화해야 할 상황에 직면했던 것이다.

국경선은 주권을 지켜내는 가장 강력하면서도 가장 원초적인 권리 행사의 수단이자 능력의 한계를 보여주는 곳이다. 이를 지키기 위해서는 무엇보다 국경선에 대한 국제적인 인정과 이를 자신의 영역이라고 주장하면서 방위해낼 군대와 주변국 및 세계인들에게 원활한 통행을 보장할 법규와 안전 보장을 유지해낼 시스템이 필요하다. 국경수비대, 비자 제도, 세관은 물론이고 자국의 관리 영역 임을 상징하는 초소 및 국기 등은 필수적인 요소들이다.

이 때문에 중앙아시아 5개국이 독립 후 제일 먼저 착수한 것은 현존하는 국경선을 인정 받는 일이었다. 큰 차원에서는 이는 그렇게 어려운 문제가 아니었다. 국제사회는 소련 해체 후 더 이상의 과격한 혼란을 예방하기 위해 현존하는 국경선을 인정하고 유지한다는 데 동의한 상태였다. 이는 옛 소련 구성 국가들이 소련을 해체하는 과정에서 전쟁이나 내란이 아닌 평화적이고 외교적인 방식으로 소련을 해체했고 이런 소련의 방향과 해체 과정을 저해하는 어떠한 행동도 서방과 국제사회의 이익에 반한다는 인식이 광범위하게 자리잡고 있었기 때문에 가능했다. 당시 소련을 구성하던 15개 공화국 중 발트 3국은 이미 스스로 탈퇴의 길을 간 상태였다. 나머지 공화국들은 CIS 체제에의 참가를 거부한 그루지야를 제외하고는 1991년 12월 8일의 소련방 탈퇴선언 및 동년 12월 21일 합의된 알마아타 선언 및 CIS창설협정을 통해 현존하는 국경선을 독립된 국가들의 국경선으로 인정한다는 대원칙에 합의하고 이에 대통령 및 국가수반들이 서명한 바 있다.[45] 그리고 이러한 합의는 국제적으로 인정되었다. 하지만 이러한 대원칙은 세부적인 측면에서는 그대로 지켜지기가 쉽지 않은 많은 난제들을 안고 있었다. 또한 시간이 흐르면서 이슬람 극단주의자들이나 새로운 민족 국가를 탄생시키고자 하는 일부 민족들, 기존 국경선의 변경을 통해 새롭게 자신들의 영역을 확장하거나 탄생시키고자 하는 강력한 도전들이 발생하게 된다.

이런 상황에서 가장 어려운 난제는 관할권이 모호한 국경지대 공간들의 처리 문제였다. 옛 소련방 시절 각 공화국에서는 행정 및 주민들의 생

45) 알마아타 선언문 서문을 통해 독립국가연합 창설에 합의한 11개국은 회원국의 영토적 통합성을 존중하고 현존하는 국경선을 인정한다는 선언을 내놓는다. 당시 민스크 협정에 참가했던 대표들은 이 선언이 소련해체후의 더 큰 혼란을 막기 위한 대선언이었으며 실제로는 더 세밀한 협상이 필요할 것이라는 데 대해 동의하고 있었다. 당시 이들과 서방이 걱정하던 가장 큰 문제는 소련 해체 후에 공화국에 배치되어있던 핵무기의 통합적 관리 및 안전에 관한 것이었다. Alexander Dallin, Gail W. Lapidus(editor) *The Soviet System: From Crisis to Collapse.* Westview Press. 1995. 및 필자의 개인 취재, 알마아타 선언문 및 민스크 협정문 등 참고

활 편의를 위해 각 공화국의 국경지대에 인접한 마을들이 상호간 합의 하에 영역에 대한 관할권을 주고 받는 경우가 많았다. 또한 좀 더 큰 차원에서는 지방 단위의 행정 구역 변경 및 소수 민족 집중 지역을 인접한 이웃 공화국내에 장기 임차해주거나 역외 영토(enclave, 상대방 입장에서는 exclave)로 인정해 주는 경우 또한 적지 않았다. 여기다 타 공화국내의 생산 및 자원 추출 시설들을 사회주의적 분업 원칙에 의해 인접한 이웃의 기술과 산업 능력을 가진 국가들이 대신 경영하면서 그 소유권을 자원 소재 국가가 아닌 자원 활용 국가가 가진 경우도 적지 않았다. 소련 해체 후 초기에는 워낙 큰 난제가 많이 발생했고 국가 건설 및 민족 건설을 추진해야했기 때문에 이러한 난제들은 쉽게 손을 댈 수가 없었다. 하지만 시간이 흐르면서 이제는 행정선을 국경선으로 인정하고 이를 새로운 협정으로 확고하게 설정하지 않을 경우엔 더 큰 난제가 발생하는 상황이 된 것이다. 이러한 상황에서 국경 협상을 진행하기 시작한 중앙 아시아 국가들은 먼저 역외영토 문제에 직면하게 된다.

## 중앙아시아 각국 내 존재하는 역외영토 문제 그리고 새로운 도전들

중앙 아시아 각국 내에 산재해 있는 역외영토 현황에 대해선 지도상에 존재하는 공개된 곳들과 지도상에 표기가 어려울 정도로 작은 규모의 마을들이 혼재해 있다.

이 때문에 각국은 협상을 진행하면서 일단 알려진 역외 영토를 중심으로 협상을 진행했지만 이 또한 해결이 어려운 갖가지 문제들을 야기했다.

그럼 먼저 지도상에 알려진 각국의 역외 영토 현황을 보기로 하자.

먼저 중앙아시아 역외 영토가 가장 많이 밀접해 있는 곳은 페르가나 계곡(Fergana Valley) 지대다. 위의 [그림 28]에서도 알 수 있듯 페르가나 계곡 지대를 접하고 있는 중앙아시아 3국 중 우선 키르기스스탄은 페르가나 계곡에 매우 작은 규모의 역외 영토를 유지하고 있다. 바라크(Barak) 마을이 그것으로 키르기스스탄과 타지키스탄 그리고 우즈베키스탄 3국의 접경 지역에 위치한 이 역외영토는 우즈베키스탄 영토로 둘러싸여 있으며 규모는 약 2km에 불과하지만 국경문제 협상에 있어 3국간에 매우

[그림 28] 중앙 아시아 각국 내에 존재하는 역외 영토 현황

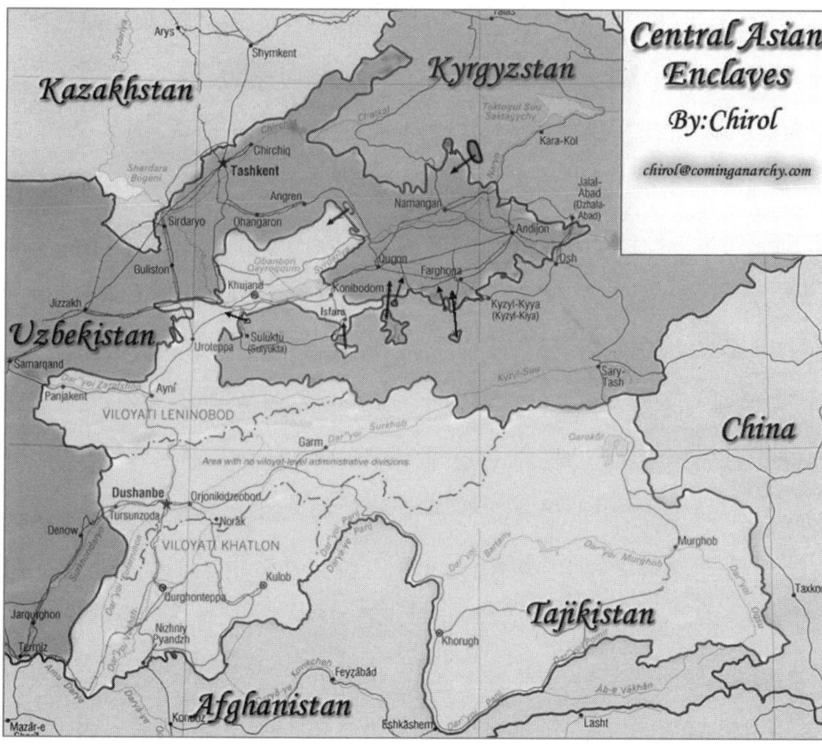


http://www.cominganarchy.com/wordpress/wp-content/old uploads/ferganaenclaves.jpg

골치 아픈 현안으로 작용하고 있다.

타지키스탄은 3개의 역외영토가 있다. 타지키스탄의 역외영토도 페르가나 계곡 지대에 위치해있다. 그중 하나인 사르반(Sarvan)은 우즈베키스탄에 둘러싸여 있고 다른 2개의 역외영토인 보르흐(Vorukh)와 키르기스스탄의 카이라가츠(Kairagach) 기차역 인근의 조그마한 마을은 키르기스스탄에 둘러싸여 있다.

우즈베키스탄은 4개의 역외영토가 있다. 이 네 개의 역외영토는 모두 키르기스스탄 내에 위치하고 있고 역시 양국간 접경인 페르가나 계곡 지역에 위치하고 있다. 그중 소크(Sokh)와 샤히마르단(Shakhimardan)은 비교적 규모가 큰 편이고 총-카라(Chong-Kara)와 쟌가일(Dzhangail)은 규모가 작은 편이다. 하지만 지도에 표시된 이러한 지역들 외에도 페르가나 계곡 주변과 각국간 접경 지역에는 표시가 되지 않은 아주 작은 규모의 역외영토성 개념의 소수민족 집단거주지가 존재하고 있다. 이런 역외 영토 문제는 국경선의 큰 틀을 변경하지 않기로 그들 스스로도 동의했음에도 불구하고 이들 중앙 아시아 신생 독립국들이 자신들의 주권을 독립적으로 행사한다는 것을 인정받고 자국 국민의 권리에 대한 존중 및 활발한 이동권을 보장해야하는 국제적 책임의 문제를 제기하는 이슈들이었다. 때문에 이들은 자신들의 독립 주권국으로서의 능력을 인정받기 위해서라도 서둘러 이 문제들을 봉합해 내어야만 했다. 또한 유럽 연합이나 러시아도 과거 소련이 엄격하게 통제했던 아프가니스탄 등을 넘어오는 불법적인 물자와 사람의 흐름을 이제는 중앙아시아 신생국가들이 적절히 통제해줄 것을 강력히 요구하기 시작했다.

이렇게 신생 중앙아시아 국가들은 소련의 국경선 내에서 독립하자마자 과거의 내적 영역을 새롭게 국제적 영역으로 구분해 내라는 대내외적

[그림 29] 페르가나 계곡 주변 역외영토 상황

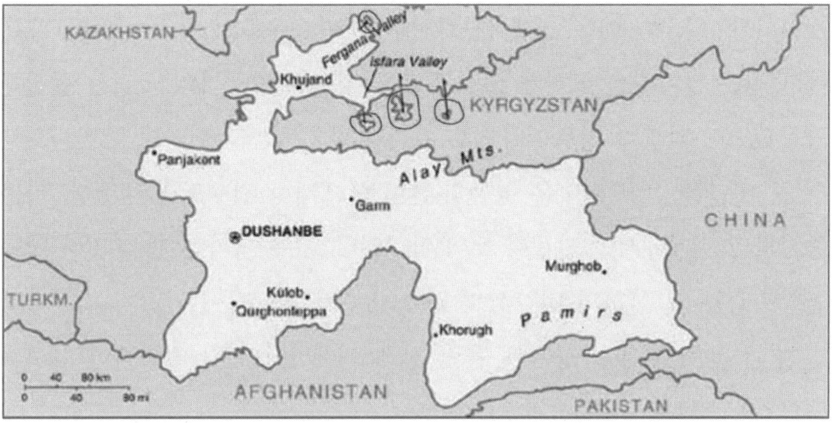


자료 : RICHARD LEWINGTON, *THE CHALLENGE OF MANAGING CENTRAL ASIA'S NEW BORDERS,* Asian Affairs, vol. XLI, no. II, July 2010

인 압력에 내몰리게 된 것이다. 이러한 압력은 처음에는 중앙아시아 내부의 내적 압력과 신생 독립국가의 주권강화라는 측면에서 나타났다. 하지만 시간이 흐르면서 이는 독립을 수호하고 국제적 의무를 다하기 위한 외적 압력의 형태로도 나타나게 된다. 특히 소련이 해체되기 전 중국과 중앙아시아 쪽에서 이들 5개국 중 3개국(카자흐스탄, 키르기스스탄, 타지키스탄)을 통해 국경을 맞대고 있던 소련은 중국과 국경에 접해있는 25개에 달하는 지역을 놓고 치열한 협상을 벌이고 있었다. 이 협정이 마무리가 되지 못한 채 소련의 해체가 이루어졌기 때문에 독립한 이들은 새롭게 중국과 국경 협정을 맺어야하는 문제에도 봉착하게 됐다.

중앙아시아 국가들과 중국 간의 국경선은 34000km에 달하는 방대한 지역이며 러시아 제국과 청제국 시절부터 얽힌 매우 복잡한 문제였다. 하지만 중앙아시아 국가들은 역사적 경험과 축적된 자료도 없이 중국과 새롭게 국경선 협정을 진행해야했다. 새로운 독립국가는 자국의 국가이익을 국제적 협상을 통해 수호해야하는 사상 초유의 상황에 직면하게 된 것이다.[46] 하지만 이는 신생국들로서는 결코 쉬운 과제가 아니었다. 때문에 협정은 장기간을 요하게 되었고 그 과정에서 중국과의 국경선 협정이 잘못됐으며 과도한 영토할양으로 주권과 국익을 훼손했다며 국민들로부터 큰 비난을 받고 결국은 정국의 혼란을 초래한 경우도 발생했다. 이는 중국과의 관계에서만 발생한 것이 아니었다. 주변 국가간 협상 또한 영토할양이라는 그 사안의 민감성 때문에 내부적인 반발이 만만치 않았으며 그 결과 정권 교체의 상황에 몰린 경우도 나타났다.[47] 대표적인 사례가 키르기스스탄의 경우다.

때문에 이들은 협상을 진행하면서 러시아의 도움을 적극적으로 요청하게 됐고 이들 3개국과 중국 그리고 러시아가 참여한 가운데 지리한 협상이 진행됐다. 오랜 협상 끝에 1996년에 접어들면서 대략적인 원칙들이 마무리되었다. 1996년과 1999년 우선 키르기스스탄과 중국이 협정을 맺고 곧이어 중국과 카자흐스탄 및 중국과 타지키스탄이 협정을 맺는다. 그리고 이러한 과정에서 이들은 후일 상하이 협력기구로 발전하는 ‘상하이-5’를 1996년에 탄생시키게 된다.

현존하던 국경선의 재획정 및 재협상 문제도 힘겨운 과제였지만 중앙아시아 국가들이 직면한 국경선 변경을 시도하는 또다른 도전은 잠재되

---

46) Chen Kun Fu, *Geopolitika Kazakhstan* 292, Almati:Zheti Zhargy,1999, Laumulin M, Kazakhstanv *sovremennykh mejdunarodynykh ontoshenijyakh:bezopasnost',geopolitika.* Politologija,Almati,2000.

47) 키르기스스탄은 중국과 독립직후부터 국경협상을 벌여오다 1996년 마침내 1100km에 달하는 양국 국경선을 새롭게 획정했다. 이 협정의 결과 키르기스스탄은 3만5천 헥타아르에 달하는 산악지대를 중국에 할양하기로 합의했으나 비준 과정에서 나타난 각종 문제 등으로 인해 의원들의 강력한 반대가 잇따랐고 결국엔 정국이 파행으로 이어지게 된다. Alisher Khamidov,*Dispute over China-Kyrgyz border demarcation pits president vs. parliament.*, Eurasia Insight, 2 August 2000. 및 필자의 개인 취재

어 있던 민족 및 과격 이슬람의 부활과 위협이라고 할 수 있다. 특히 소련 해체 후 느슨해진 아프가니스탄 국경을 넘어 들어온 무자히딘과 난민, 이슬람 신정국가를 건설하고자 하는 과격 이슬람, 그리고 새로운 독립 국가의 탄생과정에서 역시 새로운 영토 통합을 통해 새로운 국가를 탄생시키고자 하는 일부 민족주의자들의 주장은 이들 신생국에 영토를 지키는 것이 얼마나 어려운 과제인 가를 인식시키게 됐다. 그리고 이 과정에서 이들은 다시 러시아군과 국제사회의 도움의 필요성을 절감하게 된다. 1999년과 2000년에 발생한 우즈베크 이슬람 운동(IMU)의 우즈베키스탄 및 키르기스스탄 침공과 타지키스탄 내전 및 이 과정에서 반군의 지원세력으로 등장한 아프가니스탄을 넘어온 아프간내 타지크 족 일부 세력들은 중앙아시아 국가들을 큰 혼란과 위협에 빠뜨렸고 국경선 변경의 가능성을 시사하는 것들이었다.

중앙아시아 국가들이 자신들의 국경을 지키기 위한 국민 군대로서 국경수비대등을 창설하기 시작한 것은 1993-1994년부터였다. 반면 국경협상은 소련이 해체된 직후인 1991년부터 본격화하기 시작했다. 이런 어수선한 상황에서 1997년 이후엔 아프가니스탄을 기반으로 한 탈레반 세력이 중앙아시아 국경을 넘어 침공하는 상황이 빈번하게 발생했다. 또한 우즈베키스탄과 키르기스스탄을 IMU 등 과격 이슬람 운동단체들이 침공하는 상황도 발생하게 된다. 여기다 국경선을 넘나드는 새로운 국제범죄 조직들이 느슨한 중앙아시아 국가들의 국경을 활용해 유럽과 러시아 등지로 마약을 운반하는 등 국제적 문제들을 야기하면서 중앙아시아의 국경선 관리문제는 새로운 상황으로 들어가게 된다. 이런 상황에서 새롭게 독립한 중앙아시아 국가들은 그들의 주권을 지키고 자신들의 영토 내에서 독립국가로서의 자국 행정력을 강화하기 위해서라도 생활권 개념으로 혼재되어 있던 중앙아시아 국가들간 영토선을 보다 명확히 구분해 통치권을 강화해야하는 필요성을 느끼게 된다.

중앙아시아 국가들의 초기 대응은 매우 혼란스러운 모습이었지만 방향은 대체로 동일했다. 일단 국경선을 아주 경직되게 운영하는 것이었다. 외부의 간섭과 그들이 감당할 수 없는 상황이 초래되지 않게 하기 위한 '강한 국경선' 운영방침은 세관 통관의 경직화, 국경검문의 강화 등으로 이어졌고 주변국과의 협의없는 일방적인 국경선 획정 및 주변 통제를 위한 지뢰부설 등의 모습으로 이어졌다. 또한 마약의 흐름과 과격 이슬람 세력의 북·서진을 차단할 필요성을 느낀 러시아와 유럽연합(EU)을 비롯한 국제사회 또한 이들의 국경관리를 위한 각종 프로그램을 만들어 이들을 지원하기 시작했다. 국제사회는 현존하는 정권의 안정이 무엇보다 필

[그림 30] 아프가니스탄 지역으로부터 국경을 넘어 유통되는 마약 경로도

요함을 인정하고 그들의 내정에 대한 비난과 간섭을 최소화하는 경향을 보였다. 이러는 사이 중앙아시아 5개국은 대부분 정치·경제의 시스템을 과격한 권위주의 통치와 족벌·파벌 지배체제의 형태로 변모시켰고 야당 및 시민사회를 강력히 억압했다. 때문에 장기독재 및 권위주의를 기반으로 한 폐쇄된 족벌·파벌형 분배구조는 전통적 엘리트 지배체제를 강화시켰고 여기서 배제된 세력들은 강력한 소외감과 함께 라이벌 파벌 세력의 교체에 대한 갈망을 간직하고 있어 체제안정에 대한 불안정성을 증대시키고 있다. 여기다 소수 민족들의 차별에 대한 불만 또한 높아지면서 2010년 우즈베키스탄과 키르기스스탄 국경도시 오쉬 및 잘랄라바드 유혈 사태에서 보여졌듯 주변 국가들의 민족 분규에 대한 개입 유혹 또한 높아져 가고 있다.

현재 중앙아시아 국가들은 소련 해체 후 20년을 지나면서 나름대로 주권 영역을 확고히 지배하고 있다. 하지만 내부적으로 살펴보면 그들이 독립 직후 가졌던 국경선이 상당한 변화를 겪고 있음을 알 수 있다. 또한 현재에도 국경선을 넘어 들어와 이슬람 신정국가를 건설하자는 과격 이슬람 세력과 경제의 정상적 작동을 저해하는 마약 문제, 자국 내 소수 민족의 엘리트들 대부분이 소련 시절 보다 더 지배구조로의 충원이 배제된 채 이루어지는 장기 독재 권위주의 체제 및 폐쇄적 엘리트 지배 구조의 상황을 맞고 있다. 이러한 상황은 체제 및 국경선의 건강성을 위협할 수밖에 없다.

중앙아시아 국가들이 이러한 문제를 제대로 대처하지 못할 경우 받을 충격은 어느 정도 일까? 이와 관련해서는 다양한 예측들이 있다. 하지만 체첸 및 카프카스 지역의 불안정 및 이슬람 과격 테러리스트들과의 내부 충돌 등이 러시아 연방을 얼마나 뒤흔들었는 가를 상상한다면 중앙아시아 국가들이 직면할 충격의 정도는 쉽게 짐작할 수 있다. 특히 현재와 같은 강력한 통치력이 확보되지 않은 상태에서 내적 안정이 흔들릴 경우 그 충격은 훨씬 더 강력할 수도 있다. 소련에서 독립한 후 현재의 국경선 내에 존재하는 모든 인종들을 하나의 국민국가의 동등한 국민으로 통합하고 이러한 국경선의 변경 보다는 수호가 그들에게 훨씬 이득이라는 인식을 확산시키는 작업은 여전히 현재 진행형이다. 중앙아시아의 신생독립국들의 사회 및 정치 상황은 여전히 특정 지역과 특정 가문 및 파벌들 그리고 출신 종족의 배경에 따라 엘리트 및 지배 계급으로의 충원이 폐쇄적으로 결정되고 있다. 자원의 통제에 대한 권리 또한 차별적이고 폐쇄적으로 결정되는 경향이 높고 빈부 격차가 커져가는 상황에서 현재의 경제정책이나 통치정책에 불만을 가진 소수 민족이나 라이벌 파벌들의 존재 또한 여전하다.[48] 역사·인종·종교 그리고 전통 문화가 다른 이들을 공통의 이해 관계로 엮어 내는 작업의 성패는 그래서 향후 중앙아시아의 안정과 지역 정세에 결정적인 영향을 미칠 것이다.

이런 의미에서 보면 지난 20년 동안 중앙아시아 국가들은 강력한 외부적 충격을 미연에 방지하면서 나름대로 잘 대응해 왔다고 할 수 있다. 하지만 IMU의 키르기스스탄과 우즈베키스탄 공격, 오쉬와 잘랄라바드 지역을 비롯한 페르가나에서의 유혈 충돌의 주기적 반복, 탈레반에 영향받은 타지키스탄 반군들의 타지크 내전 도발 및 내전 종식후 공동 정부 참여로 인한 정권 공유, 타지크족과 파슈툰족 및 우즈벡족간의 지역 주도권 경쟁 등과 국경 지대의 충돌과 갈등, 그리고 일부 지역에서의 분리주의 정서의 증대는 여전히 영토 경계의 새로운 획정을 초래할 요소들로서 현

---

48) 이재영·김석환외, *우즈베키스탄 지배계급과 권력엘리트 연구*, 대외경제정책연구원, 2010.

재 진행형이라고 할 수 있다. 중앙아시아 국가들이 이를 현명하게 해소하지 않고는 리더십 교체가 불가피해질 수년 후에는 이러한 문제들이 체제의 건강성과 지속가능한 국민국가로서의 안정성을 해칠 잠재적인 뇌관으로 변모할 가능성이 높다. 그러면 지금부터 소련의 해체 후 중앙아시아 국가들의 국경선이 얼마나 변모했으며 현재 이들이 직면하고 있는 국경선 문제의 실태가 어떤 것인지를 좀 더 구체적으로 살펴보기로 하자.

## 국경선 문제의 복잡성과 각국의 대응

소련의 해체와 함께 야기된 국경선 문제는 좀 더 세분하면 다음과 같이 구분할 수 있다.

첫째는 소련권 구성 공화국간 국경선 문제로 '러시아-카자흐스탄', '우즈베키스탄-카자흐스탄', '우즈베키스탄-키르기스스탄', '우즈베키스탄-타지키스탄', '우즈베키스탄-투르크메니스탄' 및 '키르기스스탄-타지키스탄', '키르기스스탄-카자흐스탄' 그리고 '카자흐스탄-투르크메니스탄'간 국경선 문제다.

두 번 째는 구소련권 공화

[그림 31] 중앙 아시아 각국이 가장 첨예하게 대립하고 있는 페르가나 계곡 지대

http://www.hartford-hwp.com/archives/53/161.html

국들과 역외세력간의 새로운 영토협상의 문제다. 우선 과거 소련과 1991년 국경협정을 맺었던 중국과의 문제가 발생했다. 여기선 무엇보다 중국과 소련을 계승한 러시아간의 국경선 문제가 새롭게 발생했고, 그 다음은 소련에서 독립한 신생국들과 중국 간의 새로운 협상이 발생했다. 이를 세분하면 '러시아-중국', '키르기스스탄-중국', '타지키스탄-중국', '카자흐스탄-중국'간 국경문제로 나눌 수 있다.

여기다 역외의 아프가니스탄과의 국경문제를 맞대게 된 투르크메니스탄과 타지키스탄의 문제가 있다. 즉 소련해체로 인해 이들 두 개의 신생국가는 과격 이슬람의 북진을 맞댄 최전선 국가가 되어버린 것이다. 이들 또한 탈레반 정권과 그리고 보다 더 정확하게는 아프가니스탄 북부를 지배하는 북부동맹의 지방 군벌 지도자들과 힘겨운 협상을 진행해야만 했다. '타지키스탄-아프가니스탄' 및 '투르크메니스탄-아프가니스탄' 국경문제는 9·11이후엔 중앙아시아 5개국만의 문제가 아닌 전 세계적 국경문제, 특히 유럽 연합에 있어서는 새롭게 신경을 써야하는 긴급한 국경문제의 하나로 부각하게 되었다. 그리고 중앙 아시아 국경문제의 핵심 지역에는 페르가나 계곡 문제가 있다. 먼저 '우즈베키스탄-키르기스스탄'간 국경선 문제를 보자.

### 〈우즈베키스탄 – 키르기스스탄간 국경선 문제〉

중앙아시아 국경 문제 및 인종간 분규에 있어 가장 핵심적인 지역은 페르가나 계곡지대 (Ferghana Valley) 라고 할 수 있다. 이곳은 우즈베키스탄과 타지키스탄 뿐 아니라 키르기스스탄의 경계다. 또한 수많은 인종이 중앙아시아의 뿌리를 이루는 막대한 수자원과 역사적 자원이라고 할 수 있는 옛 왕국 코칸트 칸국(Khanate of Kokand)의 역사적 연원을 둘러싸고 경쟁을 벌이고 있다. 지역적 험준함과 각국 중앙 통치력과의 단절감등으로 인해 키르기스스탄과 우즈베키스탄을 공격한 이슬람 과격단체인 우즈벡 이슬람 운동(IMU)를 비롯한 극단주의 단체의 발호 또한 이 지역을 중심으로 이어진다.

소련이 중앙아시아를 경략하기 이전 페르가나 계곡지대는 코칸트 칸국이 지배하고 있었다. 때문에 현 우즈베키스탄의 영토 내에 위치한 코칸트의 역사적 지배를 기억하고 있는 많은 우즈베키스탄 인들은 소련이 1924년 중앙아시아의 국경선을 획정지으면서 코칸트 칸국의 지배지역이었던 페르가나 계곡 지역의 오쉬(Osh)를 비롯한 국경지대의 일부를 키르기스스탄에 넘겨준 것은 우즈베키스탄의 영토를 불평등하게 분할한 것이라고 생각한다. 이러한 정서는 오쉬 등은 당연히 회복해야할 영토라는 영토회복주의자들의 자양분이 되고 있다. 또한 지금은 나라가 나누어져 가족과 가문이 흩어져 살지만 이 지역 거주민들은 여전히 국가에 대한 표면적인 복속 외에도 자신들의 출신 지역과 가문 등 파벌과 씨족에 대한 소속감과 복속감이 강하다.[49] 하지만 우즈베키스탄 당국은 공식적으로는 이러한 움직임에 대해 어떠한 지지도 보내지 않고 있다. 자칫 잘못할 경우 중앙아시아 전체를 새로운 국경선 획정 및 영토회복운동의 화약고로 만들 우려가 크기 때문이다. 오히려 키르기스스탄의 오쉬 지역에 거주하는 우즈베키스탄인들 사이에 이를 우즈베키스탄의 영토로 재편입시키려는 분리주의 경향이 더 강한 상황이며 정서상 이들은 우즈베키스탄 정부의 미온적인 태도에 대해 불만을 가지고 있는 상황이다.

1998년 우즈베키스탄 정부는 국경을 강력하게 통제하기 위해 비자제도를 도입했다. 하지만 우즈베키스탄과 키르기스스탄 국경지대, 즉 키르

49) 이와 관련해서는 이재영·김석환외(2010)및 Francine Hirsch(2005) 참고

기스스탄 남부지대에 사는 주민들의 공동생활권 개념과 인종 및 부족간 친밀감을 감안해 이들에 한 해서는 우즈베키스탄 국경 내 100km까지는 비자 없이 여행할 수 있도록 했다. 하지만 이는 곧바로 자유통행을 기반으로 해 이루어지던 국경 무역 및 상업 활동에 막대한 지장을 초래했고 지역 주민들의 엄청난 반발을 샀다. 우즈베키스탄의 비자 도입 정책에 대해 키르기스스탄도 역시 우즈베키스탄 주민들에게 비자를 요구하게 됐다. 하지만 양국은 페르가나 계곡지대의 핵심 상업지역이자 많은 우즈베키스탄계 주민들이 거주하는 오쉬에 영사관도 개설하지 않았다. 이 때문에 오쉬는 우즈베키스탄 국경지대에서 5km밖에 떨어져 있지 않음에도 불구하고 타슈켄트 등에 상업적 목적 등을 위해 여행을 가기 위해서는 수 백km떨어진 비슈케크로 가서 비자를 받아야하는 불합리한 상황이 계속되었고 이에 대한 우즈벡계 주민들의 불만이 양국 정부에 대해 높아가기 시작했다.

1999년 2월 타슈켄트에 폭탄테러가 발생했고 이를 이슬람 극단주의 세력에 연계된 국가전복 음모로 파악한 우즈베키스탄 정부는 곧바로 페르가나 계곡지대를 봉쇄했다. 1999년과 2000년에 걸쳐 IMU의 간헐적인 공격이 계속되면서 우즈베키스탄 정부는 키르기스스탄 및 타지키스탄과의 국경을 아주 강력하게 통제하고 국경 이동을 사실상 봉쇄했다. 1999년 8월 우즈베키스탄 정부는 키르기스스탄 영내에 위치한 IMU 근거지를 공습했고 우즈베키스탄 군부대 및 정보부대 또한 키르기스스탄 영내에 진입해 IMU 조직원들 및 의심가는 사람들을 체포했다.

문제는 두 행동이 모두 키르기스스탄 정부와 어떠한 협의도 없이 진행됐다는 것이며 그 와중에 무고한 시민들이 다수 사망하는 등 민간인의 피해가 컸다는 것이었다. 키르기스스탄 정부는 격분했지만 우즈베키스탄 정부와 무력 충돌 등을 행할 만큼 국력이 강하지 못해 정치적 항의를 제기하는 수준에서 멈췄지만 양국간 관계는 매우 악화됐다.

게다가 키르기스스탄 내에는 다른 중앙아시아 공화국 들과 마찬가지로 옛 소련시절의 전통에 따라 주변국 주민들이 다수 거주하는 일종의 역외영토(enclave)가 존재했는 데 키르기스스탄에는 이러한 우즈베키스탄의 역외영토가 4군데 있었다. 이들 역외 영토 문제는 독립후 양국간 갈등의 원인 중 하나였으며 1999년에 발생한 우즈베키스탄의 일방적인 키르기스스탄 국경선 훼손 사건 후 이들 지역 주민들은 당연히 심각한 고통을 겪을 수 밖에 없었다. 이중에서도 소크 (Sokh)와 샤히마르단 (Shahimardan) 지역이 특히 관심을 집중시켰다. 소크 지역의 경우 1920년대 영역 구분을 할 때부터 문제를 야기했던 지역이었다. 문제는 독립직후 이들 4개의 역외영토의 국경선을 어떻게 처리할 것인지에 대한 어떠한 합의도 이룩되지 않은 상황에서 우즈베키스탄 정부가 이들 4개의 역외영토에 대한 할양과 이들 영토에 대한 접근 통로(회랑, corridor)를 독립 직후부터 줄기차게 요구해왔다는 것이었다. 하지만 이 또한 수자원 이용 및 옛 소련시절에 건설해놓은 기간 산업시설 단지들과 결부되어 있어 쉽게 해결할 수 있는 문제가 아니었다. 이런 상황에서 이슬람 극단주의 세력인 IMU가 페르가나 계곡 및 남부 키르기스스탄 지역을 근거지로 해 발호하면서 우즈베키스탄 정부에 대한 공격을 감행해오자 우즈베키스탄 정부 또한 남부 키르기스스탄에 위치한 역외영토에 대한 관심을 증대시켰고 이외에도 키르기스스탄내 IMU 근거지를 즉각적으로 공격할 수 있는 권한과 능력을 증대시키고자 했다. 이런 가운데 소크(Sokh)지역 문제가 제기된 것이다. 이 지역은 우즈베키스탄의 역외영토이지만 주민의 대다수가 타지크계 인데다 우즈베키스탄과 지역적으로도 차단되어 있었다. 소크 지역이 IMU의 근거지 및 배우 지원지가 될 수 있다고 우려한 우즈베키스탄 정부는 역외영토 주변을 지뢰로 봉쇄하고 국경초소를 설치해 출입하는 모든 차량과 인원을 감시하기 시작했다. 이들 지역이 국경선 획정 협정을 마무리짓지 않은 지역으로 잠재적 분쟁지역임을 감안할 때 우즈베키스탄의 이런 일방적인 행동은 키르기스스탄의 격렬한 반발을 살 수 밖에 없었다.[50] 키르기스스탄은 이러한 우즈베키스탄의 행동이 주권 침해이자 자신들의 주민에 대한 직접적인 위협이라고 반발했지만 우즈베키스탄은 지뢰는 우즈베키스탄 영토내에 부설되어 있고 표식이 되어 있다고 해명했지만 키르기스스탄의 분노와 반발은 사그러들 수가 없는 문제였다.

하지만 우즈베키스탄의 지도부는 소크의 문제는 우즈베키스탄의 안보와 직결된 문제로 소크로 이어지는 접근 회랑을 반드시 확보해야한다는 생각이 매우 강했다. 양국간 갈등은 당연히 국경 교역을 심각하게 위축시켰다. 당면한 문제들을 계속 방치할 수 없는 상황이 되자 양국은 2001년 2월 총리회담을 개최했다. 우즈베키스탄의 우트키르 술타노프(Utkir Sultanov) 총리와 키르기스스탄의 (Kurmanbek Bakiev)간의 회담의 결과 우즈베키스탄은 소크(Sokh)강을 따라 역외 영토로 연결되는 40km에 달하는 접근로, 회랑을 확보할 수 있게 됐다. 대신 키르기스스탄은 우즈베키스탄내에 위치한 자신들의 역외영토인 바라크 (Barak)에 대한 조그마한 접근로, 회랑을 확보하게 됐다.[51] 모두 6백27가구가 사는 바라크 주민

---

50) 본 연구진의 2011년 10월 카자흐스탄 및 키르기스스탄 현지 답사에서 입수한 'Open letter from Governor of Batken Province Mamat Aibalaev, *Batken tany (Batken),* 10 January 2001.' 및 Central Asian Nations and Border issues, Conflict Studies Research Center 3. 2005 등 참고

51) 양측이 합의한 내용은 *Obshchestvennyi reiting, 26 April-2 May 2001.*를 비롯해 양국 언론에 간헐적으로 보도되었다. 동 보도 내용은 2011년 10월 현지 답사에서 확인했

들은 자신들의 아이들이 교육과 병원 이용 등을 위해선 키르기스스탄 본토와 연결되는 회랑이 필요하다고 줄기차게 요구해왔고 이것이 이번 협상을 통해 반영된 것이다.

그러나 우즈베키스탄의 역외영토에 대한 회랑 확보 욕심과 이어진 협상에서의 결과는 키르기스스탄 일부 지역에 대한 심각한 안보위협을 노출시키게 됐다. 특히 우즈베키스탄 쪽 영토인 소크강과 접해 있는 키르기스스탄의 역외영토인 바트켄(Batken)주의 경우 소크강 남쪽을 통해 연결되는 인프라를 갖추지 못해 심각한 문제에 직면하게 됐다. 우즈베키스탄 당국은 협상 후 키르기스스탄과 비자 도입에 대한 합의를 이룩했다. 이 때문에 우즈베키스탄의 역외영토인 소크 지역을 통과해 우즈베키스탄 내로 혹은 이를 통과해 키르기스스탄으로 여행하고자 하는 사람들은 반드시 비자를 받아야하는 문제가 발생했고 우즈베키스탄의 이 지역 주민들에 대한 군사 및 정치적 영향력도 커져가 바트켄 주민들의 불만과 불편은 점점 고조되기 시작했다.

특히 우즈베키스탄과 협상을 지휘했던 키르기스스탄의 바키에프 총리가 자신들이 확보한 회랑을 직접 시찰한 후 자신들이 제대로 된 보상을 받지 못했다는 판단을 내리고 불만을 우베키스탄 측에 제기했다.[52] 바키에프의 이러한 불만도 문제였지만 2001년 4월에 들어 협상 내용이 언론을 통해 알려지면서 키르기스스탄 의회가 바키에프를 강력히 규탄하게 되면서 키르기스스탄의 정치문제로 비화하기 시작했다. 바키에프는 이번 협상은 본격적인 협상을 위한 첫 번째의 단계이자 결과에 불과하다고 변

---

다. 언론 보도 내용 등 종합

52) *RFE/RL Newsline (Prague: Radio Free Liberty/Radio Europe),* 24 April 2001, www.rferl.org.

명했지만 성난 민심은 쉽게 사그러들지 않았다. 격렬한 국민들의 항의와 야당의 공세에 직면한 키르기스스탄 정부는 대통령실 성명을 통해 이번 합의는 의회의 비준을 받지도 않았으며 의회의 비준을 앞두고 대통령의 서명도 이루어지지 않은 단순한 합의라고 주장했지만 국경협상의 실패와 우즈베키스탄의 키르기스스탄 국경선 침범 행동 등에 대한 누적된 불만이 표출되면서 이는 아스카르 아카예프 대통령의 입지를 강력하게 약화시켰다. 양국 국경이 명확하게 합의되지 않은 부분들에서 충돌은 간헐적으로 이어졌고 이 과정에서 특히 우즈베키스탄 국경수비대의 거친 진압과 대응이 많은 문제를 야기했다.

잦은 충돌로 키르기스스탄 내 분위기가 격앙된 가운데 2002년 초 키르기스스탄 부총리인 바자르바이 맘베토프(Bazarbay Mambetov)는 키르기스스탄 내에 위치한 우즈베키스탄의 역외영토인 샤히마르단(Shahimardan) 지역에서 우즈베키스탄 국경수비대가 키르기스스탄 주민들에게 총격을 가하는 등 잇다른 충돌이 발생하자 이 지역은 원래 키르기스스탄 영토라고 주장하고 나섰다. 물론 우즈베키스탄 정부는 이와같은 주장을 무시하고 일체 대응을 하지 않고 있는 가운데 키르기스스탄은 이러한 주장을 입증할 증거들을 수집할 임무를 관련 부처에 지시하기도 했다. 양국의 주장이 팽팽한 대립을 보이는 가운데 국경 관련 양국간 협의는 사건이 발생할 때 마다 지역 군사령관이나 지방 정부 차원의 협상 등이 병행되면서 현재에까지 이르고 있다.[53)]

국경분쟁과 관련한 양측의 주장을 입증하기 위해선 1920년대 소련시

---

53) 이와관련해서는 2011.10월 본 연구진의 비슈케크 현지 답사중 현지 언론 Kabar사 관련 보도 및 전문가 인터뷰를 통해 확인. 양국 국경관련 보도는 현지 언론 kabar 등을 참고.

절 과거 국경선 획정을 했을 때의 원칙과 이후 일련의 추가 협상에 의한 할양 및 장기 임대등과 연관한 문건들을 확보해야하나 아직까지 소련 연방 정부의 관련 문건들은 러시아 정부 차원에서 제대로 공개되지 않고 있다. 또한 중앙아시아와 관련된 국경선 및 내부 행정선 획정과 관련한 문건 및 지도 등은 대부분 러시아 연방정부가 보관하고 있고 일부는 중앙아시아 지역 공산당의 핵심 역할을 담당했던 우즈베키스탄에 소장되어 있어 관련 문건의 공개가 제대로 이루어지지 않고 있는 게 현실이다.

양국 간 감정이 격화되면서, 또한 독립 후 주권 행사에 대한 의식이 높아지면서 키르기스스탄 내에서는 자신들의 자원에 대한 통제권을 제대로 행사해야 한다는 주장들이 고개를 들기 시작했다. 이러한 자원 통제권 문제는 양국 간 국경선을 중심으로 해 키르기스스탄과 우즈베키스탄이 대립하고 있는 또 하나의 부분이다. 자원 통제 및 이용에 관한 문제는 사실 간단해 보이지만 내용을 파고 들면 매우 복잡해 국경지대에 위치한 일부 시설과 지역을 둘러싼 갈등은 아직 완전히 해결되지 않은 것들이 많아 잠재적 충돌의 위협을 높이고 있다. 이러한 문제는 키르기스스탄과 우즈베키스탄 사이에만 존재하는 것이 아니라 다른 중앙아시아 국가들 사이에서도 존재하는 문제이기도 하다. 이는 옛 소련시절 사회주의적 분업 및 협업의 원칙과 연방정부의 계획에 의해 최적의 효용을 확보하기 위해 국경선을 감안하지 않고 편리성과 접근성 그리고 운용의 노 하우를 기준으로 해 운용되던 자원 운용 계획과 연관된 것이다.

현재 키르기스스탄과 우즈베키스탄 사이에서 가장 민감하게 작용하는 자원 관련 분쟁은 수자원 문제와 함께 석유·가스전 및 추출 시설 등을 둘러싼 갈등이라고 할 수 있다. 소련방 시절 가스전은 키르기스스탄에 위치하고 있었지만 당시 가스 관련 산업 및 행정 조직은 우즈베키스탄이 담당하도록 조정된 것이 현재까지 이어지면서 갈등을 야기하고 있는 것이다.

2001년 국경선 획정 및 영토 재할양 문제를 협의하던 때 키르기스스탄 정부는 자원관련 문제를 제기했다. 이들은 1991년 독립 이후 현재까지 우즈베키스탄이 운영하고 있는 키르기스스탄 내 석유·가스전 및 관련 시설들을 키르기스스탄에 돌려줄 것과 배상금으로 1억8천만 달러를 지불할 것을 요구했다.[54] 키르기스스탄은 또한 우즈베키스탄에 대해 소련시절 우즈베키스탄의 목축을 위해 장기 임대해 주었던 땅들의 소유권도 주장하면서 추가적인 장기 임대에 대한 문제가 있을 수 있다고 경고하고 나섰다. 그런데 장기 임대의 중단 및 연장 거부 시사는 사실 매우 중요한 이슈를 제기하는 것이었다. 키르기스스탄은 타지키스탄과 함께 중앙아시아 국가들 특히 우즈베키스탄에 있어 핵심적 요소인 수자원의 주요 공급국이다. 그런데 옛 소련시절 이러한 수자원의 핵심 저수시설 중 하나인 안디잔 저수지 관련 시설을 소련방 정부는 우즈베키스탄에 임차해 사용하게 했고 이러한 관행은 키르기스스탄이 독립된 이후에도 계속되었다. 그런데 키르기스스탄 정부는 안디잔 수자원 시설 임대와 관련해 제대로 된 보상이 우즈베키스탄 측에서 이루어지지 않았다는 점 등을 들어 끊임없이 문제 제기를 해왔고 국경선 획정 및 재할양 협상장에서 자신들이 우위를 점할 수 있도록 이러한 문제들을 제기하고 나선 것이다. 당연히 우즈베키스탄은 이러한 문제 제기에 반발했고 아예 논의를 거부했다.[55]

이러한 이유들로 인해 2000년에 시작된 국경 및 영토 협상은 지지부진

---

54) Sultan Jumagulov, .*Uzbek gas for land bid fails*, Reporting Central Asia (London: IWPR), No. 42, 28 February 2001,http://www.iwpr.net

55) Gleason, Gregory,*Upstream-downstream: the difficulties of Central Asia's water and energy swaps.* EurasiaNet Business & Economics (New York: OSI), 6 February 2001,http://www.eurasianet.org.

했고 2002년 2월에 들어서서도 1400km에 달하는 국경선 중 겨우 209km에 달하는 구간에서만 합의를 이룩했고 나머지 994km는 계속 조사 연구를 진행하고 협의한다는 정도의 공감 만을 이룩한 상태였다. 가장 문제가 되는 지역은 오쉬(Osh)와 바트켄(Batken) 지역으로 이 두 곳은 역사적으로나 인종적으로 그리고 전략적으로도 매우 민감한 지역이라 양국이 쉽게 합의할 수 없는 곳이다. 이들 지역에는 소크(Sokh)와 바라크(Barak)와 같은 역외영토 등도 위치하고 있는 상황이라 양국 정부 및 전문가들도 어떠한 합의를 이룩해 내기가 매우 어렵다는 점을 호소하는 경우가 많은 게 사실이다. 그런데 문제는 이 지역이 전체 국경선의 1/3에 육박하는 406km를 차지하고 있어 이를 무한정 미해결인 채로 놓아둘 수도 없는 상황이라는 것이다. 더군다나 페르가나 계곡 지역을 중심으로 한 국경지대는 우즈베키스탄이나 키르기스스탄 그리고 타지키스탄 3국 모두에게 핵심 전략지역인데다 어느 누구도 선불리 양보를 할 경우 자국 내 자신들의 정치생명과 직결될 수 있어 합의가 쉽지 않은 채 지금까지 이어지고 있다. 이러한 과정에서 2010년 오쉬에서의 주민 폭동과 인종충돌 등이 발생한 것처럼 양국 주민간 충돌은 간헐적이지만 매우 격렬한 형태로 이어지고 있다. 모든 국경분쟁의 주요한 고려 요소는 인종, 자원, 그리고 역사인데 페르가나 계곡 지역은 이런 면을 고려할 때 중앙아시아의 역사에 있어 그리고 중앙아시아와 중국을 잇는 측면에서도 주변국 그 어느 누구도 쉽게 양보하고 타협하기가 쉽지않은 잠재적인 갈등 요소 지역이라고 할 수 있다.

## ◎ 중앙아시아 지역 국경갈등의 미래는?

중앙아시아 5개국이 직면한 국경선 문제는 우즈베키스탄-키르기스스탄의 예에서 보듯 여전히 완전한 합의점을 찾지 못한 채 현재 진행형인 상황이다. 국제사회는 소련 해체 후 더 이상의 과격한 혼란을 예방하기 위해 현존하는 국경선을 인정하고 유지한다는 데 동의한 상태지만 지난 20년 동안 중앙아시아 지역에서는 크고 작은 국경협정과 간헐적인 충돌이 이어져왔다. 그러나 큰 측면에서 본다면 지난 20년 동안 몇 차례 격렬한 도전에도 불구하고 중앙아시아 국가들은 국경선을 효과적으로 지켜왔다. 하지만 향후에도 이러한 안정이 유지되기 위해서는 중앙아시아 국가들의 국경지역 정책이 좀 더 깊이 있는 성찰에 기초해야할 필요성이 있다. 또한 중앙아시아 국가들의 국경지역 개발 계획의 성공적 추진 및 주변 국제사회의 협력과 지원이 필수적이다. 현재 중앙아시아 국가들이 직면한 현실은 표면적 안정에도 불구하고 그렇게 간단해 보이지만은 않는다.

아프가니스탄을 중심으로 북상하는 이슬람 과격주의와 이들에 영향받은 IMU등의 공세는 1999년과 2000년 키르기스스탄과 우즈베키스탄에서 국가 전복 가능성을 내비칠 정도로 위협적이었고 타지키스탄에서의 경우는 내전으로 인해 이슬람 반군 세력이 정권의 공동운영 세력으로 참여한 상황이다. 또한 이 보다는 낮은 수준이지만 안디잔과 오쉬 등에서의 민족 간 갈등 그리고 키르기스스탄에서의 잇단 정부 전복을 불러온 시민봉기와 대립되는 세력 간 갈등의 연속 등은 이 지역이 여전히 안정을 이룩하고 지속가능한 체제의 건강성을 유지하기 위해서는 극복해야할 문제가 많다는 것을 보여주고 있다.

현재 미국의 아프가니스탄 철군 계획이 발표되면서 이들 중앙아시아 국가들의 남쪽 국경은 더욱 위협적인 상황으로 변모했다. 또한 이를 통한 과격 이슬람의 북진 위협 또한 더욱 증대되고 있다. 그루지야와 러시아간의 대규모 전쟁은 남오세티야의 자치와 분리 독립 문제를 놓고 발생했으며 결국 국경선의 변경을 초래했다. 러시아내 체첸 분리주의 운동 또한 다민족 국가 내 소수민족이 시간이 흐르면서 이슬람 극단주의자들이나 새로운 민족 국가를 탄생시키고자 하는 일부 소수 민족지도자들의 영향으로 인해 발생했다. 이러한 사실들을 상기한다면 중앙아시아 국가들 내에서도 기존 국경선의 변경을 통해 새롭게 자신들의 영역을 확장하거나 탄생시키고자 하는 강력한 도전들이 발생할 가능성은 여전히 상존한다고 할 수 있다.

중앙아시아 국가들 대부분은 강력한 권위주의 통치를 기반으로 해 정치 권력을 특정 세력 및 주류 파벌이 독점하는 형식으로 국가를 운영하고 있다. 특히 카자흐스탄과 우즈베키스탄이 이러한 경향을 대표하고 있다. 또한 키르기스스탄과 타지키스탄은 지역적, 파벌간 대립과 갈등 및 연합을 통해 정권을 유지하고 있다. 이 때문에 이들 국가에서는 아예 지난 20년동안 권력 지배 구조의 변동이 없었거나 아니면 극심한 혼란을 초래한 정변과 내전과 같은 변동의 흐름이 반복되어왔다. 투르크메니스탄의 경우는 완전히 다른 폐쇄적 신중세의 모습을 보여주면서 주변국과 완전히 차단된 지배 세력간 타협의 우민정치를 지속하고 있다. 이들 국가들은 지난 20년 동안 나름대로 경제적 발전을 이룩해왔다. 하지만 권력의 배분 및 부의 분배 구조도 특정 주류 세력에 의해 비정상적으로 독점되는 상황이 지속되고 있기 때문에 페르가나 지역에서 수 차례 보여지듯 사회적 변동 및 소수 민족 거주지를 중심으로 한 분리독립 및 자치권 요구 경향은 높아 질 수도 있다.

또한 옛 소련시절에 획정되었던 행정선(administrative line)이 국경선으로 갑작스럽게 성격이 바뀌면서 발생한 연접한 국가와의 생활권의 붕괴 및 지역 주민들의 갈등과 경제 활동의 침체 등은 자칫 새로운 갈등을 초래할 수도 있다. 이 때문에 이에 대한 철저한 대비와 화해의 노력 또한 매우 필요하다고 할 수 있다.

사실 과거에도 그렇지만 현재까지도 '러시아-카자흐스탄'의 서부 및 북서부 국경지대와 페르가나 계곡 지대에서의 '우즈베키스탄-키르기스스탄' 국경지대 및 '우즈베키스탄-투르크메니스탄'간 국경 및 '카자흐스탄-우즈베키스탄' 국경지대 에서는 자국 내의 영토에 가장 쉽고 편하게 접근하기 위해서는 상대방의 영토를 거쳐서 가는 것이 편한 경우가 많다. 또한 자국 내 고립지역에 대한 물자의 공급 루트 또한 타국을 경유해 공급하는 것이 훨씬 더 가깝고 경제적인 경우가 많다. 그러나 이러한 월경을 통한 자국 영토내 다른 마을 및 도시로의 접근이 이제는 과거 처럼 같은 나라(소련)의 행정선을 통과하는 것이 아니라 국경을 통과하는 것으로 변경되면서 발생하는 숱한 문제들이 여전히 강력하게 존재하고 있다. 생활 경제 차원을 넘어서는 초국경 경제 협력의 문제 또한 단절과 갈등으로 많은 손실을 보고 있다.

한국과 국제사회는 소련의 해체로 인한 국경선 분화 이후 지난 20년 동안 중앙아시아 국가들이 효과적으로 수행해온 국경선 변경의 위협 대응 노력을 더욱 지원할 필요가 있다. 이를 위해선 유럽연합이 진행하고 있는 중앙아시아 국경관리계획(BOMCA)과 중앙아시아마약관리실행 계획(CADAP) 등과 같은 국제협력 프로그램이 보다 더 효율적으로 집행되도록 노력해야한다. 또한 중앙아시아 국가간 협력이 갈등과 긴장보다 훨씬 더 유용하다는 인식의 공감대를 확산시키는 데 주력해야 하며 이를 위한 연구와 법률 제도적 지원을 공적개발원조(ODA)등을 활용해 제공할 필요가 있다. 이를 통해 중앙아시아 지역 내에서 통행과 교역의 상호 이동을 촉진하기 위한 새로운 형태의 공동체 구성 노력을 적극 지원할 필요가 있다. 또한 한국은 중앙아시아 국가들이 국가 건설(State building)과 국민 건설(nation building)을 위해 노력하면서 시행하는 각종 법률과 제도 등을 심도 있게 분석해 중앙아시아 지역에 거주하는 한민족 동포들의 권리와 이익이 이 과정에서 침해되지 않도록 적극적인 노력을 기울일 필요가 있다. 또한 현재의 국가 권력 구조만이 아닌 시민 사회 및 지방의 소수민족 지도자들과의 유대와 교류도 적극 추진해야할 것이다.

제6장

# 유라시아의 미래와 글로벌 사회 그리고 한국

# 제6장 유라시아의 미래와 글로벌 사회 그리고 한국

## 과거 유라시아 지역의 변화와 글로벌 영향력

유라시아의 미래를 전망하기 위해서는 과거 유라시아 지역의 변화가 글로벌 사회에 어떠한 영향을 미쳤는 지, 그리고 글로벌 사회의 변화가 유라시아를 어떻게 변모시켰는 지를 살펴볼 필요가 있다. 지난 몇 세기 전에도 유라시아에서 시작돼 전 세계로 파급된 중요한 흐름들이 많이 있었다. 대부분의 흐름들은 유라시아의 동쪽에서 서쪽으로 영향을 미쳤다. 몽골의 서진, 실크로드 중개 무역을 가능케 한 중국을 포함한 동유라시아의 생산력 등이 그것이다. 서진과 동진 속에서 충돌과 협력, 병합과 동화가 연속적으로 일어났고 그 과정에서 입증된 유라시아의 역동성이 전 세계의 이목을 끌어왔다. 근대 이후 이러한 유라시아 세력의 동진과 유라시아 세력의 서진의 중간 지점에서 중국과 러시아가 합의한 모호한 경계선 지역이 존재해왔다. 바로 중국의 신장과 소련의 중앙아시아 지역이다. 그런데 이 신장 지역 주변의 정치·경제·문화적 환경도 중앙아시아 국가들이 잠에서 깨어나 독립 국가로서 20 여년 이상 기능하면서 서서히 변모하고 있다. 이슬람 극단주의 세력들이 중앙아시아 페르가나 분지를 중심으로 세력을 확장하면서 일부는 우즈베키스탄과 같은 서쪽으로 그리고 일부는 신장 위그르 자치주와 같은 동쪽으로 영향력을 확대하고 있다. 종교적 극단주의 외에도 중국과 접경한 중앙아시아 지역의 소수민족들과 중국내 카자흐, 위그르, 키르기스, 우즈벡 같은 소수 민족들 간의 동질의식 및 문화적 공동체 의식도 점점 고양되고 있다. 이러한 움직임들은 긍정과 부정 두 가지의 모습을 모두 갖추고 중앙아시아, 내륙 유라시아의 지정학 및 문화 지도를 서서히 변모시키고 있다.

지금은 중국 땅이 된 신장(新疆) 지역 및 그 주변 지역을 둘러싼 역사는 지난 2000년 동안 여러 제국의 관할 하에 있었고 다양한 문화권의 역사 문헌에 기록되었기 때문에 같은 지역의 이름이 다양한 지명으로 불리기도 한다. 신장 또한 유라시아의 중앙, 중국령 투르케스탄 등으로 다양하게 불린다. 중세 이슬람 학자들은 이 지역을 페르시아어를 사용하는 오아시스 거주민들과 대립되는 개념으로, 투르크어를 사용하는 유목민의 땅이라는 의미로 사용했다. 19세기 러시아가 중앙아시아를 정벌하면서 중앙아시아 지역을 투르키스탄으로 호칭하면서 유럽에서는 신장을 러시아령 투르키스탄보다 조금 더 동쪽의 지역, 청조(清朝) 치하의 중앙아시아 지역을 중국령 투르키스탄으로 호칭하기도 했다.

이 지역은 러시아 제국과 중국, 소련과 중국의 영향력과 지배권이 겹치면서 유라시아의 두 강국의 서로의 영역에 대한 방어선의 성격도 띄고 있었다. 소련 및 러시아 제국 그리고 몽골과 영향을 주고 받은 현재의 중앙아시아 국가들이 위치한 지역과 달리 신장은 카자흐, 키르기스, 위그르족의 거주지이면서 동시에 18세기 이래 중국의 지배를 받았고 그 이전에도 중국 및 몽골과 깊은 연관을 맺어왔다. 하지만 지난 20여년 동안 이러한 전통적 영향력 지대에 변화의 바람이 불고 있다. 특히 중국의 신장이 여전히 강력한 중국 지배력을 과시하고 있는 반면 소련의 영향력 지대였던 중앙아시아 지역에는 중국의 침투와 영향력의 증대가 두드러지고 있다. 물론 중국만이 아니라 한국, 미국, 터키 등의 영향력도 새롭게 이 지역에 형성되고 있다. 역사상 처음으로 내륙 유라시아, 중앙 유라시아 지역의 영향력의 원천이 변모하고 있는 것이다.

그런데 중국의 힘이 서진하는 속도나 강도에 비해 중앙아시아 및 러시아의 힘이 중국 쪽으로 동진하는 모습은 상대적으로 약하다. 특히 신장 지역을 방패 삼아, 비록 그것이 지역 토착 소수민족의 희망을 반드시 반영한다고 말할 수는 없지만, 이를 효과적으로 대응해내는 중국의 반발력은 아직까지는 대단해 보인다. 때문에 이 지역은 지금까지도 중국의 세력권이었고 크게 보아서는 역사적으로 몽골을 제외하고는 이 지역을 놓고 중국이라는 국가 혹은 제국과 경쟁한 국가나 세력은 없었다. 물론 역사를 세밀히 살펴보면 이 지역 토착 엘리트 그룹과 이슬람 지도자들에 의해 신장 남부 지역에 대한 영향력과 지배권이 넘어간 경우도 있다. 하지만 주로 북부 유목민족의 영향력 하에 있었던 신장 남부의 인구 중심지역은 신장 북부, 세미레체(Semirech'e), 혹은 몽골에 기반을 둔 유목세력과 한족의 중국에 의해 지배됐다. 그리고 때로는 내륙 아시아의 엘리트들로 구성된 중국 북방 왕조들에 의해 지배되기도 했다. 물론 몽골 제국의 후예나 모하멧의 후예라고 주장하는 이슬람 수피교 지도자들인 샤이흐(Shaykh) 들이 이끄는 토착 지배 계층에 의해 지배되기도 했다. 때문에 지도상에는 동일한 지역인 신장이 지배세력의 호칭에 따라 한(漢), 에프탈((Hephtalites), 서돌궐, 카라한조(Qarakhanid), 카라 키타이(Kara Kitai), 서요(西遼), 야르칸드 칸국(Yarkand Khanate), 위그르, 중가르(Zunghar), 청(淸)등의 이름의 일부분으로 결부돼 불리기도 했다.[56)]

유라시아 중앙에 위치한 오늘날의 카자흐스탄, 키르기스스탄, 우즈베키스탄, 투르크메니스탄, 타지키스탄과 중국령 신장은 유목사회와 정주사회의 접점 지역인 중앙아시아, 내륙 유라시아 지역의 대부분의 지역이 그러하듯 초원출신 유목민인 흉노, 투르크, 몽골족과 타림분지 오아시스의 농민들이 만나는 공간이었다. 때문에 유라시아의 동쪽에서 발흥한 세력들이 서쪽으로 영향을 미치기 위해서는 항상 이러한 중앙 유라시아 지역의 패권을 누가 장악하는 가가 매우 중요했다. 신장을 비롯한 중앙 유라시아 지역은 대부분 말을 키울 수 있는 북방 기반 유목민들이 곡물을 경작할 수 있는 남쪽 오아시스 기반 정주민을 지배하고 이 지역에서 세금을 징수하는 경향을 보였다. 때문에 북방 기반 유목민들 중 몽골에 기반을 둔 유목세력과 중국 북부에 기반을 둔 국가들 사이의 영속적인 경쟁 관계가 이 지역에 영향을 미쳤다. 그리고 이는 서쪽 유라시아 지역에 직간접적인 영향을 미쳤다.

하지만 반대로 유라시아의 서쪽에 해당하는 유럽 지역에서 시작된 사건들이 직접적으로 동유라시아에 영향을 미친 일들도 있었다. 러시아의 중앙아시아 부족국가들 정벌과 부하라, 히바, 코칸트 한국(汗國)의 멸망, 예르마크(Yermak)를 중심으로 한 코사크 용병들의 시베리아 정벌 및 무라비요프, 하바로프, 베링 등을 앞세운 러시아 제국의 동유라시아 공간으로의 탐험과 침투 등이 그것이다. 이러한 러시아의 동진의 결과 만주 북부의 지정학이 변모했고 아무르강 주변의 영토를 확정한 네르친스크 조

---

56) 제임스 A. 밀워드, '신장의 역사-유라시아의 교차로' 김찬영·이광태 옮김. 사계절. pp.29 - pp.30

약(1689), 몽골 주변 지역의 영토를 확정한 캬흐타(1727) 조약, 다시 중국(淸)의 힘이 약해진 19세기에 들어 아무르강(흑룡강) 좌안을 러시아 령으로 넘겨준 아이훈 조약(1858), 현재의 연해주 지역인 아무르강 동안을 러시아에 넘겨준 베이징 조약(1860) 등을 거쳐 한반도 동북부의 영토선이 확정됐다. 중앙아시아 지역에서는 1881년의 이리 (伊犁)조약으로 청과 러시아 사이의 경계선을 확정하게 했다. 청과 러시아의 전투에 조선의 조총군이 파견된 나선정벌(羅禪征伐)의 역사도 이러한 사건의 파장이었다.

### 이리(伊犁) 분쟁

중국 신장성 이리 지역을 중심으로 발생한 이리 분쟁은 1864년 신장성에서 발발한 이슬람교도의 반란을 이용하여 야쿠브 벡(Yakub Beg · 阿古柏伯克)이 카슈가르를 점령하고 영국 및 오스만 투르크와 제휴하려 하자 러시아가 병력을 동원해 이리 지방을 점령하면서 시작했다.

당시 청국령이었던 이 지역엔 야쿠브 벡이 텐산남로와 텐산북로의 일부지역을 장악한 채 독립국을 선포한 상황이었다. 문제는 이 야쿠브 벡의 왕국이 영국에 경사돼,인도로부터 중앙아시아 지역으로 진출하려는 영국의 핵심적 전략동맹화 하고 있었다는 점이다.

야쿠브 벡은 청으로부터 독립하고자 영국군 교관을 불러들여 군사훈련을 하는 한편 러시아, 청 등어느 쪽에도 우호적이지 않은 친영정책을 펼치고 있었다.

때문에 중앙아시아 지역으로의 남하를 꾀하던 러시아로서는 이 야쿠브 벡 왕국의 친영화를 언젠가는 억제시켜야할 필요성을 가지고 있었다.

이런 상황에서 1864년 신장성에서 이슬람교도의 반란이 발발했고 청제국이 이를 통제하지 못하자 러시아가 움직였다. 당시 러시아는 제국주의 정책을 강화하고자 시베리아, 중앙아시아(투르크 지역) 등에 총독을 임명하고 그 총독에게 독자적 권한을 부여해왔다.

즉 시베리아 지역을 관할한 무라비요프 총독이 동북아 정책에 있어 사실상 전권을 행사한 것처럼 러시아령 투르크스탄 지역은 카우프만(K.P.Kaufman)이 전권을 가지고 권한을 행사하고 있었다.

무라비요프가 블라디보스토크 등을 러시아에 편입시킨 것처럼 카우프만은 중앙아시아에서 1866년 사마르칸트를 점령해 러시아에 편입시켰으며 부하라, 코칸트 등도 역시 쟁취해 러시아 영토에 편입시켰다.

때문에 1864년 이리 지역을 중심으로 이슬람교도의 반란이 일자 카우프만은 즉각 군대를 보냈고 러시아군은 이리의 전략요충지를 장악했다.

러시아는 즉각 야쿠브 벡의 소요를 진압한 후 철군하겠다고 청에게 약속했으나, 청이 이를 관장할 능력이 없다고 보고 계속 눌러앉았다. 이 때문에 청은 충허우[崇厚]를 러시아에 파견하여 1879년 '리바디아'조약을 체결하였다. 그러나 리바디아조약은 청나라에 매우 불리하여 청나라는 영국·프랑스의 중개로 이 조약의 수정을 꾀하여 1881년 증지쩌[曾紀澤]를 파견해 상트 페테르부르크 조약(통칭 이리조약)을 체결하였다.

이 조약으로 러시아는 이리 지방의 대부분을 청나라에 반환하고, 청나라는 그 일부와 자이산 노르 지방을 러시아에 할양하였으며 배상금 90만 루블을 지불하였다. 중국과 러시아의 이리 국경선의 기본적인 선은 이때 결정되었다. 중국은 이리사건과 이리조약을 러시아의 제국주의적 침략이라고 비난하였다.

문제는 이 기간(1871-1881)중 러시아와 청국이 적대관계에 들어가고 영국과 러시아가 전 세계적 대립상황을 보이는 상태로 국제정세 그리고 동북아 정세가 재편됐다는 것이다.

특히 러시아가 이리 지역을 장악하면서 영국의 핵심적 경략지인 인도에 잠재적 위협세력화 할 가능성이 높아지면서 영국의 동북아 정책이 크게 변모하게 됐다.

당시 일본과 우호적 관계에 있던 영국은 일본의 만주 및 한반도 지역에 대한 욕망추구 행동에 대해 비적대적 태도를 보였다. 일본은 이러한 상황을 이용해 1874년 대만정벌에 나섰고 1875년 운양호 사건, 1876년 강화도 조약을 통해 조선을 개국시켰다. 또한 1879년엔 당시까지 독립상태이던 류큐(琉球)를 병합해 오키나와로 개칭했다.

이로써 일본은 국제정세를 활용해 조선개국의 최대 장애세력이었던 청과 영국, 러시아를 배제한 채 가장 먼저 조선을 개국시킨 동양계 제국주의 세력이 되었던 것이다.

러시아의 시베리아 지역에 대한 진출과 내륙 유라시아에 대한 진출은 탐험과 무역, 그리고 정복과 문화적 영향력의 확산이 결합된 결과였다. 여기서 러시아의 문화적 우월감의 의식은 매우 중요한 요인이다. 이는 러시아가 시베리아 및 중앙유라시아, 동유라시아에 진출하면서 보인 행동이 같은 기독교 문명권인 동유럽 및 서쪽으로의 진출과 다른 패턴을 보였다는 점에서 더욱 그러하다. 이슬람과 유교적 영향력이 강했던 중앙아시아, 내륙 유라시아, 그리고 동시베리아 지역에 대한 러시아의 진출 과정에서 나타난 러시아인들의 문화적 우월감과 러시아 정교를 믿는 기독교 세력으로서의 종교적 차별성은 탐험과 무역 그리고 정복의 결합에 중요한 동력원으로 작용했다. 하지만 이는 러시아 인의 시베리아 및 내륙 유라시아 지역에 대한 역사적·문화적 무지와 정복욕에 불탔던 러시아 엘리트들의 생각이자 오만함의 결과이기도 했다. 시베리아와 내륙 유라시아 지역은 오랫동안 중국 제국의 영향력이 미쳤던 곳이고 몽골 등 북방 유목민족이 세운 중국 북방왕조와 유목제국의 문화가 강력한 영향력을 가지던 곳이었다. 비록 이들이 중세와 근대로의 이전 과정에서 근대적 개념의 '민족(nation)-영토(territory)-국민국가(nation-state)' 형성에서 뒤쳐졌던 것은 사실이지만 이들은 러시아 제국의 문화적 우월성에 대한 존경심은 거의 없었다. 이러한 인식은 소련 건국 후 공산주의 이념에 기초한 소련, 특히 모스크바가 이 지역의 모든 좋은 것의 원천이던 시절이후 약 70여년 동안 위세를 떨치기도 했지만 바스마치, 자디드((usul-i-jadid) 운동 등에서 알 수 있듯 끊임없는 저항과 도전의 역사를 보여왔다. 그리고 이러한 뿌리 깊은 문화적 저항감과 내륙 유라시아의 문화적 동질감을 회복하려는 시도들은 소련 해체 후 이 지역에서 나타난 문화적 정체성 회복의 지향점이 서유럽 혹은 미국 지향이 아니라 동양적, 알타이적, 이슬람적 지향으로 회귀하는 데에서도 알 수 있다. 한국의 입장에서는 유라시아의 새롭게 등장한 역사적 친구이자 새로운 자원공급지인 이들 국가의 이러한 문화적 회귀와 지향성을 잘 인식하고 같은 알타이 문화이자 현대적 행정 경험과 자본주의적 경제발전의 성공 모델로서 이들 지역과의 장기적 협력의 전략을 짜야 할 것이다.

유라시아에서 나타나고 있는 다양한 흐름들은 개별적인 사건들의 장기적 여파의 결과이기도 했다. 태평양 나비의 날개 짓이 태풍을 몰고 올 수 있는 나비 효과를 유발하듯 많은 변화와 충격을 동유라시아 지역에 가져왔다. 소련이 해체 된 후 중앙아시아와 러시아 그리고 중국은 이러한 변화에 대한 대응 전략의 하나로 최우선적으로 국경선의 문제를 매듭짓고자 했다. 러시아, 중국, 중앙아시아 국가들은 각각 새롭게 국경 협정을 벌이고 이 결과 러시아의 동부 국경 및 중국의 서부 동북부 국경이 2008년 최종 타결됐고 중앙아시아 국가들 가운데 중국과 국경선을 맞댄 카자흐스탄, 키르기스스탄, 타지키스탄 3개국과 러시아 그리고 중국이 국경 협상을 통해 1992년 이후 대부분 새롭게 국경선을 마무리 지었다. 그리고 그 와중에 이 지역의 새로운 안보와 경제협력의 지속을 위한 회의체로 '상하이 5'(중국, 러시아 + 카자흐스탄, 키르기스스탄, 타지키스탄)가 결성됐다가 이것이 발전해 상하이 협력기구(SCO)가 탄생하게 된다. 이처럼 중앙아시아 지역에서는 소련 해체 후 지난 24년 동안 크게 보아서는 무력 충돌없이 새로운 국경선의 획정이 조약으로 이루어졌다. 하지만 서쪽 국경선 지역에서는 끊임없는 무력 충돌과 전쟁 그리고 합병이 반복되면서 진행됐다. 대표적인 것이 1990년대 말의 코소보, 2008년의 남오세티야 및 아브하지야, 그리고 2014년의 크림 등이다.

## 한국의 대응 – 신북방전략과 북방경제론

동북아에서 최근 보여지고 있는 외교전략의 충돌이 심상치가 않다. 특히 일본의 행보가 의심스럽다. 미국의 아시아로의 귀환 정책과 일본의 적극적 동참이야 대중(對中) 억제 정책으로 양국의 이해가 맞아 떨어지니 익히 예상되던 일이다. 하지만 최근 일본과 북한, 일본과 러시아의 행보는 뭔가 큰 틀의 새로운 흐름이 만들어지고 있지 않나하는 의심을 들게 만든다. 한국은 이 와중에 한·미·중 전략대화를 추진하고 전통적 한미동맹을 강화하는 카드를 사용하고 있다. 하지만 한미 동맹의 강화는 한미일 3각 협력의 틀에 균열이 생길 경우 차질이 생긴다. 미일 동맹 또한 마찬가지다. 한일이 대립하고 갈등이 심해지면 새로운 형태의 보완책이 필요하다. 중국을 견제하려면 이들은 필연적으로 러시아가 필요하다.

이런 상황에서 한국이 한·미·중 3각 전략대화를 시도한다면 이는 동북아 지역에서 러시아와 일본을 약화시키려는 의도로 비쳐질 수도 있다. 당연히 러시아와 일본의 전략적 대응이 나올 수 밖에 없다. 러시아의 입장에서는 한·미·중 전략대화의 추진은 1차 북한 핵 위기 발생 시의 4자 대화체의 부활이라는 의심을 할 수도 있다. 당시 한국의 적절한 설명과 사전 정지 노력의 부족으로 한국과 러시아의 외교는 격렬한 대립과 필요 없는 손실의 시기를 겪어야만 했다.

최근 러시아는 미국의 아시아 중시정책에 대응해 자신들의 아시아 중시 정책을 강화하고 있다. 푸틴의 시베리아 개발 및 유라시아 단일 안보 구상 등은 모두 이러한 정책의 신호탄이다. 중러관계는 사상 최고의 밀월기다. 하지만 극동·시베리아 개발을 위해서 러시아는 중국만이 아닌 제3의 협력자가 필요하다. 일본과 한국이 파트너의 자격을 놓고 경쟁을 할 수 있다. 최근 러-일 정상회담에서 양국이 합의한 새로운 투자 플랫폼과 외교·국방장관의 정례 협의체인 '2+2'협의체 출범 합의는 그래서 매우 의미 심장하다. 여기다 일본은 아베의 미국 방문 후 엔저 용인에 대한 강한 자신감을 보이고, 북한에 전격적으로 특사를 파견해 한·미·일 3각 대북 공조에 균열을 일으키고 있다. 중국은 세계적 차원의 존재감이 커질수록 이에 반발하는 기류를 잘 조화해 내야한다. 일본과의 라이벌 경쟁과 미국과의 세계적 협력 및 경쟁 속에서 북한과 러시아를 다루어야 한다. 한국은 중국과 한국의 경제적 상호의존의 증대와 아시아 및 세계적 차원의 파워 다이내믹스, 세력 전이(轉移)를 감안하면서 방정식을 짜야한다. 그러다보면 한국의 외교안보 구상에서 중국, 러시아의 행보가 매우 중요해짐을 알 수 있다.

러시아의 동북아 전략은 기본적으로 중국과의 협력을 기본 축으로 하되 국경선을 맞대고 있는 아시아 국가들(중국, 몽골, 한반도)과의 통합과 안전을 촉진하는 것이라고 할 수 있다. 이를 위해서는 몇 가지의 보조적이고 필수적인 정책들이 필요하다. 가장 중요한 것은 외교안보적으로 급변 상황을 방지하는 것이다. 이를 위해선 국경선을 맞댄 국가들 내부에서 급격하고도 통제할 수 없는 상황의 변화가 발생하지 않도록 해 국경의 안전을 보장하는 것이 중요하고 '미·일' 및 '한·미' 동맹 축의 지역적 영향력 확대와 중국, 북한 등과의 대립의 첨예화를 사전에 예방하고 중화시켜 이 지역의 세력균형을 유지하는 것이 필요하다. 또한 이러한 과정을 거쳐 러시아와 국경을 접한 주변 국가들과 선린우호벨트를 형성하는 것이라고 할 수 있다. 여기다 경제적 측면에서는 아시아-태평양지역의 경제적 역동성을 살려 장기적인 관점에서 '아-태지역연합'과 같은 공동체 형성을 지지·고무하고 러시아의 극동·시베리아 지역이 이러한 흐름에 편입하는 정책을 추구하고 있다.

러시아는 동북아 지역을 "한편으로는 협력과 새로운 관계 형성의 탐색을 위한 노력이 계속되고 있고" "다른 한편으로는 경쟁과 냉전 종식이후 형성된 힘의 공백을 채우려는 시도가 모순적으로 결합"(2003년 '노바야 로시이스카야 디플로마티야') 되어 있는 것으로 판단하고 있다. 러시아 외교장관이었던 이고리 이바노프가 2003년 자신의 저서'새로운 러시아의 외교'에서 언급한 위의 발언처럼 러시아는 동북아 지역을 세계에서 가장 역동적인 지역이자 강국의 이익이 첨예하게 교차하는 곳으로 파악하고 있다. 여기엔 동북아 지역 내 주요 국가들이 핵보유국 (러시아, 중국, 북한)이거나 핵보유 능력국(일본, 한국) 인데다 상하이 협력기구(SCO) 및 양자 간 군사적 동맹이 중첩되거나 대치되는 등 이해관계가 밀접히 교차하고, 경제적인 면에서도 세계 최강의 국가들의 이익이 교차하는 지역이기 때문이기도 하다. 러시아는 이러한 상황의 동북아에서 특히 중국과 일본, 남북한(한반도)을 중시하고 있다. 특히 한반도의 경우 냉전 종식 후의 세계정세 속에서 동북아 지역 내 군사·안보·외교적 환경의 변화를 초래할 가능성이 높은 지역으로 간주하고 한반도 문제의 향배에 따라 6·25 전쟁이후에 대륙세력(러시아·중국)과 해양세력(미국·일본)이 맺어온 세력분할선이 바뀔 수도 있다고 본다. 때문에 러시아의 한반도 정책은 동북아 전략의 하부개념이지만 중국·미국·일본과의 역학관계에 본질적 영향을 미칠 수 있는 핵심적 지역 문제 중 하나로 간주되어 주변국 관계를 고려한 복합적 전략에 의해 추진되고 있다.

물론 러시아가 냉전 종식 후 그들의 동북아전략을 완전무결한 완성된 정책으로 입안해 일관성을 가지고 추구하고 있다고 볼 수는 없다. 하지만 지정학적·지경학적 전략개념 속에서는 큰 틀의 원칙을 지키려 하고 있는 게 역력하다. 러시아는 냉전 종식 후 일관되게 러시아와 중국·인도간의 3각 협력 및 중-러 군사합동훈련 합의등 양자 간 협력 강화의 움직임을 보여왔고,중앙아시아 및 동북아 지역 내 국경분쟁 및 마약·테러리즘과 같은 전통적·비전통적 역내의 안보위협을 미국이 배제된 상하이 협력기구와 같은 국제기구를 통해 해결하려는 노력을 해왔으며, 북한 핵문제의 다자틀을 통한 해법도출과 함께, 동북아시아 역내 에너지공급체계 형성을 통한 동북아 지역의 통합성과 상호보완성 제고 등의 노력을 보여왔다.

한반도 문제에 대해서도 러시아는 옐친초기의 대증요법적 대응에서 벗어나 이제는 중장기적으로 러시아의 개입의 가능성과 역량, 필요성을 증대시키는 분위기와 틀을 형성하려는 쪽으로 정책을 구사하고 있다. 러시아는 또한 동북아시아가 냉전 종식 후 세계경제와 기술발전의 강력한 중심지로 부상하고 있고 동북아시아 경제에서 일어나는 통합과정의 의미가 아시아의 경계를 훨씬 뛰어넘고 있다고 판단해, 이러한 흐름에 러시아의 극동 시베리아 지역의 경제·사회발전을 편승시키려는 정책기조를 유지하고자 한다.

한국은 과거 북방정책으로 러시아 및 북방권 지역의 변화를 효과적으로 대응해 냈다. 노태우 정권의 북방정책과 이를 계승한 역대 한국 정부의 정책은 한국 산업과 외교에 새로운 길을 열어주었다. 한국 기업들은 동유럽 및 중국, 소련 시장에 진입할 수 있게 됐고 막 고도화되던 한국 기업들에게 신시장의 출현은 효과적인 경쟁력 배양의 기회가 되었다. 외교안보 전략이 산업전략이 될 수 있음을 확인한 대표적인 사건이었다.

북한은 당시 이러한 흐름에서 기회와 방향을 놓쳤다. 일본 또한 소련 및 중국의 변화의 과정에서 용기있는 결단을 추구하지 못했다. 지난 20년 동안 북한과 일본의 침체와 좌절은 이런 흐름의 상실과도 연관이 있다. 2008년 이후 글로벌 거버넌스에 균열이 생기고 새로운 형태의 안보·경제 메카니즘이 논의되고 있다. 동북아 지역 또한 마찬가지다. 이 와중에 북한은 다시 방향을 놓치는 듯 한데 일본은 뭔가 모험적 도발을 하는 것 같다. 그것도 북한과 러시아를 걸고서 말이다. 한국의 제대로 된 종합적 대응력이 어느 때 보다 중요한 상황이다.

이런 상황에서 필요한 것은 북방정책 2.0이라고 불릴 새로운 북방비전이다. 박근혜 정부는 이를 유라시아 이니셔티브라는 이름으로 추진하고 있지만 한국의 역대 정부는 모두 북방 유라시아 대륙과의 관계를 중시했고 이를 적극적으로 추진하려 했다. 김대중 정부의 햇빛 정책과 TSR-TKR 연결 및 러시아와의 에너지 협력강화 정책, 노무현 정부의 화해 협력 및 동북아시대 및 동북아협력 정책, 이명박 정부 때의 대러 에너지 협력 및 자원외교 등도 모두 이런 북방정책의 중시 흐름을 반영하는 것들이라고 할 수 있다.

사실 자원빈국이면서 영토가 좁고 고도로 산업화된 한국의 산업 수준을 반영하면 한국은 지속 가능한 성장을 위해 더 넓은 시장과 더 효율적인 자원수급 메카니즘, 그리고 더 경쟁력 있는 물류 네트워크를 조성해야 한다. 이는 한국의 지정학적·지경학적 위치를 감안할 때 필연적으로 유라시아 대륙으로의 협력 강화를 염두에 두지 않을 수 없게 한다.

이런 측면에서 신북방정책으로 불리울 수도 있는 북방권 국가들, 유라시아 대륙권 국가들과의 협력 전략을 재구성해 볼 필요가 있다. 여기서 신북방이라는 의미는 공산권과의 수교로 냉전적·진영적 틀을 뛰어넘어 한국 경제의 도약을 이룩한 노태우 정부의 '북방정책'을 '북방정책 1.0'으로 설정한 후 이의 심화와 후속 전략을 신북방전략이라고 부르고자 한다.

사실 노태우 정부의 북방정책의 마지막 종착역은 북한문제라고 할 수 있다. 실제로 한국은 북방정책을 통해 소련(러시아), 중국과 수교했고 북한과도 남북기본합의서를 체결했으며 남북경제공동체시대를 열기 위해 부단히 노력해 왔다. 하지만 북한 핵문제와 소련의 해체 그리고 동북아 지역에 조성된 긴장은 북방정책의 마지막 종착역인 북한 땅을 아직 지나지 못하고 있다. 때문에 한반도 북방권 국가들과의 협력을 강화하고 심화하면서 북한과의 남북 경제공동체론을 연계한 발전 개념을 '북방정책 2.0' 혹은 '신북방전략'이라고 명명하고 이를 더욱 심도 있게 추진할 필요가 있다. 이럴 경우 북방경제론은 신북방정책의 하위 개념으로 신북방정책의 경제적 추진전략으로 설정할 수 있다.

## 북방정책 1.0의 성과

'북방 정책 1.0'은 한국의 국가발전전략에 일대 전환을 가져온 사건이다. 한국은 소련·중국과의 수교로 두 가지의 구조적 틀에서 해방 될 수 있었다. 우선 외교안보적으로는 냉전적 진영외교의 틀을 벗어나 전방위적 외교가 가능해졌다. 남북한 유엔 동시가입, 남북정상회담, 유엔사무총장 배출 등이 가능하게 됐다. 경제적으로는 진영적 시장 내에서 벗어나지 못해 서방권 시장에서 무한 경쟁에 시달리다 새롭게 동유럽 및 공산권 시장에 진출할 수 있게됐다. 이는 한국 경제에 새로운 시장의 창출과 함께 경제 협력의 범위를 확대했다. 한국은 소련, 중국과의 수교로 이들 시장을 효과적으로 경략하면서 1990년대 이후 한국 경제의 성장과 발전을 이룩해 왔다. 지난 25년여의 시간 동안 이루어진 한국의 글로벌 위상 강화는 정치·경제 양 부분에서 기존 동맹 및 전통 시장과의 교류 심화와 함께 북방의 대국인 소련·중국 등과의 협력 및 교류의 확대에 상당부분 영향을 받았다. 결과적으로 한국은 북방정책을 통해 소련·중국과 수교하게 됐고 이들과의 수교로 외교안보적 지평의 확대와 함께 세계 시장의 빅 플레이어인 중국의 개혁 개방, 러시아·중앙아시아 등 신흥 유라시아 시장의 흐름을 한국에 유리하게 활용할 수 있게 됐다.

## 북방정책 추진의 배경과 성과

북방정책 2.0을 효과적으로 추진하기 위해서는 당시 한국이 북방정책을 추진하던 시대적 배경을 살펴볼 필요가 있다. 노태우 정부에서 북방정책을 추진하던 시점은 세계사적인 격변이 막 태동되던 시기였다. 철옹성 같던 소련이 1986년 이후 고르바초프 서기장에 의해 페레스트로이카와 글라스노스티 정책을 추진하고 아프가니스탄에서 철수하면서 미-소간 신 데탕트가 이루어졌다. 또 이는 동유럽에 자유의 바람을 확산시켰으며 동유럽의 탈공산화를 재촉했다. 또 서유럽에서는 유럽의 공동체 결성 움직임이 점점 강화돼 EU결성 및 확대의 기초가 마무리됐다. 이런 분위기는 전 세계적으로 이데올로기의 퇴조와 실용주의의 강화를 촉진했으며 세계적 차원에서 거버넌스의 변화를 초래했다. 또 이는 전 세계적으로 글로벌화를 강화했으며 세계 주요 국가들간 경제적 주도권 쟁탈전이 가속화됐다. 당시 한국 경제는 잡제품, 저부가가치 제품(가발,시멘트, 섬유 등) 위주의 구조에서 벗어나 중·고 부가가치 제품 등을 생산하기 시작하던 상황이었고 본격적인 글로벌 경쟁에 노출되기 시작했다. 한국 산업은

1980년대 이후 초기 고도 기술 제품들을 내놓으면서 완전경쟁시장인 서구 선진국 외에 경쟁력 확보를 위한 새로운 시장이 절실히 요구되던 상황이었던 것이다. 특히 1980년대 후반부터 한국은 반도체·자동차·컴퓨터 등 첨단기술 제품이 양산체제에 들어가 신시장 개척이 절실히 요구되는 상황이었다.이런 상황에서 한국은 88서울 올림픽 개최를 앞두고 있었다. 북방정책은 이러한 정치·경제적 배경을 가지고 추진됐으며 동유럽 공산권, 소련, 중국 등 북방권 국가와의 수교는 한국 산업계에 새로운 시장과 기술적 성숙과 발전을 위한 시간 모두를 벌어줌으로써 새로운 활력과 기회를 제공하게 됐다.

지난 25년여 기간 동안 한국은 북방정책 추진과 북방 경제의 도움으로 중국의 개혁·개방과 동유럽국가들 그리고 유라시아 내부 지역의 변화를 가장 잘 활용한 대표적 글로벌 국가로 자리매김 하게 됐다. 한국경제는 소련·중국과의 수교 후 비약적으로 성장, 2010년 이후 무역 1조 달러가 넘는 수출 대국으로 성장했고 교역규모도 전 세계에서 8위에 올랐다. 한국 경제는 특히 무역에 의존하는 비율이 높은 데 우리의 교역 상대중 1990년대 초 수교한 북방국가들인 중국(세계 교역 1위), 러시아(8위)가 한국 경제 및 무역의 성장에 있어 매우 중요한 기여를 했다. 이들 북방권 국가들은 한국 경제의 지속 가능한 발전을 위한 신흥시장으로서의 성장 엔진의 기능을 함과 동시에 발전에 필수적인 에너지 및 자원의 안정적 수급에도 기여했다.하지만 북방정책의 마지막 종착지라 할 수 있는 북한을 아우르는 큰 틀의 지역협력 구축은 아직 가동되지 않은 상황이어서 이제 새로운 형태의 북방정책인 북방정책2.0을 시도할 필요가 생겼다고 할 수 있다.

〈표 3〉 세계 수출순위 및 무역순위 추이

(단위 : 억 달러)

| 순위 | 2011년 | | | | 2012년 1~9월 | | | |
|---|---|---|---|---|---|---|---|---|
| | 수출 | | 무역 | | 수출 | | 무역 | |
| | 국가 | 금액 | 국가 | 금액 | 국가 | 금액 | 국가 | 금액 |
| 1 | 중국 | 18,986 | 미국 | 37,461 | 중국 | 14,954 | 미국 | 29,027 |
| 2 | 미국 | 14,806 | 중국 | 36,421 | 미국 | 11,532 | 중국 | 28,425 |
| 3 | 독일 | 14,739 | 독일 | 27,278 | 독일 | 10,560 | 독일 | 19,302 |
| 4 | 일본 | 8,227 | 일본 | 16,769 | 일본 | 6,083 | 일본 | 12,772 |
| 5 | 네덜란드 | 6,604 | 프랑스 | 13,118 | 네덜란드 | 4,844 | 프랑스 | 9,274 |
| 6 | 프랑스 | 5,971 | 네덜란드 | 12,576 | 프랑스 | 4,236 | 네덜란드 | 9,237 |
| 7 | 한국(7) | 5,552 | 영국 | 11,096 | 한국(7) | 4,082 | 영국 | 8,574 |
| 8 | 이탈리아 | 5,230 | 이탈리아 | 10,799 | 러시아 | 3,904 | 한국(8) | 7,979 |
| 9 | 러시아 | 5,220 | 한국(9) | 10,796 | 이탈리아 | 3,711 | 이탈리아 | 7,371 |
| 10 | 벨기에 | 4,763 | 홍콩 | 9,670 | 영국 | 3,507 | 홍콩 | 6,942 |

자료 : WTO

## 신북방전략(북방전략2.0) 및 북방경제

한국 경제가 지속적으로 성장해 무역 2조달러를 조기에 달성하고 선진 개방형 통상국가, 활력있는 물류 대국, 평화 선도적 지역 협력 국가로 변신하기 위해서는 선진국 시장 및 남방권 국가들, 아태 지역 국가들과의 협력 심화와 함께 북방대륙과의 신협력 전략이 필수적이다. 기존 시장의 확대와 심화 전략 그리고 신흥국 시장 개척이 모두 필요한 상황인 것이다. 특히 지난 25년여 동안 한국 경제의 성장을 담보하는 데 크게 기여한 중국 및 러시아 등 유라시아 국가들과의 협력 심화전략은 매우 시급하다. 이들 유라시아 국가들의 산업 경쟁력이 질적으로 성장해 한국을 위협하고 있고 기술 및 자본경쟁력 또한 점점 격화하고 있다. 때문에 이러한 변화된 환경에 제대로 대응하고 적응하기 위해서는 신북방전략(북방정책 2.0)이 필요하고 이를 위한 경제적 실천 전략으로 북방경제 전략이 필요하다고 할 수 있다.

역사적으로 볼 때 새로운 시장과 함께 값싼 에너지원, 자원의 확보는 지속적인 국운융성의 필수적 요소였다. 때문에 동북아 및 동유라시아 지역에 에너지 및 자원의 역내 공급지를 냉전 종식 후 확보한 한국은 발전에 있어 기초적인 지경학적 입지를 강화했다고 할 수 있다. 문제는 이를 같은 역내 경쟁자인 중국, 일본 등과 비교해 얼마나 효율적으로 활용할 수 있는 가라고 할 수 있다. 때문에 중국, 러시아,북한 및 북방권과의 신협력전략은 매우 중요하다고 할 수 있다.

현재 한국은 한반도의 서쪽에 GDP 등에 있어 G2로 부상하는 중국이 있고 동북쪽에 2020년 쯤 경제규모 G5로 부상하는 러시아와 자원부국 중앙아시아·몽골 등이 위치해 있다. 때문에 이들을 한반도와 연계해 새로운 협력 공간을 창출하고 이러한 협력을 확대 심화시킬 필요가 있다. 즉 한반도의 서쪽 지역을 중심으로 중국과 협력을 강화하는 환서해경제권, 한반도의 동쪽 지역을 중심으로 러시아·몽골 협력을 강화하는 환동해경제권 전략을 추진할 필요가 있다.

물론 신북방전략은 북한을 포함한 한반도 전체를 대륙경제와 연동시키는 전략을 구사할 필요가 있다. 특히 러시아 극동·시베리아, 중국 동북 3성 등 중국 동북지역, 몽골, 중앙아시아 지역 등을 연동해 한반도와 주변 북방권 지역에 소비, 자원, 지역협력의 구도를 창출할 필요가 있다. 이를 위해서는 유라시아 지역에 현재 부설되고 있는 에너지, 철도, 항만 등 인프라의 공동개발 및 관리, 새로운 협력 메카니즘 구축, 지역 협력 레짐 구축 등이 필요하다. 한반도 동북부는 중국의 동북 3성과 몽골, 러시아 극동 시베리아, 중앙아시아, 그리고 일본 등을 포함하면 인구 6억명 이상의 인구가 비행기로 2시간 범위 내에 있으면서 자본, 기술, 시장, 자원이 합리적으로 분포하는 세계적인 협력 벨트라고 할 수 있다. 때문에 이들을 연동시켜 하나의 성장 벨트로 기능하게 할 수만 있다면 동북아, 동유라시아 지역은 지속적인 성장이 가능한 새로운 성장 공간이 될 수 있다. 이렇게 해서 북방경제권 형성이 가능해 지면 동북아 북부에 러시아·중국·남북한·일본·몽골 등이 참여하는 역동성이 강한 새로운 세계적 성장공간이 조성될 것이며 이는 한국에 큰 기회를 제공해 줄 것이다. 때문에 한국의 외교와 대외경제전략은 이러한 북방권 경제권역이 제대로 가동될 수 있도록 이의 조성과 형성에 촉진자이자 창안자로 기능해야하며 이 지역에 평화를 선도적으로 가져올 공존의 레짐을 구축해야 한다. 이는 동북아에서 한국이 지역적 패권을 염두에 두지 않는 중견국이기 때문에 가능하다. 또한 동유라시아 지역에 분포한 수많은 알타이 민족들과 알타이 문화의 후예들이 같은 알타이 문화권인 한민족과 한국에 대한 우호적 감정을 가지고 있기 때문에 한국이 추진하는 데 유리한 조건을 가지고 있다.

## 신북방전략의 지역별 단계별 추진 전략

신북방전략은 한반도·중국·러시아·중앙아시아·몽골 등을 중층적 복합적으로 연계해야 한다. 이는 한반도 경제공동체 전략, 중국과 연동되는 환서해경제권 전략, 러시아와 연동되는 환동해경제권 전략을 중층적·복합적으로 구상하고 동시적으로 추진해야 한다. 여기에서 핵심은 초국경 지역협력전략과 한반도 경제권 전략을 연계 결합시키는 것이라고 할 수 있다.

또한 이러한 목표가 현실화되려면 비자면제 제도의 확대, 치안 및 인권 존중과 같은 평화와 인권 선진국 이미지 구축, 금융서비스의 편의성 증대 등 소프트 파워 강화전략이 동시에 혹은 선도적으로 추진되어야 한다. 이런 점에서 러시아와의 비자면제 협정의 체결, 중국에 대한 비자 제도 완화 등을 실시한 것은 필자가 노무현 대통령 시절부터 줄기차게 주장해왔던 것으로 제대로 된 방향이라고 할 수 있다.

한국은 동시에 동유라시아 전체를 놓고 볼 때 민주주의적 가치와 자유의 허브로서 독보적인 위치를 차지하는 국가다. 때문에 이러한 장점과 매력을 계속 최고조로 유지하면서 경제와 산업 기술 등에 있어서도 매력과 실력이 있는 매력 국가로 부상해야한다. 이는 한국의 지속적인 민주화와 인권 존중 의 제도화가 더욱 심화되어야 함을 말해준다. 동북아에는 실패국가 및 권위주의 국가들이 다수 존재하며 이들 국가의 국민들에게 있어 한국은 문화적 유토피아, 정치적 자유의 상징국가로 자리매김할 필요가 있으며 이를 계속 유지·발전시키기 위해 우리내부의 반민주적 반인권적 요소들은 시급히 시정하고 민주주의를 더욱 심화 발전시켜야한다. 또한 한국의 소프트 파워를 강화하기 위해 물류 및 입출입 관련 제도, 금융 규제 등의 편의성 증대, 자유무역 및 비자 레짐에 있어 한국이 역내 최고의 선도국이 될 필요가 있다. 즉 한국이 이 지역 협력의 선도자이자 촉진자 이며 평화선도국이라는 이미지 구축 작업이 동시적으로 진행되어야 한다.

이를 위해서는 러시아 극동·시베리아 및 북한을 아우르는 **종축(縱軸) 발전 전략**의 재점검 및 협력 분야 개발이 시급하다. 지속 가능한 성장을 위해서는 효율적인 물류 회랑(corridor)의 확보, 경쟁국과 비교해 보다 값싸고 안정적인 에너지 공급 환경의 조성이 절대적으로 필요하다. 이는 과거 산업혁명 초기의 영국이 시민 계급의 성장과 함께 새로운 에너지 원(석탄)을 주변국가 보다 100년이나 앞서 대규모로 값싸게 사용하면서 국운 융성의 기회 를 선점한 데에서도 알 수 있듯 매우 중요하다. 때문에 새로운 협력의 증진 및 평화협력 제도화를 위해서는 한·중·일 3국간 협력 확대와 같은 **횡축(橫軸)협력** 확대와 함께 새로운 성장 동력을 위한 러·북을 끌어들이는 **종축(縱軸) 발전 전략**이 절실히 필요하다. 이를 위해서는 한국과 동북아 지역내 새로운 이니셔티브 필요하며 자유무역협정(FTA), 태평양경제동반자협정(TPP)과 같은 지역 및 경제자유화협정 외에 새로운 북방 경협 전략을 제시 할 필요가 있다.

현재 한·중·일 3국은 한·미 FTA, 미·일 FTA 및 TPP, 중국의 중·아세안 FTA +한·중·일 전략 등 주로 **횡축(橫軸)협력 전략**을 강조하고 있다. 반면 안정된 에너지 수급, 새로운 시장의 창출, 지속 가능한 번영과 지속 가능한 평화 레짐 구축을 위한 북·러를 아우르는 새로운 **종축(縱軸) 발전 전략은** 아직 시동이 제대로 걸리지 않은 상황이다. 때문에 러시아 극동·시베리아, 북한, 한국, 몽골, 일본 등을 아우르는 종축 전략에 대한 연구가 필요하다. 이들 지역은 석탄, 천연가스, 우라늄 을 비롯한 각종 산업 원자재가 풍부하며 인구, 시장, 기술, 자본이 모여 있지만 이들을 하나로 엮어 낼 수 있는 외교력과 비전, 그리고 리더십이 부족한 상황이다. 때문에 한국이 지역 내 협력의 리더십을 발휘해 사심없는 협력 촉진자가 된다면 한국의 '북방전략2.0'은 큰 성과를 낼 수 있을 것이다.

이를 위해서는 동북아 차원의 프로젝트, 한반도 차원의 프로젝트를 병행 추진해야 한다. 즉 시베리아 횡단철도(TSR)와 한반도종단철도(TKR)의 연결, 러시아 가스의 한반도 연결 및 공급(LNG 및 PNG), 동북아 전력망 연계(수퍼 그리드와 연계) 등과 같은 한-러간 3대 메가 프로젝트와 현실성 있는 단기 프로젝트를 병행 추진해야 한다. 여기서 에너지(남북러 가스관), 전기(송전망, 수퍼 그리드 등), 철도(TSR-TKR) 사업은 중·장기적 사업이기 때문에 현실성 있는 나진-하산간 철도 연결 및 나진항 배후단지 개발 참여 등과 같은 단·중기 프로젝트를 병행적으로 시행해 성과를 조기에 가시화 할 필요가 있다.

특히 북방 대륙과 한반도를 연계하는 SEA&Rail형 사업을 고려할 필요가 있다. SEA&Rail형 사업은 북한의 나진과 한국의 부산 그리고 러시아의 TSR을 연계해 추진할 수 있는 대표적 사업이다. 또한 물류 역동성 강화를 위한 동북아 인프라 펀드를 구성하고 이의 하부조직으로 한반도 인프라 펀드를 운영할 필요가 있다. 인프라 펀드는 국제적 자금 조달의 수단이자 창구로 활용해 동북아 지역 연결 회랑 개보수 및 건설, 러시아 극동의 메가시티 건설, 유라시아 동북부 지역 고속철 등 신흥 인프라 건설 등에 활용할 수 있다. 최근 한국과 러시아, 러시아와 일본, 러시아와 중국간에 결성한 직접투자기금(RDIF와 각국 투자은행과의 합의 기금)과 같은 형태를 좀 더 복합적으로 연계해 발전시키는 방식이 좋을 듯 하다. 이는 처음에는 민관협력기금 형식으로 출범시켜 투자 보증 및 융자 등을 담당하는 개발은행 형식으로 발전시킬 수도 있을 것이다. 그렇게 되면 광역두만강개발기구(GTI) 회원국이 모두 참여하고 여기에 일본, 국제기구, 유럽 등도 참여할 수 있도록 개방해 장기적으로 이를 국제기구화 하는 방안을 추진할 수 있다. 여기다 최근 한반도 북부 북극권의 변화 및 개발 가능성 등과 연계해 북극개발을 위한 아시아태평양개발 펀드 등을 만들고 이를 활용해 북극권 및 한반도 동북부 지역의 인프라 개발에 대한 투자와 같은 종축 발전 전략을 심도 있게 추진할 필요가 있다.

북방정책 2.0은 북방정책 1.0에서 제대로 가동되지 못한 남북한 전체를 아우르는 한반도 경제공동체 전략을 심도있게 추진하는 방안을 연계해서 진행해야한다. 한반도 경제공동체 전략은 남북한간 상호의존형 경제협력 발전 전략을 기초로 해 한반도를 유라시아 대륙 동쪽 지역의 물류·교통·산업·금융 허브로 만드는 게 큰 목표다. 이는 유라시아 대륙의 서쪽 지역인 유럽이 상호 협력과 투자를 통해 상호의존성을 증대시켜 긴장을 완화하고 성장을 위한 시너지 효과를 일으켜 이미 세계의 주요 물류·산업·금융 허브로 기능하고 있다는 점에서 시사하는 바가 크다.

한반도 경제권 전략은 남북한 서로에게 서로를 '시장-시장' 관계로 발전시켜 상호 의존성 및 협력성을 증대시키는 형식의 프로젝트를 시도할 필요가 있다. 여기에는 북한의 지하 자원개발, 개성공단 2단계 사업, 제2개성공단 사업, 서해공동어업협력 등 기존에 논의되고 연구된 프로젝트의 조기실행과 함께 한반도와 유라시아 대륙을 연결하는 각종 인프라 프로젝트의 연결지로서 북한 지역이 유라시아 인프라의 통과지역 기능을 할 수 있도록 하는 방안 등이 있을 수 있다. 이러한 기회를 놓치고 적절한 시점에 적절한 투자를 진행하지 않을 경우 한반도는 동유라시아 지역의 새로운 지정학적·지경학적 변화의 흐름 속에서 서서히 경쟁력을 상실하게 될 것이다. 반대로 적절한 대응을 적절한 시점에 진행할 수 만 있다면 한반도는 환동해권과 환서해권 지역을 양축으로 해서 유라시아 대륙과 연동해 경제의 성숙과 성장을 도모할 수 있다고 본다.

## 결론 – 유라시아의 변화와 한국의 선택

2014년 크림 사태는 전 세계의 이목을 집중시켰다. 유라시아 지정학에 결정적 영향을 미칠 우크라이나의 명운이 좌우될 수도 있기 때문이다. 서방과 우크라이나 내부의 흐름을 보면 크림의 병합은 용인하는 듯 하지만 이것이 동부 우크라이나의 분리로 까지 이어진다면 이는 용납할 수 없다는 것이 주류다. 물론 러시아에 대한 제재의 목소리가 점점 커져야 하며 직접적인 행동을 추구해야 한다는 목소리도 있다. 이러한 경향은 특히 2014년 7월에 발생한 말레이시아기 격추 사건이후 강화됐다. 혹시 또 있을 지도 모를 예기치 못한 사태가 발생하면 지지부진하던 서방의 대러제재에 결속력을 높이고 러시아의 우크라이나 반군지원에 대한 태도를 변경시킬 수도 있을 것이다. 하지만 러시아는 크림을 두 번 다시 포기하지 않을 것이다. 핵무기를 가진 군사대국으로서 강한 러시아의 부활을 모토로 내거는 푸틴은 서방과의 관계에 있어 더 이상 물러서지 않겠다는 점을 분명히 하고 있다. '러시아는 핵을 가진 강대국이다', '키에프는 마음만 먹으면 2주내로 접수할 수 있다'는 발언들이 그 진위여부와 상관없이 푸틴과 러시아 지도부의 우크라이나 문제에 있어 물러서지 않겠다는 강력한 의지를 보여주는 것은 틀림없다.

대부분의 러시아인들은 정서적으로 우크라이나를 외국으로 간주하지 않는다. 키에프 루시로부터 시작되는 모스크바와 키에프의 역사 그리고 그들의 역사적 복합성, 지정학적, 안보적 가치도 중요한 요인이다. 크림 사태 후 방송에 출현한 러시아 군인들의 발언들에서 알 수 있듯 러시아 지도부는 "이번이 크림을 되찾을 마지막 기회"이며 "크림은 러시아와 분리할 수 없는 하나"라고 생각하는 경향이 높다. 또 러시아 국민들의 정서도 이러한 지도층의 인식과 크게 다르지 않다. 여기다 앞에서도 언급했듯 크림의 자치와 분리의 결정 그리고 러시아와의 통합결정이 크림 반도 구성원들의 주민투표에 의한 법률적 절차를 따라 이루어졌다는 점도 큰 이유다. 때문에 크림을 둘러싸고 벌어질 긴장은 우크라이나와 러시아간에 그리고 러시아와 서방 간에 옛 소련의 서쪽 경계선에 대한 합의가 이루어지기 전 까지는 계속될 것이다. 여기에는 '키에프 루시' 이후 몽골의 침입과 지배 그리고 그 해방과정에서 정통성과 영향력을 확보한 모스크바 대공국 이후의 모스크바 중심적 역사 세력과 '키에프 루시'의 고대 러시아 역사 세력 간의 문화적 경쟁심, 로마노프 왕조 시대 제국 러시아의 카프카스 진출의 역사, 터키와의 전쟁을 초래한 명분이었던 정교 신앙 수호와 결부된 러시아 정교의 정치에 대한 영향력, 러시아 해군의 흑해 및 지중해에 대한 영향력 유지를 위한 전략적 판단, 북대서양 조약기구(NATO)의 확장에 대한 러시아의 저항, 유라시아의 지정학의 요충으로서 그 안보·경제적 중요성이 커져가는 흑해 연안 지역에 대한 러시아 영향력 투사의 배후지로서의 전략적 중요성 등이 복잡하게 얽혀 앞으로도 그 파장이 계속될 것이다.

유럽 지역에서 일어난 특정한 개별 전쟁과 사건들이 동유라시아 공간에 큰 폭풍처럼 다가온 경우는 여러 번 있다. 크림전쟁과 관련해서 우리가 상기할 사건은 1853년에 한반도의 바로 위쪽 지역인 캄차카 반도를 중심으로 벌어진 전투다. 캄차카 반도의 주도(州都)인 '페트로파블로프스크 나 캄차카'시를 중심으로 벌어진 3년 여의 영국, 프랑스 연합함대의 공격과 러시아 해군의 공방전은 당시 유럽에서 벌어졌던 크림 전쟁과 직접적으로 연관되어 있다. 우리가 흔히 생각하는 크림 전쟁은 1853년에서 3년 이상 러시아와 오스만 투르크·영국·프랑스·프로이센·사르데냐 연합군이 크림반도·흑해를 둘러싸고 벌인 것이다. 크림 전쟁은 종교, 지정학, 패권 경쟁이 결합된 19세기말의 대표적인 전쟁이다. 주로 흑해와 러시아 흑해 연안 도시들을 중심으로 벌어진 이 전쟁은 우리에게는 주로 유럽의 전쟁으로 알려져 있다. 톨스토이의 소설 '세바스토폴 이야기' 등에 그려진 이야기의 주 무대도 흑해 연안 유럽 지역이다. 하지만 이 전쟁은 동일한 시기 한반도 바로 위쪽 캄차카 반도와 사할린, 그리고 쿠릴열도 인근의 우릅(Urup,得撫島)에서도 이어졌었다.

당시 전투는 1854년 9월부터 1855년 초까지 이어졌고 영국과 프랑스의 연합함대의 캄차카 기습 및 점거 시도에 러시아가 대응하면서 수 백명의 사상자가 발생했다. 캄차카 반도를 중심으로 벌어진 영불 연합 함대가 '페트로파블로프스크 나 캄차카' 시가 위치한 아바차 만에 두 차례 상륙을 감행하면서 많은 사상자가 발생했다. 흑해 연안의 전쟁과는 별도로 영불 연합 함대는 캄차카 반도를 비롯해 사할린, 쿠릴열도 남단 등에 까지

[그림 32] 캄차카 반도 페트로파블로프스크시를 중심으로 벌어진 크림 전쟁의 태평양 전장(戰場) 공격도.

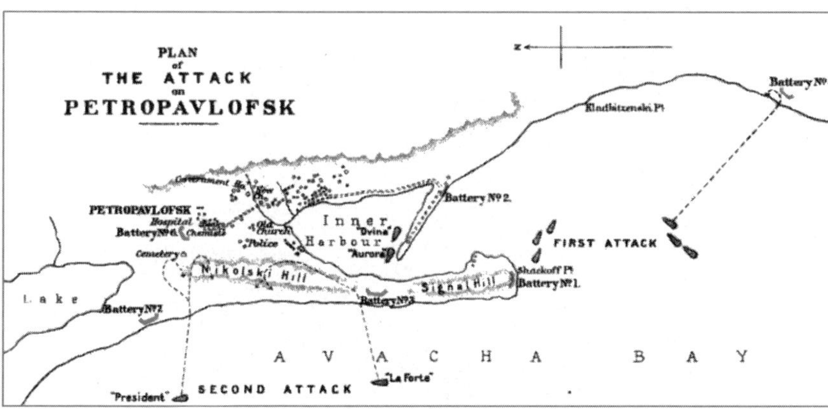


자료 : 위키커먼스 http://en.wikipedia.org/wiki/Siege_of_Petropavlovsk#mediaviewer/File:Petropavlovsk_1854.png

[그림 33] '페트로파블로프스크나 캄차카'시 아바차만이 바라 보이는 언덕에 위치한 크림전쟁 기념비

출처 : 2014. 6. 김석환 사진

몇 차례에 걸쳐 상륙과 점령을 감행하는 전투를 시도했다. 러시아군은 1855년 초겨울 폭설을 틈 타 페트로파블로스크 시에서 소개해 이후 전투는 이어지지 않았고 러시아 황제 니콜라이 1세의 사망(1855년 2월)과 그 뒤를 이은 알렉산드르 2세의 결단으로 1856년 3월 파리 강화조약이 체결되면서 종결됐다. 결과는 유럽에서와 달리 러시아군의 승리였지만 크림반도의 일이 한반도와 상관없는 다른 지역의 일이 아님은 이미 19세기 말에도 어김없이 증명된 것이다. 필자는 러시아의 크림 병합이 발생한 직후인 지난 2014년 4월 서울 외교부 청사에서 러시아 및 옛 소련권 지역 주재 한국 대사들 전원이 참석한 가운데 크림 사태가 한반도 및 동북아에 미치는 문제, 한국의 대응전략 등을 놓고 심도 높은 토론을 진행한 바 있다. 당시 토론은 필자가 발제를 하고 화두를 던지는 식으로 진행됐다. 토론이 비공개를 전제로 진행됐기 때문에 그 내용을 다 밝힐 수는 없지만 러시아의 크림반도 병합이 지난 세기와 마찬가지로 한반도, 중국, 그리고 동북아에도 중요한 영향을 미칠 것이라는 결론에 도달했다.

소련 해체 후 우크라이나는 자국에 존재하던 소련의 핵을 포기했다. 대신 주변국과 미국은 우크라이나의 핵포기의 대가로 주권보장 및 영토의 보전을 약속했다. 일명 부다페스트 메모렌덤(Budapest memorendum)이다. 그런데 이 부다페스트 메모렌덤이 2014년 크림 사태로 휴지조각이 되어 버린 것이다. 때문에 이번 사태가 북핵 문제 해결에 악영향을 미칠 것임은 쉽게 예측할 수 있는 일이다. 부다페스트 메모렌덤은 1994년 부다페스트에서 우크라이나가 핵을 포기하는 대신 '영토보전'과 주권보장' 그리고 '경제적 지원'을 약속하는 일종의 외교 각서다. 당시 미국, 러시아, 영국이 우크라이나를 안심시키기 위해 각서를 작성하고 사인했지만 우크라이나 여론은 이것으로 부족하니 다른 강대국들, 유엔안보리 상임이사국 전원과 핵보유 주요 강국이 모두 포함되어야 하다는 입장을 보였다. 이에따라 이들 3국 외에 유엔안보리 상임이사국인 중국과 프랑스가 추후 개별적으로 미국, 러시아, 영국보다 좀 더 약한 안보보장을 약속했다. 결국 우크라이나는 핵보유 5개국의 약속을 받아냈고 유엔안보리 상임 이사국 5개국 모두의 약속을 받아낸 것이다. 중국은 1994년 12월 4일에 그리고 프랑스는 1994년 12월 5일에 각각 정부 성명과 우크라이나 사절단에게 문건으로 우크라이나에 대한 안전보장의 각서를 전달했다. 그러나 당시 프랑스 등이 약속한 문건의 내용엔 유엔 헌장 등에 입각해 안전보장을 제공한다는 문구에 그쳤지 우크라이나와 상호 군사 동맹을 맺거나 군사적 의무를 지는 형식의 문건이 아니었다. 때문에 부다페스트 메모렌덤은 처음부터 정치적 보장각서이지 국제조약으로서의 의미를 갖지 않는다는 지적들이 제기됐다. 자동적인 군사 개입이나 무력 보장의 의무가 있는 것이 아닌 협의한다는 식의 정치적 의무를 약속한 문서일 뿐이라는 주장인 것이다. 미국 상원은 부다페스트 메모렌덤을 조약으로서 비준하지 않았고 러시아도 마찬가지였다. 또 부시 행정부 및 클린턴 행정부도 부다페스트 메모렌덤을 보완하자는 우크라이나의 요구를 받아들이지 않았고 이 문건 이외에 우크라이나와 별도의 안보동맹이나 군사지원조약을 맺지 않았다. 또 이와는 별도로 부다페스트 조약 체결당시 이것이 정말 필요한가라는 의문 및 반대 의견도 일부 있었다. 그 이유는 우크라이나가 비핵화의 길을 가고 핵비확산조약에 가입하면 이미 존재하는 국제조약의 범위 내에서 안전보장을 받을 수 있기 때문이다. 또한 유엔헌장이나 당시 CSCE (OSCE) 헌장 등에도 주권보장에 대한 언급들이 있다는 이유에서 였다. 하지만 우크라이나는 자신들의 핵포기 대신 우크라이나를 특정해 주변국(유럽)과 비핵화 처리의 주도국(미국, 러시아)와의 확고한 약속을 문서로 요구했고 세계는 핵보유국 숫자를 줄이기 위해 이를 받아들였던 것이다. 하지만 이러한 문서의 보장이 이번에 아무런 의미가 없음이 드러났고 이는 북핵 포기와 체제 인정 및 불가침 주권 보장 등을 요구하는 북한의 입장에 상당한 영향을 미칠 가능성이 높다.

이러한 문제 외에도 이번 크림 반도 사태는 범 세계적인 지역 전략적 차원에서 러시아와 중국이 상호 관심 및 특수한 이익지대를 인정하는 듯한 느낌을 주고 있다. 중국은 과거 브레즈네프 독트린의 동유럽 적용에 분명한 반대 입장을 표명했고 소련과의 이념 분쟁 및 영토 분쟁을 감수하면서도 자신의 목소리를 내는 데 주저하지 않았다. 하지만 이번 크림 반도 사태 때 중국이 보인 태도는 2008년 남오세티야에 대한 러시아의 합병 때 보여준 것과 동일한 태도를 보였다. 즉 유엔 안보리에서 중국은 기권을 한 것이다. 이는 '주권 국가의 영역에 대한 외국 세력의 개입이나 국경선 변경에 대한 반대라는 중국 외교의 대원칙과는 상치하는 것이다. 때문에 크림에 대한 러시아의 특수성과 이익지대 개념을 인정하는 대신 센카쿠(댜오위다오) 등 동중국해 등지에서의 중국의 특수 이익을 용인하기로 서로 양해 한 게 아니냐는 분석을 내놓게 한다. 이는 2014년 5월 20일 중국 상하이에서 개최된 시진핑과 푸틴의 정상회담 후 발표된 공동성명에서도 나타난다. 중국과 러시아는 공동성명을 통해 "양국은 다른 나라의 내정 간섭에 함께 반대하고, 일방적 제재 정책을 포기하고, 타국의 헌법 질서 변경 활동을 지원하는 일을 중단할 것을 호소한다", "세계의 반파시스트전쟁 및 중국 인민의 항일전쟁 승리 70주년인 내년 양국이 경축 기념 활동을 거행키로 합의했다", "2차대전 승리의 성과와 전후 국제질서를 수호함으로써 파시즘과 군국주의의 '야만적' 침략이란 비극이 되풀이되는 것을 결코 용납하지 않을 것"57)이라고 강조하고 있다. 이는 중-러간에 공유되는 유라시아 및 국제질서에 대한 인식을 보여주는 것이다. 즉 이는 러시아 입장에서는 우크라이나 사태와 관련해 경제 제재를 가하는 미국과 서유럽을, 중국 입장에서는 동·남중국해 영토 분쟁에서 중국에 대립해 일본, 베트남 등 반중국편을 지원하며 '중국 억제'를 강화하는 미국을 겨냥한 것이다. 또한 중국이 우크라이나 사태에 대해 러시아 편을 들어주는 대신, 러시아가 일본의 과거사 문제에 대해 중국 편을 들기로 한 것이다. 그런데 여기서 중요한 것은 결국 포스트 냉전 시대 유라시아에 부는 열풍의 동력이다. 중러 정상회담 선언에서도 나타나듯 이는 결국 지리적 인접성과 보완성을 강조하는 지역 통합과 협력, 이를 가능케 하는 정책의 현실화, 그리고 역사의 복원력이다. 이는 다른 말로 하면 냉전적 이데올로기의 대립에서 현실적 지정학과 리더십 그리고 역사의 복원에 기초한 새로운 접근전략(approach)의 중요성이라고 할 수 있다.

말레시아아 여객기 피격 사태가 우크라이나 사태의 향후 전개에 큰 전기를 마련한 것은 틀림없다. 하지만 그렇다고 해서 러시아는 자신들의 대우크라이나 전략을 변경시키지 않을 것이다. 이는 이번 말레이시아 여객기 피격사건과 비슷한 시기에 발생한 이스라엘의 가자 침공이 팔레스타인 및 중동 국가들, 그리고 국제사회의 엄청난 충격과 분노를 초래하면서도 계속 이스라엘의 자위권이라는 명분 하에서 지속되는 것과 비슷하다. 오히려 이러한 사태들은 전후 미국의 세계 정치에 대한 지도력의 약화를 더욱 강조하는 모습이 될 것이다. 오바마 행정부는 시리아 내전, 우크라이나 사태, 가자 지구 사태에 대해 제대로 된 중재나 제재 혹은 응징의

57) 'Совместное заявление Российской Федерации и Китайской Народной Республики о новом этапе отношений всеобъемлющего партнерства и стратегического взаимодействия', 20 мая 2014 года. http://news.kremlin.ru/ref_notes/1642

모습 그 어느 것도 제대로 시도하지 못하고 성과도 내지 못하고 있다. 반대로 중국과 독일 등 새로운 강국들의 영향력이 점점 무게감을 보여주고 있다.

서유럽과 러시아 경제의 상호 의존성, 특히 독일과 러시아의 경제·정치적 접근, 브릭스 국가들과 중국을 활용한 러시아의 전략 등은 미국과 서방이 우크라이나 사태 후 러시아 핵심 에너지 기업과 금융기관을 대상으로 제재를 발동했지만 그렇게 강력한 타격을 주지 못하는 구조가 되고 있다. 특히 중국과 러시아의 연대는 서방의 금융제재에 맞서 러시아의 기업들이 중국의 저금리 자금에 의존하는 경향을 오히려 부추키면서 유라시아 연대를 강화하고 러시아를 고립시키려는 미국의 실행력을 약화시킬 수도 있다. 미국과 중국 간의 이해관계도 더 날카롭게 대립할 가능성이 높아 앞으로 주요 국제 이슈에 해결의 실마리를 찾기가 더 어려워질 것이다. 사실상 그 누구도 글로벌 리더십을 발휘하지 못하는 '리더십 실종의 상태 '(G0)가 심화될 가능성이 높다. 그리고 이러한 모습은 장기적으로 미국과 서방 세계의 영향력 약화와 국제질서의 변화를 초래하게 될 것이다.

결국 우크라이나 사태는 길게 보면 중간 중간 서방과 러시아간에 격렬한 외교적 대립과 일부 지역에서의 우크라이나 반군과 정부군 간 국지적 충돌의 반복 그리고 소강의 모습을 보이기는 하겠지만 러시아가 우크라이나 동부를 병합하지 않는 한 큰 틀에서는 안정화의 길을 갈 것이다. 하지만 우크라이나는 과거와 같은 형태의 국가 체제를 유지하기는 어려울 것이다. 새로운 형태의 연방제나 새로운 형태의 거버넌스 구조를 만들 지 못한다면 혼란의 지속은 불가피하고 이는 러시아와 유럽 그리고 글로벌 체제 모두에 엄청난 부담으로 작용할 것이다.

크림의 경우 역사적, 정서적 측면 등이 복합적으로 작용하는 데다 러시아와의 통합을 묻는 크림 반도의 주민투표라는 절차를 통해 이루어졌기 때문에 이제 통합의 후속 조치가 계속적으로 이어질 것이다. 우크라이나 크림자치공화국 의회는 지난 11일 독립을 선언할 때 코소보 사태를 독립의 근거로 내세웠다. 크림공화국의 독립결의안에는 "(특정 지역) 주민의 자기 결정권을 규정한 유엔 헌장과 다른 국제문서, 코소보 독립의 합법성을 인정한 2010년 7월 유엔 국제사법재판소 판결 등에 기초해 독립 결정을 내렸다"는 내용이 나온다. 물론 앞으로도 우발적인 충돌이 벌어질 가능성은 잔존하지만 그렇다고 해서 당장 유럽과 미국이 우크라이나를 지원해 러시아를 상대로 전쟁을 벌일 가능성은 매우 희박하다. 코소보 사태 당시 신유고 연방의 강력한 반대와 내전 그리고 서방 연합군의 코소보 분리 독립 참전 지원에도 불구하고 러시아가 즉각 개입할 수 없었던 것처럼 유럽과 미국 그리고 러시아의 전쟁은 어려울 것이다.

크림 반도 병합 후 분리 독립의 불길이 노도처럼 타오르는 가운데에서 만난 존 케리 미 국무장관과 세르게이 라브로프 러 외무장관이 우크라이나의 헌법 개정을 포함한 외교적 해법을 거론한 것도 이러한 맥락에서 이해해야 한다. 지난 2006년 남오세티야가 주민투표를 실시해 90% 이상의 압도적 찬성으로 러시아와의 병합을 요구했을 때도 러시아는 즉각적인 병합을 실시하지 않았다. 명분 축적에 힘쓰던 러시아는 2년 후 조지아가 전쟁을 벌이자 그때 가서야 보호국으로 남오세티야에 개입하고 독립을 승인했다. 이후 러시아와 베네수엘라 등 5개 국가는 남오세티야를 독립국으로 인정했다. 러시아는 이곳에 군대를 배치해 자국 영향권 아래에 두고 있다. 하지만 조지아와 미국, 유럽연합(EU) 등 대부분은 이를 받아들이지 않았다. 대신 남오세티야를 '무력 점거된 조지아 영토'로 간주하고 있다. 그동안 조지아는 남오세티야에 대한 어떠한 형태의 개입도 사실상 하지 못했다. 크림의 운명은 한동안 이런 식이 될 것이다. 실질적 러시아 연방의 땅이면서 서방의 인정은 받지 못하는 상태의 지속이 이루어질 것이다. 이는 소련방 건국 이후 발트 3국의 병합과 그 이후의 과정에서도 보여진 바 있다.

이번 우크라이나 사태는 큰 맥락에서 보면 유럽과 러시아의 지정학 전략이 충돌한 것이다. 소련해체 후 지난 4반세기 동안 유럽과 미국은 북대서양조약기구(NATO)의 동진과 유럽연합(EU)의 확대를 밀어 부쳤다. 미사일 방어망의 구축도 강화했다. 여기에 대해 러시아는 강력한 경고를 했지만 내부 혼란으로 사실상 속수무책이었다. 하지만 푸틴 정권 등장이후 지정학 외교를 통해 중국과의 밀월을 과시하고 브릭스(BRICS)외교를 강화하면서 서서히 반격을 가하고 나섰다. NATO의 동진에 대해서는 분명한 레드라인이 있음을 선언했다. 그 중 하나가 조지아이고 다른 하나는 우크라이나다. 서방과 조지아, 그리고 우크라이나의 일부 지도자들은 이를 무시하려 했고 그 결과는 2008년과 2014년의 모습에서 알 수 있듯 아무도 원하지 않는 강(强)대 강(强)의 대결로 귀결됐다. 러시아가 2006년 이후 들고 나오는 영향력지대(sphere of interest)라는 개념과 집착을 국제사회가 인정하느냐의 여부와 상관없이 러시아 지도자들의 대외관계 정책의 기본은 이러한 관념에 사로잡혀 있음은 분명하다. 이는 앞에서 우리가 살펴본 것처럼 냉전 종식 후 러시아에서 부활하는 유라시아 지정학론자들의 견해가 대외정책에 상당부분 영향을 미칠 정서적·실재적 요인을 내포하고 있기 때문이기도 하다. 때문에 이번 우크라이나 사태를 계기로 향후 국제정세 특히 이번 사태가 한반도와 동북아에 미칠 영향에 대해 깊게 생각해 볼 필요가 있다. 이러한 질문은 결국 다음과 같은 질문들에 대한 대답을 어떤 식으로 마련하는 가에 달려있다.

1. 러시아에 레드 라인(Red Line)이 있는 가?
2. 1991년 소련의 해체 후 계속된 북대서양 조약기구(NATO)와 유럽연합(EU)의 동진(東進)의 한계선이 존재하는 가? 존재한다면 어디인가? 또 동진의 근본적인 목표와 이유는 무엇인가?
3. 이러한 레드 라인이 한반도에 미치는 영향은 어떤 것인가? 그리고 아시아에도 러시아의 혹은 중국의 레드라인이 있는가?

러시아의 나토 및 유럽연합의 동진에 대한 입장은 지도자의 변경과 상관없이 비교적 일관된 모습을 보여준다. 가장 최근에는 푸틴과 메드베데프 모두 나토의 동진과 관련해 우크라이나, 조지아의 NATO가입 용납할 수 없다는 입장을 수시로 표현했고 이는 결국 2008년 조지아 전쟁, 2014년 크림 병합으로 나타났다. 또 러시아는 옛 소련권 동유럽 국가들에 대한 MD(미사일 방어망) 배치에 대해서는 대응하지 않을 수 없다는 점도 일관되게 밝히고 있다. 푸틴과 메드베데프는 각각 자신들이 대통령에 있던 지난 2000년 이후 지금까지 만약에 서방이 폴란드 등에 대한 MD 배치를 강행할 경우 러시아는 벨라루스 및 칼리닌그라드에 대한 군사력 강화, 핵무기 감축협상 파기 등을 고려할 수 밖에 없다고 강조했다. 그리고 이러한 러시아의 강경한 입장은 미국의 동유럽에 대한 MD 배치 잠정 중단과 2013년 이후 고조된 한반도 위기 상황을 명분으로 알래스카 등 동북아 지역 MD 강화라는 방향으로 선회를 한 바 있다. 이러한 선회에 따라 최근 미국은 한반도에 사드(THAAD) 배치 가능성을 흘리고 있고 여기에 대해 러시아는 반대 입장을 몇 차례 밝힌 바 있다. MD와 관련해 러시아와 미국의 직접적이고도 비밀스런 생각이 흘러나온 것은 서울 핵안보정상회담 때의 일이다. 당시 회담 장에서 열린 '메드베데프-오바마' 회동에서 오바마는 자신에게 시간을 달라, 재선 후 여유가 생간다는 취지의 발언을 메드베데프에게 했고 실제로 재선 후 동유럽에 대한 MD 배치 연기와 북한 핵 미사일 위협에 대한 위험을 강조하면서 동아시아 및 동북아 MD 강화. 알래스카 기지에 대한 MD 강화 등의 조치를 취한 바 있다.[58] 당시 이와같은 내용은 러시아의 시아TV'에 의해 녹음됐고 미국의 ABC 등을 통해 공개됐다.

현재 미국은 북한의 핵 미사일 위협에 맞서 아시아의 미사일 방어망 구축 작업을 예정보다 서두르고 있다. 알래스카를 비롯한 서부 지역 미사일 방어망을 강화한다고 선언했다. 이는 당연히 유럽 배치 미사일 방어망 계획의 축소를 의미한다. 실제로 미국의 서부지역 본토 미사일 방어망 계획은 유럽 배치 MD 예산의 삭감을 가져온다. 척 헤이글 미 국방장관은 2013년 3월 15일 미 국방부 기자회견에서 미국이 폴란드에 배치할 예정이던 SM-3 IIB 지대공 미사일 배치를 포기하고 대신 알래스카에 14기의 미사일 (GBIs)을 2017년까지 배칠할 것임을 밝혔다. 그리고 그 이후 미국의 MD와 관련된 정책변경이 특별히 발표된 것이 없다. 잘 알려져있듯 미

58) [서울 핵안보정상회의]오바마 "아차, 마이크 켜진 줄 몰랐네…" http://news.donga.com/3/all/20120327/45095786/1, 동아일보 2012-03-28.
오바마 대통령은 작은 테이블 앞에 앉은 메드베데프 대통령에게 얼굴을 가까이 가져간 상태에서 "이 모든 이슈들, 특히 미사일방어는 해결될 수 있다. 하지만 그(블라디미르 푸틴 러시아 총리)가 나에게 여유(space)를 주는 게 중요하다"고 말했다. 그러자 메드베데프 대통령은 "이해한다. 여유에 대한 당신의 메시지를 이해한다"고 답했다. 이어 오바마 대통령은 "이번이 나에겐 마지막 선거다. 선거가 끝나면 좀 더 융통성(flexibility)을 가질 수 있다"고 말하자 메드베데프 대통령은 "당신 입장을 이해한다. 그걸 블라디미르(푸틴 총리)에게 전하겠다. 나는 당신 편이다"고 화답했다.

국의 유럽 배치 MD 계획은 이란의 핵 프로그램과 관련된 것이다. 하지만 이는 러시아의 미사일망에도 영향을 미치기 때문에 러시아로부터 격렬한 반발을 사왔다. 현재 이란 핵 협상은 막바지에 이르고 있으며 중동에서 이슬람국가 수니 극단주의 세력은 중동의 구도를 뒤흔들고 있다. MD 배치와 관련된 변화는 이처럼 국제정세에 따라 유동적이다.

위에서도 언급했지만 우크라이나식 핵 해법의 종식이 북한에게 주는 시사점은 매우 크다. 북한은 핵 포기의 전제 조건으로 미국에게 체제 안전보장을 요구하고 있다. 하지만 핵을 포기한 우크라이나가 보장책으로 고안하고 관철시켰던 부다페스트 메모랜덤은 이번 우크라이나 사태로 무력화가 됐다. 결국 휴지조각이나 마찬가지인 외교적 레토릭의 의미가 아무런 의미가 없는 일임이 입증된 것이다. 결국 이는 북한 지도부에 매우 충격적인 사태로 다가갈 것이며 대안의 한계에 직면하게 할 것이다. 이럴 경우 관건은 중국과 러시아가 북한을 과연 자신들의 전략지대로서 어떠한 지대로 상정하는 가라고 할 수 있다. 즉 이는 중국과 러시아가 북한을, 자신들의 동쪽 국경선을, 자신들의 동쪽 영향력 지대에 대한 변화에 대한 압력과 변화의 필요성에 대해 어떤 생각을 갖고 있는 가에 따라 달라질 수 밖에 없다. 때문에 중국과 러시아 지도부의 이러한 이슈에 대한 심리적 기저와 전략의 기초를 심도있게 살펴볼 필요가 있다. 또 세계가 과연 러시아의 레드 라인과 영향력 지대 개념을 어디까지 용인해야 하는 지에 대해서도 깊은 성찰이 필요하다고 본다. 특히 분단 상태의 지속 속에서 유라시아 지역과의 협력 강화 전략을 추구하는 한국과 일본 등 동아시아의 자유민주주의·산업 대국들이 이러한 변화에 어떤 논리와 전략으로 대응을 해야 하는 지 고민해야 할 때다.

2014년의 우크라이나 사태와 2008년의 조지아 사태 그리고 1998-1999

년의 코소보 사태는 국경이라는 영토 경계선의 변경을 초래하는 대규모 무력분쟁이다. 이러한 경계선의 변경이 가장 안정됐다는 유럽 지역에서 냉전 종식 후에 잇달아 일어났다. 아시아에서는 1975년 베트남-캄보디아 전쟁이후 대규모 영토선의 변경을 초래하는 물리적 충돌이 없었다. 이는 아시아의 경제적 상호 의존성에 비해 정치적 불안정성을 빗대 아시아 패러독스를 언급했던 유럽의 우월성이 무색해졌음을 의미하는 것이며 아시아 패러독스라는 말 자체가 근거가 약하고 외교적 오리엔탈리즘의 발상이라는 것을 상기시켜준다. 그렇다 해서 아시아의 위협이 유럽에 비해 약하다거나 아시아의 안정성이 유럽에 비해 높다는 말은 물론 아니다. 이번 우크라이나 사태로 인해 북한 핵을 비롯한 이란 핵 문제가 해법을 찾기가 더욱 어려워졌다. 위에서도 언급했듯 우크라이나는 1994년 부다페스트 각서를 통해 자국 내에 배치된 옛 소련의 핵무기를 폐기하는 일명 우크라이나 해법을 국제사회에 선보였다. 핵을 포기하는 대신 영토의 보전과 주권 보장을 교환했던 것이다. 하지만 이번 크림반도의 분리 결정은 이러한 우크라이나 해법의 종식을 의미한다. 이는 이란과 북한에 핵을 포기하면 리비아처럼 내부 붕괴를 겪거나 우크라이나처럼 비대칭전력의 상실로 인해 외부의 무력에 효과적으로 저항할 수 없음을 인식하게 할 것이다. 여기다 북한은 자신들의 지정학적 전략적 가치에 대해 점점 주목하게 될 것이다. 흑해함대의 주둔지였던 크림의 전략적 요충처럼 동북아에서 점점 중요해지는 나진항 등 북한의 동해안 항구들의 전략적 가치가 점점 높아가고 있다. 중국의 태평양으로의 진출과 북극으로의 진출을 염두에 둘 때, 그리고 점점 중요해지는 중국의 러시아 및 동시베리아와의 에너지·자원수급 루트를 염두에 둘 때 북한의 나진과 동해안 항구는 중국의 주요한 국가 이익을 보호할 보급선이자 방어선이 될 가능성이 높다.

이는 우리가 의도하지 않는 사이 한반도 동북부에 새로운 이익의 충돌선이 탄생한다는 것을 의미한다. 또한 전통적으로 러시아의 독무대였던 북태평양 지대와 미국과 일본이 배타적 우월성을 확보했던 한반도 동북부 지역의 해상로에 중국이라는 새로운 세력이 등장함을 의미하는 것이다. 이러한 새로운 환경의 조성은 한국의 해양 전략, 협력 전략 그리고 해군 전력의 강화전략에 상당한 도전이 될 것이다. 일본이 북대서양조약기구(NATO)와 자위대의 합동 훈련 참여 가능성을 흘리는 게 단순해 보이지 않는 이유다.

이런 점에서 2015년 8월 반파시스트 투쟁 및 승리(2차대전 승리)를 기념하는 공동의 행사를 아시아 태평양 지역에서 중국과 러시아가 공동으로 진행한다는 것은 상당한 노림수를 가진 행사라고 본다. 이는 과거사 이슈를 가지고 미래의 이슈를 선점하는 전략이며 한국을 중-러 연대의 축으로 이끌어내는 강력한 유혹이 될 수 있다. 일거에 일본을 압박할 수 있고 일본에 대해 공세적 자세를 취할 수 있다. 이는 2차 대전 승리가 반주축국 반파시스트 세력과의 전쟁에서의 연합군의 승리였다는 명분을 감안한다면 미국이 반대하기 어려운 행사이기도 하다. 때문에 이를 유라시아 동쪽 지역에서의 러시아와 중국의 영향력 지대 선포의 또 다른 모습이나 시도의 하나로 살펴볼 필요가 있다.

한국과 일본 그리고 아시아 국가들과 미국, 좀 더 넓게는 글로벌 사회는 이러한 도전에 대해 적절한 대응을 해야 한다. 러시아와 러시아인들이 고립과 대결의 소련 체제를 스스로 해체하고 글로벌 사회에 통합하려던 지난 25년의 노력에서 이탈하지 않도록 노력해야 한다. 러시아를 자유와 민주 그리고 글로벌 산업 문명의 방향으로 견인해 내야 한다. 러시아의 또 다른 배신인가 좌절인가 아니면 환멸인가의 판단도 물론 중요하다. 그리고 서방과 민주 세계의 정책 실패인가의 판단도 중요하다. 하지만 논쟁보다 더 중요한 것은 현 시점에서 세계가 더 큰 통합과 협력으로 가야한다는 점이며 특히 동유라시아 지역에서 초국경간 협력과 새로운 개발을 통해 성장과 평화의 지속가능한 엔진을 만들어 내야하는 한국의 입장에서는 더욱 그렇다. 이 책을 통해 지속적으로 강조했듯 중국과 러시아 그리고 유라시아 지역 내부의 응집력이 산업과 에너지 방산을 넘어 가치로까지 이어지고 강화되는 과정에서 동유라시아의 핵심적 민주주의·산업대국인 한국과 일본이 어정쩡한 상태의 모습을 보여서는 안된다.

동유라시아에서 일본이 유라시아 내부의 핵심적 참여자가 되기 위해서는 일본은 시대착오적인 식민주의 옹호 태도를 보이는 일부 정치인들과 단절해야한다. 동아시아 공동의 새로운 역사를 21세기에 새롭게 열기 위해서는 가해자였던 일본이 주변국가 모두에게 최선의 협력 파트너가 될 수 있다는 확신을 심어 주어야 한다. 이는 일본이 역사와 정서 그리고 미래지향적 소프트 파워의 근저인 국민 감정의 측면은 도외시한 채 중국·러시아·한국 등 동유라시아 지역 국가들과 산업과 에너지 협력과 같은 밸류 체인적 문제나 경제 통합과 같은 실리적 측면에서의 노력만을 추구해서는 달성이 어렵다. 한국과 일본은 21세기 탈냉전기에 유라시아 국가들과 역사적 대화를 재개하고 문명적 자산을 회복하며 산업적 협력을 강화할 기회를 맞고 있다. 이는 에너지, 시장, 자본 그리고 기술 및 문화·정서적 분야에 이르기까지 다양하며 복합적이다. 이러한 상황에서 중국과 러시아의 연대의 축과 범위가 산업과 에너지 협력을 넘어 가치에 있어서도 한국과 일본 그리고 미국을 배제하거나 경쟁하는 방향으로 강화되어서는 안된다. 때문에 분단된 한반도의 당사자인 한국은 보다 더 창의적이고 용기를 갖고 이 지역 내 협력과 대화를 촉진해야 한다.

이런 점에서 필자는 2015년에 중국과 러시아가 공동으로 진행하려는 반파시스트 승전 70주년 기념 행사를 한국이 보다 더 적극적이고 창의적으로 확대해 한국에서 거행하는 방안을 제시하고 싶다. 그리고 이 행사를 한국이 주도적으로 참여해 거행할 경우 동북아 및 동아시아 지역 그리고 동유라시아 지역의 협력 메카니즘이 한단계 상승할 수 있다고 본다.

그 이유는 다음과 같다. 2차 대전에서의 연합군의 승리는 동쪽 전선과 서쪽 전선 양쪽에서 이루어졌다. 서쪽 전선에서의 승리는 노르망디 상륙작전에서의 승리로 시작됐고 이를 기념해 매년 전승기념일 행사가 연합국 및 승전국, 패전국이 모두 참여한 가운데 프랑스에서 열린다. 여기에서 유럽의 대부분 국가들과 미국이 공동으로 새로운 형태의 협력의 중요성을 강조하며 전승국과 패전국간의 진정한 화해와 협력을 위한 노력의 필요성을 다시 한번 새기게 된다. 하지만 이러한 행사가 그동안 동쪽에서는 열리지 못했다. 2차 대전의 주요 전장과 승리의 의미를 나치 독일의 패퇴에 놓고 있는 유럽인들과 미국인들 그리고 고대로부터 존재했던 강력한 유럽 중심주의도 한 몫을 했다. 여기다 동쪽 전장의 승전국들과 패전국들을 한 자리에 모아 협력을 고양할 이념과 계기도 적절치가 않았다. 유럽은 유럽연합 창설의 시도와 진정한 하나의 유럽 정신의 고양이 이러한 노르망디 상륙작전 승리 공동 행사를 가능케 했지만 동아시아에서는 이를 주도할 국가나 지도자가 적절치 않았던 것이다. 물론 중국과 러시아간 이념분쟁과 갈등, 북한과 남한의 분단, 일본의 군국주의에 대한 반성의 결여 및 미흡, 냉전의 격화 등도 원인의 하나로 작용했다.

하지만 소련의 해체는 동유라시아 지역에도 새로운 분위기를 형성했다. 이 책에서 누누이 언급했듯 동유라시아 지역에 산업협력의 패러다임이 새롭게 형성되고 있다. 자원과 시장 그리고 기술과 시장 및 자원의 수급이 같은 지역, 같은 공간에서 과거와는 현격하게 다르게 빠르게 그리고 단축되어 이루어지고 있다. 동북아 공동체 및 동아시아 협력에 관한 시민 사회의 인식과 국가적 아젠다로서 이를 추진하고자 하는 움직임도 발생했다. 때문에 이제는 동북아 지역에서도 그리고 2차 세계대전의 또다른 주요한 전장이었던 유라시아의 동쪽 전장에서도 패전국과 승전국이 모두 모여 2차 대전 종전 및 승전 기념식을 갖을 때가 됐다. 필자는 이를 한국이 주도할 수 있으며 한국이 주도할 명분을 충분히 갖고 있다고 본다. 한국은 2차 대전 종전의 주요한 수혜자이면서도 여전히 분단된 마지막 피해자이기도 하다. 동북아 및 동유라시아 전체의 협력과 새로운 발전은 한반도의 평화적 통일과 유라시아 지역과의 유기적 역동성의 회복 없이는 불가능하다. 한반도가 유라시아에 연동되어야만 진정한 유라시아의 단일성이 회복된다. 때문에 2차 대전 종전 70주년, 승전 70주년 행사를 분단된 한반도에서 연합국의 주축이었던 미국과 러시아 그리고 중국과 한국 및 북한 그리고 여타 국가들과 전쟁 도발국이자 패전국인 일본이 모두 참여해 서쪽의 노르망디 상륙작전 및 2차대전 승전 기념식을 여는 것 처럼 진행한다면 큰 의미가 있을 것이다. 또한 이를 통해 한국은 한반도의 평화를 고양하고 평화의 중요성을 다시 한번 동북아 지역에 강조할 수 있고 한국을 동북아 및 동유라시아 지역의 평화의 허브, 새로운 외교 안보 대화의 핵심적 장소로 만들 수 있을 것이다.

한국은 분단 70주년의 비극적 모습을 지속해서는 안된다. 우리 역사에 있어 한반도가 이렇게 오랫동안 분단된 모습으로 날카로운 대립을 지속한 예는 없다. 때문에 한국은 용기와 자신감을 가지고 중국과 러시아의 연대가 유라시아 대륙의 두 강대국 간의 그들만의 연대와 패권의 강화로 흘러가지 않도록 견인하며 새롭고 창의적이고 모두를 포함할 수 있는 이와같은 아이디어로 대응할 필요가 있다.

특정한 사건과 상황이 발생하면 당장은 현재의 시점과 발생 공간을 중심으로 사고하고 대응해야 하지만 그렇다고 거기에 갇혀서는 곤란하다. 긴 역사적 맥락과 산업적·기술적 변화의 방향을 정확하게 읽고 보다 더 큰 호흡으로, 좀 더 포용적이고 비전을 가지고 접근할 필요가 있다. 유라시아의 변화는 앞으로도 계속될 것이다. 중-러 관계의 미래도 우리의 대응 능력에 따라 지금 현재 보이는 모습처럼 두 강대국 간의 배타적 협력의 모습으로 만 보이지는 않을 것이다. 2030년 쯤이 되면 북극해의 상업적 이용도 분명해 질 것이다. 그때 한국이 유라시아의 외교와 안보 산업과 문화의 허브가 돼 있거나 적어도 그러한 목표를 향해 상당한 진전의 길을 가 있기를 진정으로 바란다.

부록

# 찾아보기

# 찾아보기

CNPC | 114
G8체제 | 4
LNG 프로젝트 | 28
OSCE(유럽안보협력회의) | 90

ㄱ

경제력 전이 | 8
경제적 냉전(economic cold war) | 33
경제적 상호의존 | 12
고르바초프 | 143
국경 이슈 | 197
국경선 | 224
글로벌 거버넌스 | 42
기술 | 101

ㄴ

남오세티야 | 153
냉전 종식 | 4

ㄷ

다만스키섬 | 149
덩샤오핑 | 143

ㄹ

러시아 안보위원회 | 161
러시아의 세계화 | 16, 24
로모노소프 해령 | 167

ㅁ

매한 | 159
맥킨더 | 159
물류 | 101
민족-영토 단위 | 201

ㅂ

밸류 체인(value chain) | 2
부다페스트 메모렌덤 | 259
부하라 칸국 | 89
북극 지역 | 160
북극 항로의 상용화 | 5
북극권 자원개발 | 5
북극항로 | 6
북대서양조약기구(NATO) | 4
브릭스(BRICS) | 4, 32

ㅅ

사베타 개발 | 175
상하이 협력기구(SCO) | 34, 91, 239
서구화 | 19
세기의 협상 | 114
세베르스키 | 183

소그드인 | 61
시베리아 철도 | 184
시베리아 횡단철도 | 5
시베리아의 힘 | 121
신북방전략 | 250
신유라시아주의자 | 69
신장(新疆) | 48
실크로드 | 87

ㅇ

아시아 프레미엄 | 111
안드레이 치간코프 (Andrei Tsygankov) | 68
알렉산드르 두긴 | 67
야말반도 | 175
에너지 | 101
에너지 수요 | 181
영토-민족 | 105
우크라이나 사태 | 2, 3
유라시아 | 1
유라시아연합(EAU) | 82
유라시아주의 | 67
이슬람 과격주의 | 224
이슬람 근본주의자 | 6

ㅈ

제1 도련선 | 185
제2 도련선 | 185
조지 오웰 | 54
중-러 가스협정 | 135

ㅊ

첸치천 | 147

ㅋ

캄차카 반도 | 256
코칸드 칸국 | 89
크림 반도 사태 | 3
크림 전쟁 | 3
키에프 루시 | 255

ㅍ

패권전이 | 8
페르가나 지역 | 225
표트르 대제 | 15

ㅎ

헤로도토스 | 124
히바 칸국 | 89

# 유라시아와 한반도 2030

**초판 1쇄 발행** 2014년 10월 15일
**초판 2쇄 발행** 2015년 7월 10일

**지은이** 김석환
**발행인** 김인철
**발행처** 한국외국어대학교 지식출판원
130-791 서울특별시 동대문구 이문로 107
**전화** 02)2173-2495~7
**FAX** 02)2173-3363
**홈페이지** http://press.hufs.ac.kr
**전자우편** press@hufs.ac.kr
**출판등록** 제6-6호(1969. 4. 30)
**디자인·편집** (주)이환디앤비 02)2254-4301
**인쇄·제본** 상지사피앤비 031)955-3636

ISBN 978-89-7464-943-2 93340 정가 18,000원

* 잘못된 책은 교환하여 드립니다.



HU:NE 은 한국외국어대학교출판부의 어학도서, 사회과학도서, 지역학 도서 Sub Brand이다. 한국외대의 영문명인 HUFS, 현명한 국제전문가 양성(International+Intelligent)의 의미를 담고 있으며, 휴인(携引)의 뜻인 '이끌다, 끌고 나가다'라는 의미처럼 출판계를 이끄는 리더로서, 혁신의 이미지를 담고 있다.